MIT KINDERN MEDITIEREN

David Fontana / Ingrid Slack

MIT KINDERN MEDITIEREN

Lebensfreude, Konzentration und Heilung
für Kinder und Jugendliche

Aus dem Englischen
von Theo Kierdorf

O. W. Barth

Die Originalausgabe erschien 1997 bei Element Books Ltd.
Die zweite Ausgabe erschien 2002 bei Thorsons Publishing Group Ltd.
Zuletzt 2007 bei Watkins Publishing, London.

www.fischerverlage.de

Erschienen bei O. W. Barth, ein Verlag der
S. Fischer Verlag GmbH, Frankfurt am Main
Titel der Originalausgabe: Teaching Meditation to Children

Redaktion: Horst Kappen
Satz: H & G Herstellung, Hamburg
Druck und Bindung: CPI – Ebner & Spiegel, Ulm
Printed in Germany

ISBN 978-3-502-61209-4

Dieses Buch widmen wir allen Kindern
sowie auch den Erwachsenen, die sie lieben
und für sie sorgen. Wir hoffen, dass es ihnen
zu einem friedlichen und erfüllenden
Leben verhelfen wird.

INHALT

DANK

Wir danken allen Erwachsenen und Kindern, denen wir die Meditationsübung nahegebracht haben, insbesondere denjenigen, die uns erlaubt haben, in diesem Buch ihre Geschichte zu beschreiben. Insbesondere danken wir den Lehrern und Schülern der *Kent's Hill First School* in Milton Keyes für ihre Kooperation, Flexibilität und Unterstützung.

VORWORT ZUR ZWEITEN AUSGABE

Das seit dem Erscheinen dieses Buches geweckte Interesse und die vielen Bitten, die uns erreichten, es auch weiterhin der Öffentlichkeit zugänglich zu machen, haben unsere Überzeugung, dass Kinder das Erlebnis der Meditation zu schätzen wissen, vollauf bestätigt. Die moderne Welt versucht, Kinder durch den Computer und durch Videospiele, Handys und hektische Fernsehprogramme zu dominieren. Deshalb sind sie zunehmend der Gefahr ausgesetzt, sich immer weiter vom Erleben des »Seins« zu entfernen, vom Erleben ihrer Ganzheit, ihrer Verbundenheit mit sich selbst, mit anderen Menschen und mit der Natur. Sie werden unablässig mit Lärm und einer Flut von Bildern, mit Handy-Signalen, E-Mails und Informationen aus dem Internet bombardiert und haben deshalb immer weniger Zeit, innezuhalten und Gelassenheit zu erleben. Wo bleibt Raum für Ruhe, zum Nachdenken, zur Selbsterforschung, zur Schaffung von Harmonie zwischen Körper und Geist und zum Erleben echter Nähe zu geliebten Menschen?

Das Feedback von Eltern und Lehrern, die das vorliegende Buch benutzt haben, lässt erkennen, dass viele Kinder Meditation nicht nur in emotionaler und intellektueller Hinsicht als Bereicherung erleben, sondern sich ihr auch ausgesprochen gerne widmen. Darüber hinaus hat es uns sehr ermutigt und inspiriert, mit welchem Eifer Lehrer und Eltern die in unserem Buch beschriebenen Meditationsübungen für ihre Kinder nutzen. Erwachsene erkennen schnell, dass diese Übungen Kindern von den ersten Lebensjahren an helfen, reifer und selbständiger zu werden und Selbstvertrauen zu entwickeln; außerdem bereichern die Übungen die Beziehungen der Kinder zu Gleichaltrigen und Erwachsenen, weil das gemeinsame Meditieren Menschen aller Altersstufen einander näherbringt. Lehrer haben festgestellt, dass kurze Meditationssitzungen entweder während einer Unterrichtsstunde oder an deren Anfang oder Ende auf Kinder beruhigend wirken und dass sie ein wertvoller Bestandteil individueller und gemeinschaftlicher Erziehung sein können. Eltern entdecken, dass Meditationsübungen in der familiären Umgebung kleinen Kindern helfen, sich nach dem Vorlesen der Gutenachtgeschichte auf den Schlaf vorzubereiten.

Wir empfehlen allen, die Kinder beibringen wollen zu meditieren, möglichst selbst regelmäßig zu meditieren. Doch weisen wir auch immer darauf hin, dass man keine spezielle Sachkenntnis benötigt, um Kindern die im vorliegenden Buch beschriebenen Übungen beizubringen. Die Kinder werden einfach eingeladen, einigen simplen Anweisungen zu folgen, und wenn die Lehrer und Eltern ihnen deutlich machen, dass sie selbst an den Wert der Meditation glauben, haben die Kinder in der Regel kaum Probleme damit, sich die entscheidenden Aspekte des Vermittelten anzueignen. Falls Sie als Vater, Mutter oder Lehrer noch nie meditiert haben, haben Sie vielleicht Lust, einige der beschriebenen Übungen einmal selbst auszuführen (auch Sie werden davon profitieren), um sie anschließend zusammen mit Ihrem Kind oder Ihren Kindern zu üben. Der meditative Zustand ist ein natürlicher Zustand unseres Geistes. So wie wir unseren Körper entspannen, indem wir ihn zur Ruhe bringen, können wir unseren Geist entspannen, indem wir auf jenes mentale Geschwätz beruhigend einwirken, das ihn in der Regel beherrscht. Und wie in diesem Buch deutlich gemacht wird, ist Meditation nichts, was uns von der Welt wegführt, sondern sie ermöglicht uns ein erfüllteres und zufriedeneres Leben und einen effektiveren Umgang mit den Herausforderungen und Chancen, die das Leben mit sich bringt. Meditation sollte zu einem Bestandteil der Erziehung jedes Kindes werden, und wir hoffen, dass dieses Buch auch weiterhin vielen helfen wird – so gering dieser Beitrag auch sein mag –, die Chancen des Lebens zu nutzen und seine Herausforderungen zu bewältigen.

Abgesehen von kleinen Korrekturen haben wir den Text gegenüber der ersten Auflage kaum verändert. Wir sind dem Verlag *Element Books* weiterhin sehr dankbar dafür, dass er im Jahre 1997 die erste Auflage veröffentlichte, und dem Verlag *Thorsons* (*Harper/Collins*) dafür, dass er das Buch von *Element Books* übernahm und nachdruckte. Mittlerweile hat *Watkins Publishing* (*Duncan Baird Publishers*) diese neue Auflage veröffentlicht, und wir danken auch diesem neuen Verlag. Die Tatsache, dass das Buch mittlerweile seit zehn Jahren ständig nachgefragt wird (was bei Büchern heutzutage eine Seltenheit ist), zeigt uns, dass Inhalt und Darstellungsform für all jene, die Kindern die Meditation nahebringen möchten, von Interesse sind. Mit Kindern und Jugendlichen zu arbeiten ist eine verantwortungsvolle Aufgabe, und wir hatten bei unserer Tätigkeit als Psychologen – wie zuvor als Lehrer – immer das Gefühl, dass die Arbeit mit Kindern auch unser eigenes Leben auf einzigartige Weise bereichert. Wir alle bekommen von Kindern wesentlich mehr, als wir ihnen jemals geben könnten. Dies gilt in ganz besonderem Maße für die Unterweisung in der Meditation. Wenn wir mit Kindern zusammen meditieren, verbessert das sowohl unsere eigene Gemütsverfassung als auch die der Kinder. Und eben dieser Verbesserung der Gemütsverfassung widmen wir das vorliegende Buch.

David Fontana und Ingrid Slack

EINLEITUNG

Die Idee, Kindern Meditationsunterricht zu geben, ist in der westlichen Welt relativ neu, wird aber im Osten seit langem als wichtiger Bestandteil der frühen Erziehung akzeptiert, weil es dazu beiträgt, eine Grundlage zu schaffen, von der das Kind sein Leben lang profitiert.

Das vorliegende Buch wendet sich an alle Erwachsenen, die ihren Kindern das Meditieren nahebringen wollen. Das können Eltern, Lehrer, Jugendgruppenleiter, Sozialarbeiter, Psychologen, kirchliche Mitarbeiter, Großeltern, Onkel und Tanten und auch alle anderen Erwachsenen sein, die in einer offiziellen Funktion Kontakt zu Kindern haben und ihnen helfen möchten, von ihren außergewöhnlichen geistigen Fähigkeiten bestmöglichen Gebrauch zu machen. Unser Buch basiert auf unseren eigenen Erfahrungen als Psychologen, die sehr viel mit Kindern gearbeitet und schon viel über Meditation geschrieben und Menschen aller Altersgruppen in der Meditation unterwiesen haben.

Kinder lassen sich leicht beeindrucken, und sie sind sehr offen für Anweisungen und Beeinflussungen vonseiten Erwachsener. Deshalb muss jeder Versuch, sie mit der Meditation bekannt zu machen, sehr sensibel und verständig erfolgen (mehr dazu in Kapitel 2) und soll sie nicht nur zur Meditation befähigen, sondern auch dazu, den Nutzen des Meditierens für sich selbst zu beurteilen. Auf diese Weise können sie entscheiden, ob Meditation etwas für sie ist oder nicht. Unter allen Aktivitäten ist Meditation vielleicht diejenige, bei der Erfolg am stärksten von der Freiwilligkeit des

Tuns abhängt. Und da Meditation Arbeit mit dem eigenen Geist ist, sollte den Kindern das Recht zugestanden werden, die Meditation zu akzeptieren oder abzulehnen, so wie sie es für richtig halten.

Dieses Buch will Ihnen helfen, Kinder auf mühelose und gleichzeitig zweckmäßige Weise mit der Meditation bekannt zu machen. Es erhebt nicht den Anspruch, die einzig und allein richtige Anleitung zu geben, sondern beschreibt eine Reihe von Techniken und Fertigkeiten, unter denen Sie nach Belieben diejenigen wählen können, die Ihnen als für Ihre Kinder und Ihre spezielle Situation am besten geeignet erscheinen.

In der Regel sprechen wir auf den folgenden Seiten von einer Gruppe von Kindern, doch gilt das meiste von dem, was wir sagen, auch für Eltern und andere Erwachsene, die mit nur einem Kind arbeiten. Wie bereits erwähnt, ist das Buch ebenso für Eltern – entweder einen Elternteil oder beide Eltern – gedacht wie für Lehrer, die mit größeren Gruppen von Kindern und Jugendlichen arbeiten.

Wir haben beim Schreiben drei übergeordnete Ziele im Auge behalten. Letztendlich hoffen wir, dass unser Buch klarmacht, weshalb es von Nutzen ist, Kinder in der Meditation zu unterrichten, dass es weiterhin das erforderliche Hintergrundwissen vermittelt, das für die Arbeit mit Kindern ab dem Alter von fünf Jahren und mit Jugendlichen bis ins späte Teenageralter notwendig ist, und dass es schließlich eine große Anzahl praktischer Übungen bietet, aus denen der Leser eine Auswahl treffen kann, die ihm als für seine Zwecke geeignet erscheint. Nicht alle beschriebenen Übungen eignen sich für alle Situationen. Was bei der Arbeit mit einer kleinen Gruppe von Kindern gute Dienste leistet, ist für eine große Klasse nicht unbedingt genauso gut geeignet. Sie selbst können am besten entscheiden, wann Sie die Übungen so benutzen können, wie sie hier beschrieben werden, und wann es besser ist, sie auf die eine oder andere Weise abzuwandeln, damit sie sich für den Kontext, in dem Sie arbeiten, eignen. Ein weiteres wichtiges Kriterium ist das Alter der Kinder, und zu diesem Punkt werden wir in Kürze noch mehr sagen.

In Kapitel 2 beschäftigen wir uns mit den Qualitäten, die ein Meditationslehrer haben sollte, doch möchten wir zuallererst darauf hinweisen, dass für diese Rolle Interesse, Einfühlungsvermögen und Verständnis Kindern gegenüber unverzichtbar sind. Niemand, dem es an diesen Qualitäten fehlt, kann Kinder mit Aussicht auf Erfolg unterrichten, ganz gleich, ob es um Meditation oder Mathematik oder was auch immer geht. Gute Lehrer arbeiten mit den Kindern, statt ihnen etwas aufzuzwingen, und sie wissen, dass ein hilfsbereites und sensibles Gewahrsein der Bedürfnisse und Schwächen der ihnen Anvertrauten zum Erfolg führen, wohingegen Strenge und autoritäres Verhalten häufig scheitern. Gute Lehrer wissen auch, dass es nicht ausreicht, einem Kind nur etwas beizubringen; man muss dem Kind vielmehr auch ermöglichen, das, was es lernt, zu lieben. Auf diese Weise kann man ein Interesse wecken, das ein Leben lang bestehen bleibt, und man hilft dem Kind außerdem, den Wert dessen, was es lernt, zu verstehen und zu schätzen.

Wir hoffen, nirgendwo in diesem Buch den Eindruck zu erwecken, dass Meditationsunterricht dem Lehrer große Anstrengung abverlangt. Meditation ist einer der erfreulichsten »Lehrstoffe« überhaupt. Ganz gleich, ob man dabei mit Kindern oder mit Erwachsenen arbeitet, es ist in jedem Fall sehr lohnend mitzuerleben, wie eine Gruppe von Menschen in sich selbst Stille und Frieden findet und sich später mit frischer Energie und neuem Enthusiasmus wieder den Herausforderungen, Schwierigkeiten und Freuden des Lebens zuwendet.

Wir hoffen, dass es Ihnen Freude machen wird, Kindern das Meditieren beizubringen. Denn das ist die beste Voraussetzung dafür, dass Ihre Kinder es genießen werden, von Ihnen zu lernen.

Eine Warnung

Da Kinder von Natur aus leicht zu beeindrucken sind, haben Eltern und Lehrer verständlicherweise Sorgen, sie könnten durch etwas indoktriniert werden, das auch nur entfernt an einen Kult erinnert. Indoktrinierung beinhaltet, dass Menschen dazu gebracht werden, etwas zu glauben, ohne dass sie die Möglichkeit haben, das, was sie glauben sollen, selbst zu überprüfen und es abzulehnen, falls sie dies für richtig halten. Meditation ist kein Kult, und sie ist nicht Exklusivrecht einer bestimmten Religion oder Philosophie. Wenn in diesem Buch hin und wieder von Buddha und vom Buddhismus die Rede ist, dann deshalb, weil Buddha der erste Mensch war, der systematisch die Praxis der Meditation und die ihr zugrundeliegende Theorie erklärt hat. Unser Buch ist keine Werbeschrift für den Buddhismus oder für ein anderes Glaubenssystem.

Wenn Sie mit Ihren Kindern nicht im Rahmen einer etablierten und allgemein anerkannten religiösen Institution arbeiten (z. B. einer Kirche oder einer konfessionsgebundenen

Schule), ist es wichtig, dass Sie Meditation frei von den äußeren Kennzeichen spezifischer religiöser Überzeugungen lehren und frei von jener Art vager Ideen, die allgemein mit dem *New Age* identifiziert wird. Viele Eltern werden sich sofort zur Wehr setzen, wenn sie den Eindruck gewinnen, dass ihre Kinder Denkweisen kennenlernen, die sie selbst missbilligen. Einige Meditationsübungen für Kinder, auf die Sie vielleicht irgendwo stoßen werden, basieren auf sehr zweifelhaften Grundlagen. Beispielsweise kommt es vor, dass Meditierende angewiesen werden, »Ströme von Licht« in Bäume und Blumen zu lenken oder »Energie vom einen zum anderen zu schicken«. Solche Übungen mögen von wohlmeinenden Männern und Frauen entwickelt worden sein, doch leben wir in einer Welt, in der viele Menschen die Ideen, auf denen solche Übungen basieren, bestenfalls für Zeitverschwendung und schlimmstenfalls sogar für bewusst irreführend halten. Deshalb sollten Meditierende solchen etwas »abgehoben« wirkenden Dingen besser aus dem Weg gehen, bis sie alt und erfahren genug sind, um selbst zu entscheiden, was ihnen wichtig ist.

Wir müssen allerdings zugeben, dass zwischen Bemühungen, Kinder bei der Nutzung ihrer visuellen Vorstellungskraft zu fördern, und Versuchen, sie zu sinnlosem Phantasieren zu verführen, eine sehr feine Grenze besteht. Dennoch ist es wichtig, diese Differenzierung vorzunehmen, aus Fairness sowohl gegenüber den Kindern als auch gegenüber ihren Eltern. Falls Sie in einer Schule arbeiten und vorhaben, die Meditation für mehr als körperliche Entspannung zu nutzen, benötigen Sie wahrscheinlich die Zustimmung des Schulleiters und eventuell auch die der Eltern. Eine solche Zustimmung zu erhalten ist meist nicht schwierig, sofern

Sie genau beschreiben, was Sie vorhaben und welche Meditationsübungen Sie zu benutzen beabsichtigen.

Das Alter der Kinder

Der Begriff »Kinder« wird in diesem Buch generell für alle Menschen verwendet, die jünger als achtzehn Jahre sind, denn dieses Alter bildet die Grenze zum Erwachsensein. Für die hektische, fieberhafte moderne Welt, in der wir leben, ist es charakteristisch, dass der Begriff »Kinder« mittlerweile einen leicht abwertenden Charakter hat und dass man nun anfängt, ihn zugunsten von Absurditäten wie »Schulstudenten« für Kinder im Alter von fünf Jahren fallenzulassen. Wir sind der Auffassung, dass wir der Kindheit mit Respekt begegnen sollten und dass dies eine ebenso wichtige Zeit des Lebens ist wie jede andere – weshalb wir diesen Begriff nicht scheuen.

Das Buch enthält Material, das für die Arbeit mit Kindern ab dem Alter von fünf Jahren bis zum Alter von achtzehn Jahren benutzt werden kann. Doch obwohl die Grundtechniken, die wir beschreiben, für alle Altersstufen die gleichen sind, ist die Art der Darstellung und ihrer Details in manchen Fällen zwangsläufig anders. Wir weisen darauf, wann immer notwendig, hin, doch wäre es ermüdend, würden wir jede Übung jeweils für jede Altersstufe in einer anderen Form beschreiben. Deshalb kann es vorkommen, dass Sie bestimmte Übungen dem Entwicklungsstadium der Kinder, mit denen Sie konkret arbeiten, anpassen müssen. Das ist aber nicht schwierig, und je besser Sie die Kinder kennen, umso leichter wird ihnen die Aufgabe fallen.

Weitere Einzelheiten über Bedürfnisse und Fähigkeiten von Kindern finden Sie in Kapitel 2 und an verschiedenen anderen Stellen im gesamten Buch; allerdings sollten Sie stets bestimmte allgemeine Richtlinien beherzigen, von denen die wichtigsten im Folgenden in zusammengefasster Form wiedergegeben werden.

Die Arbeit mit Fünf- bis Achtjährigen

Kinder dieses Alters sind meist noch nicht fähig, abstrakt zu denken, weshalb alles, was man ihnen nahebringen will, mit den praktischen Erfahrungen zusammenhängen muss, die sie in ihrem Leben schon gemacht haben, also mit den Dingen, die sie gesehen, gehört und berührt haben. Sie haben eine lebendige Vorstellungskraft, können diese aber auf nichts anwenden, das außerhalb ihrer praktischen Erfahrungen liegt. Trotzdem sind sie durch Fernsehen und Videos schon mit wesentlich mehr Dingen in Kontakt gekommen, als dies noch vor einigen Jahren bei Kindern dieses Alters der Fall war, weshalb das Spektrum der Impulse und Beispiele, die Sie für die Meditationsübung nutzen können, bei weitem umfassend genug ist.

Noch ein zweiter Punkt spielt bei dieser Altersgruppe eine wichtige Rolle: Kinder mögen Geschichten, Reime und Lieder. Einfache Übungen wie das Vorlesen einer Geschichte oder das gemeinsame Singen eines Liedes und die anschließende Aufforderung, die Augen zu schließen und sich die Personen und Handlungen vorzustellen, von denen die Kinder gerade gehört haben, sind eine ausgezeichnete Vorbereitung auf die Meditation. Außerdem tragen solche Aktivitäten zur Verlängerung der Aufmerksamkeitsspanne und zur Entwicklung eines allgemein tiefer reichenden Interesses an Dingen bei – Aspekte, auf die wir später ausführlicher eingehen werden.

Neun- bis Zwölfjährige

Diese Altersgruppe umfasst die Zeit des fünften bis achten Schuljahrs bzw. der Unterstufe des Gymnasiums. In dieser Zeit entwickeln sich die Kinder sehr schnell, und ihre Interessen, ihr Allgemeinwissen und ihre kognitiven Fähigkeiten nehmen beträchtlich zu. Doch ist es auch in dieser Zeit noch sehr wichtig, neuartige Dinge, die Sie vermitteln wollen, eindeutig mit bereits bekannten in Verbindung zu bringen, und das Verständnis abstrakter Vorstellungen ist für Kinder dieses Alters immer noch schwierig.

Diese Kinder haben immer noch Freude an Geschichten, und ihre Vorstellungskraft ist weiterhin lebhaft, zumindest wenn sie von ihren erwachsenen Bezugspersonen gefördert und nicht als unreifes Tagträumen abgetan wurde; allerdings wird das Bedürfnis nach Interaktion allmählich vorrangig. Die Kinder möchten selbst Aktivitäten initiieren, Verantwortung übernehmen, über Abläufe mitbestimmen; sie möchten Antworten auf ihre Fragen bekommen und diskutieren und argumentieren. Wenn ein Erwachsener ihnen nur sagt, welche Übungen sie ausführen sollen, und dann erwartet, dass sie dies in passiver Haltung tun, wird er damit kaum Erfolg haben.

Dreizehn- bis Vierzehnjährige

Deutlich verändert sich das Verhalten von Kindern in der Berufsschulzeit bzw. in der Mittel- und Oberstufe des Gymnasiums. Sie wenden sich dann von allem ab, was ihnen in irgendeiner Hinsicht als kindlich oder kindisch erscheint, und sie beanspruchen zunehmend ihre Unabhängigkeit von der Autorität der Erwachsenen. Die Gruppe der Gleichaltrigen (Peergroup) gewinnt für sie immer stärker an Bedeutung, und Lehrern fällt es schwer, die Aufmerksamkeit von Schülern zu fesseln, wenn deren Freunde die betreffende Aktivität ablehnen.

In diesen Jahren entwickeln die meisten Kinder die Fähigkeit, abstrakt zu denken, wodurch nicht nur das Spektrum der nutzbaren Meditationsübungen wesentlich größer wird, sondern die Schüler auch die Fähigkeit entwickeln, fundierter über das Thema Meditation zu diskutieren. Begriffe wie Mitgefühl, Empathie, universelle Liebe, Ganzheit, Gleichmut, Frieden, Konzentration, Achtsamkeit (Aufmerksamkeit), Spiritualität, innerer Raum, Ewigkeit, Schönheit, Wahrheit, Offenheit, Reinheit und dergleichen können Sie nun ohne Vorbehalte erwähnen, und die Jugendlichen merken, dass Meditation nicht nur eine Möglichkeit ist, sich in eine sanfte und entspannende Stimmung zu versetzen, sondern auch den Kontakt zu anderen Menschen und zu Dingen verbessert und den Zugang zu einem Gefühl tiefer Harmonie und Einheit mit der Schöpfung eröffnet.

Die späte Adoleszenz

Das Alter von fünfzehn bis achtzehn Jahren bildet die letzte Phase des Übergangs von der Kindheit zum Erwachsenenalter. Zwar haben die Jugendlichen auch in dieser Zeit noch einen eingeschränkten Erfahrungshorizont, doch sind sie ihren Eltern und Lehrern schon in mancherlei Hinsicht ebenbürtig. Sie wollen verstehen, was sie tun, und sich Klarheit darüber verschaffen, dass dieses Tun ihnen nicht nur im Augenblick von Nutzen ist, sondern dies auch später sein wird. Wenn man ihnen ermöglichen will, ein mehr als nur beiläufiges Interesse an der Meditation zu entwickeln, sollte man ihnen zu der Erkenntnis verhelfen, dass das Meditieren eine praktische und lebensnahe Fähigkeit ist, etwas, das ihnen hilft, kompetenter und ausgeglichener zu werden.

Jugendlichen dieses Alters Theorie und Praxis der Meditation nahezubringen ist oft schwieriger als bei irgendeiner anderen Altersstufe. Sie sind gegenüber allem, was Erwachsene ihnen nahezubringen versuchen, von Natur aus kritisch eingestellt, und sie ziehen es vor, sich selbst ein Bild von dem zu machen, was ihnen angeboten wird, und dann zu entscheiden, ob sie es wollen. Dies wird in Kapitel 15 ausführlicher erläutert.

Ganz gleich, in welchem Alter sich Kinder und Jugendliche befinden, sie alle möchten gern erfolgreich sein. Es führt zu nichts, ihnen durch Verweis auf ihre Misserfolge etwas beibringen zu wollen. Konzentrieren Sie sich auf ein Lernen über Erfolgserlebnisse. Suchen Sie die Ebene, auf der Kinder in der Lage sind, etwas richtig zu machen, und arbeiten Sie sich von diesem Niveau aus vorsichtig und in angemessenem Tempo nach oben. Wenn Kinder einen Misserfolg erleben, geben sie je nach Temperament und Erziehung entweder sich selbst wegen nicht ausreichender Fähigkeiten die Schuld oder sie verkünden, die Sache sei ohnehin nicht der Mühe wert gewesen. Dies können und sollten Sie vermeiden, indem Sie stets ihrem Entwicklungs- und Fähigkeitsstand gemäß mit ihnen arbeiten. Zwei oder drei Minuten adäquater Meditation, die ihnen Freude bereitet, sind wesentlich mehr wert als die doppelte oder gar dreifache Zeitspanne, in der die Kinder sich frustriert fühlen oder langweilen. Bei der Meditation braucht niemand einen

Misserfolg zu erleben. Meditation ist ein natürlicher Zustand des Geistes, der Zustand, in den der Geist automatisch zurückkehrt, wenn wir aufhören, ihn mit mentalem Geschwätz zu belasten. Lassen Sie keinesfalls zu, dass Kinder hinsichtlich des Erlebens dieses natürlichen und erfreulichen Zustandes einen schlechten Start haben.

Das Gewahrsein steigern

Obgleich die Meditationstechniken – zumindest gilt das für die in diesem Buch beschriebene Ebene – relativ einfach wirken, erfasst die Meditation einen riesigen Bereich der menschlichen Psyche. Das erklärt, weshalb wir, obwohl im Titel dieses Buches nur von Meditation die Rede ist, viel über Möglichkeiten sprechen, das Gewahrsein von Kindern zu verbessern – ihre Wahrnehmung ihres Geistes, ihres Körpers, der äußeren Welt, ihrer Vorstellungskraft und ihrer Gedanken und ihrer Gefühle.

Außerdem haben wir einiges über psychische Probleme zu sagen, mit denen Kinder konfrontiert werden, über ihre Entstehungsgründe und darüber, wie Meditation Kindern helfen kann, mit diesen Problemen fertig zu werden. Wir verstehen Meditation nicht als esoterische Praxis, die den Meditierenden vom Alltagsleben wegführt, sondern als eine unvergleichliche Möglichkeit des Geistestrainings und der Selbsterforschung, die Kindern mehr Erfolgserlebnisse beschert. Wie wir auf den folgenden Seiten erklären werden, kann Meditation Lernfähigkeit, Gedächtnis, Selbstwahrnehmung, emotionales Gleichgewicht, Aufmerksamkeitsqualität, Kreativität und vor allem das Erleben innerer Harmonie und des Friedens von Kindern verbessern. Sie verwandelt Kinder nicht plötzlich in andere Menschen, aber sie kann ihnen helfen, die in ihnen angelegten Qualitäten wesentlich besser zum Ausdruck zu bringen.

Der Aufbau dieses Buches

Das vorliegende Buch erforscht Kapitel um Kapitel das Spektrum an Fähigkeiten, die Meditation in Kindern zu fördern vermag. Teil 1 erklärt, warum es so wichtig ist, Kinder in Meditation zu unterrichten, wohingegen Teil 2 sich mit den verschiedenen Lebensbereichen befasst, in denen man durch Meditation Verbesserungen erzielen kann. Sie werden Erläuterungen dazu finden, welche Meditationstechniken am besten geeignet sind, praktische Übungen, mit denen Sie Kinder in diese Techniken einführen können, sowie viele andere Übungen, welche die Meditation und die Entwicklung der zum Meditieren erforderlichen mentalen Einstellungen unterstützen. Außerdem enthält der Text theoretische Erläuterungen, die Sie darin unterstützen, Meditation auf verständliche und, wie wir hoffen, für Sie selbst und die Kinder akzeptable Weise zu präsentieren.

Der letzte Teil des Buches erläutert praktische Aspekte der Meditationsarbeit mit Kindern, ob Sie nun mit kleinen Gruppen, ganzen Schulklassen oder den eigenen Kindern zu Hause arbeiten. In den Kapiteln dieses dritten Teils werden Themen wie die Vorbereitung eines für die Meditation geeigneten Raums, die Verbindungen zwischen der Meditation und dem restlichen Stundenplan der Schule sowie Methoden, das Interesse von Kindern zu gewinnen und aufrechtzuerhalten, erläutert. Wir veranschaulichen die in diesen Kapiteln gegebenen Ratschläge, indem wir immer wieder auf die grundlegenden Übungen verweisen, mit denen jedes Meditationsprogramm für Kinder beginnen sollte.

Wir empfehlen Ihnen, zunächst das ganze Buch zu lesen und erst danach mit der Arbeit zu beginnen. Dann haben Sie einen guten Überblick nicht nur über das Material, um das es geht, sondern auch über einige Probleme, mit denen Sie möglicherweise konfrontiert werden.

Teil I

KINDER UND MEDITATION

I

Warum meditieren?

Wahrscheinlich haben viele, die dieses Buch lesen, schon eine gewisse Erfahrung mit den positiven Auswirkungen der Meditation, und sie interessiert mehr, wie sie ihre Kenntnisse sinnvoll für ihre Arbeit mit Kindern nutzen können, als Fragen wie die nach Wesen und Wert der Meditation zu klären. Andere Leser hingegen haben von der ganzen Thematik noch nie etwas gehört und wünschen sich einige Hintergrundinformationen. Aber auch diejenigen, die regelmäßig meditieren, werden die Erläuterung einiger grundlegender Fragen an dieser Stelle möglicherweise begrüßen.

Die einzelnen Aspekte der Meditation werden in zwei anderen Büchern gründlich beschrieben, nämlich *Kursbuch Meditation* und *Learn to Meditate*, beide von David Fontana. Doch da der Begriff Meditation sehr unterschiedlich und teilweise auch verwirrend verwendet wird, wollen wir uns kurz damit beschäftigen, was Meditation ist und was nicht.

Was Meditation nicht ist

Eines der am weitesten verbreiteten Missverständnisse bezüglich der Meditation ist, dass es sich dabei um eine Art Tagträumen handelt, um einen Prozess, der dem Geist ermöglicht, seinen Launen zu folgen oder mit Ideen zu spielen. Fast ebenso verbreitet ist die Überzeugung, dass das Anhören von Musik oder die Konzentration auf Ideen, die in Zusammenhang mit einem Thema wie Frieden auftauchen, mit

Meditation gleichzusetzen seien. Ein weiterer Irrtum ist, Meditation als eine Art Trance zu verstehen, in mancher Hinsicht einem hypnotischen Zustand vergleichbar, oder als einen Zustand tiefer Entspannung, in dem der Geist sich in friedvollen Gedanken oder in glücklichen Erinnerungen ergeht oder sich eine angenehme Szene vergegenwärtigt oder sich als in der Luft schwebend oder auf klarem Wasser treibend erlebt.

Alle soeben beschriebenen Zustände sind zu gegebener Zeit sicher zu begrüßen, aber bei keinem handelt es sich um Meditation. In ihnen allen ist der Geist mit Denken beschäftigt, oder er befindet sich in einem schläfrigen oder verträumten Zustand, in dem er nicht klar auf etwas Bestimmtes fokussiert. Aktivitäten dieser Art sind etwas völlig anderes als Meditation.

Ein anderes Missverständnis besteht darin, Meditation als einen anstrengenden Kampf zu verstehen, in dem es darum geht, »das Denken zu stoppen« und den Geist mit enormer Willenskraft in einem Zustand zu halten, der einer »weißen Leinwand« gleicht, auf der absolut nichts erscheinen darf. Ebenso irrig ist der Versuch, den Geist so intensiv mit einem Mantra (einem ständig wiederholten Wort oder Satz) zu beschäftigen, dass darin kein Raum für irgendetwas anderes bleibt. Solche Aktivitäten schränken den Geist ein, statt ihm zu ermöglichen, allmählich in eine umfassendere und tiefere Dimension hineinzuwachsen, und sie führen zu Langeweile und Frustration. Die erforderliche Anstrengung ermüdet rasch den Geist, der zunehmend gereizt darauf reagiert, dass es immer wieder Gedanken gelingt, ins Bewusstsein durchzubrechen, so sehr er sich auch damit abmühen mag, dies zu verhindern.

Meditation beinhaltet nicht, einfach in ruhiger Konzentration dazusitzen, so wichtig genau dies auch für die Meditationsübung sein mag. Vielmehr geht es dabei auch um eine Reihe aktiver Techniken, welche die Kräfte der Geisteskontrolle verstärken; diese werden nicht nur beim »Sitzen« angewandt, sondern auch in der restlichen Zeit, die wir im Wachzustand (und eventuell auch im Traumzustand) verbringen. Somit berührt Meditation die meisten Aspekte menschlichen Erlebens und macht sie potentiell reicher, tiefgründiger und bedeutungsvoller.

Meditation wurde und wird in der einen oder anderen Form in allen großen spirituellen Traditionen geübt, und ihre Ursprünge verlieren sich im Nebel der (Vor-)Zeit. Es ist fast sicher, dass die Autoren der hinduistischen Vedas, die aus der Zeit um 1500 v. Chr. stammen und zu den ältesten Schriften der Welt zählen, Meditation praktizierten. Einige der frühesten Erläuterungen zur grundlegenden Meditationstechnik (das Beobachten des Atems, mit dem wir uns später ausführlicher beschäftigen werden) wurden vom (historischen) Buddha um das Jahr 500 v. Chr. mündlich übermittelt. Patanjali, der legendäre Begründer der Yoga-Philosophie, führt zur Meditation noch mehr Details in seinen wahrscheinlich aus dem 2. Jahrhundert v. Chr. stammenden Yoga-Sutras an. Eine ununterbrochene Tradition des Meditierens verläuft von der Zeit Patanjalis bis in unsere Zeit – und heute meditieren auf der ganzen Welt wahrscheinlich mehr Menschen als jemals zuvor.

Meditation ist im Grunde ein Zustand intensiver Konzentration, die nicht auf eine Kette von Gedanken oder Ideen gerichtet ist, sondern auf einen einzigen, klar definierten Fokus. Meditation ist das genaue Gegenteil von wandernden Gedanken oder einem zielgerichteten Gedankengang. Ein buddhistischer Mönch des fünften Jahrhunderts, *Buddhaghosha*, bezeichnete Meditation als *Aufmerksamkeitsübung*. Andere frühe Autoren haben sie allgemeiner »Geistestraining« genannt oder als Möglichkeit bezeichnet, zu verstehen, was im Geist vor sich geht. Im Laufe der Jahrhunderte haben andere Autoren die Meditation als »Geistesberuhigung«, als »Bündeln geistiger Energie«, »Entdecken des wahren Selbst«, »Erlangen inneren Friedens«, »Harmonisieren von Körper und Geist« oder einfach als »Still sitzen, nichts tun« charakterisiert. Allerdings handelt es sich um eine ganz besondere Art, still zu sitzen und nichts zu tun, bei welcher der Geist klar und ruhig, wach und aufmerksam ist und frei davon, sich im Denken zu verlieren.

Ausdrücke wie »Geistestraining« erscheinen vielen Menschen der westlichen Welt als merkwürdig. Ist Geistestraining denn nicht das, was in Schulen und Universitäten geschieht? Wird der Geist nicht trainiert, indem er die Fakten, Zahlen und Techniken verschiedener Wissenschaftsbereiche erlernt, die unsere Lehrer und Dozenten uns vermitteln? Warum sollten wir mit etwas unsere Zeit vertun, das allem Anschein nach »esoterisch« und überdies so zeitraubend ist wie Meditation?

Leider wird der Geist ganz grundsätzlich *nicht* durch die Fakten, Zahlen und Techniken trainiert, die wir uns in Schulen und Universitäten aneignen. Das Wissen, das wir während dieser Jahre erlangen, ist für uns und oft auch für unsere Mitmenschen von enormem Wert, aber es trainiert den Geist nicht. Falls Sie diese Aussage anzweifeln, können Sie sie durch einen einfachen Test überprüfen. Schließen Sie die Augen, und hören Sie auf zu denken … Wie ist es Ihnen damit ergangen? Nur sehr wenige Menschen schaffen es, eine scheinbar so einfache Aufgabe auch nur eine halbe Minute lang auszuführen. Wer also hat die Kontrolle über Ihren Geist? Gewiss sind nicht Sie es, wenn Sie nicht in der Lage sind, Ihren Geist auch nur für dreißig Sekunden vom Denken abzuhalten. Soviel steht fest.

Wir neigen zu der Ansicht, »Denken« sei grundsätzlich etwas Positives. Und das ist es auch tatsächlich, sofern wir eine gewisse Macht darüber haben, wie Gedanken entstehen und in welche Richtung sie sich bewegen. Doch beides ist leider meist nicht der Fall. Gedanken manifestieren sich unwillkürlich und ungebeten, und in der Regel verschwinden sie auch, wann es ihnen beliebt, wobei Assoziationen einander ablösen wie das Auf und Ab einer Achterbahn. Glückliche Gedanken, traurige Gedanken, Ängste, Hoffnungen, die sich auf die Zukunft beziehen, und Bedauern bezüglich gegenwärtiger und vergangener Geschehnisse – sie alle gehen ihre eigenen Wege und haben Macht über uns. Das Gleiche gilt für Empfindungen und Emotionen, die bewirken können, dass wir wie vom Wind verwehte Blätter davontreiben.

Ein Meister des Zen-Buddhismus, dessen Leben zu Ende ging und der unter starken körperlichen Schmerzen litt, lächelte seinen Schüler an und sagte: »Hast du schon realisiert, dass das Denken der Feind ist?« Natürlich ist das Denken nicht *immer* der Feind. Viel hängt von unserer Fähigkeit ab, Probleme zu durchdenken, von unserer Kreativität in Dichtung, Wissenschaft, Drama und Kunst. Doch das Denken ist *oft* unser Feind, nämlich dann, wenn es die Vorgänge in unserem Inneren dominiert, statt uns die Möglichkeit zu geben, Meister unseres Lebens zu sein.

Manchmal taucht die Frage auf, ob wir existieren, wenn wir nicht denken. Diese Frage deutet darauf hin, dass es dem Fragenden nicht nur an Kontrolle über sein Denken, sondern auch an echter Selbstkenntnis mangelt. Natürlich existieren wir, wenn wir nicht denken, und bis wir gelernt haben, uns diese Tatsache zu vergegenwärtigen, sind wir kaum mehr als Anfänger in dem, was wir »die Kunst, wir selbst zu sein« nennen könnten.

Leider nur zu häufig wird die Kunst der Selbstkenntnis mit Intelligenz gleichgesetzt. Man suggeriert uns, je intelligenter wir seien, umso besser würden wir uns kennen und umso bessere Kontrolle hätten wir über uns selbst. Leider oder glücklicherweise – je nach Ihrer Auffassung von Intelligenz – ist dies weit von der Wahrheit entfernt. Hochintelligente Menschen sind kaum besser in der Lage, zu organisieren, was in ihnen vor sich geht, als der Rest der Menschheit. Vielleicht können sie bestimmte Arten von Problemen in der äußeren Welt besser lösen, aber wenn es um die Lösung der Probleme des Geistes geht, ist ihnen ihre Intelligenz kaum von Nutzen.

In Wahrheit wird der Geist durch den Erwerb von Wissen und durch das Denken *nicht* trainiert. Ein Universitätsprofessor ist nicht unbedingt besser in der Lage, seinen Geist zu kontrollieren (sondern im Gegenteil oft sogar noch viel schlechter) als jemand, der keine besonders gute Ausbildung genossen hat. Wissen und Denken ermöglichen dem Geist, sehr gut mit und in der äußeren Welt zurechtzukommen, doch sie helfen uns wahrscheinlich kaum, das, was in unserem Kopf vor sich geht, zu steuern.

Den meisten unter den Menschen, die bei Psychologen und Psychiatern Rat suchen und die unter Problemen wie Depression, Angst und Stress leiden, ist klar, dass ihre Schwierigkeiten größtenteils auf Gedanken zurückzuführen sind, die ihren Geist beherrschen, heimsuchen oder auf andere Weise plagen. Sie wissen zwar vielfach, dass diese Gedanken ihnen schaden und oft unwahr und regelrecht kontraproduktiv sind, doch sie können nichts tun, um diesen unablässigen Strom zum Stillstand zu bringen. Häufig geben Menschen zu, dass sie wissen, wie schädlich und ungewollt ihre Gedanken sind, aber sie sehen sich nicht in der Lage, ihnen Einhalt zu gebieten und ihrem Geist Wege zu erfreulicheren und produktiveren Arten des Denkens zu weisen.

In den östlichen Kulturen ist eines der Symbole für den Geist ein schnatternder Affe, der ständig Lärm produziert, aber kaum Brauchbares von sich gibt. Ein anderes Symbol für den Geist ist ein durchgehendes Pferd, das auf keine der wohlmeinenden Bemühungen seines Reiters, es zu beruhigen und in die richtige Richtung zu lenken, reagiert. Symbole wie das des ständig plappernden Affen und des durchgegangenen Pferdes können uns helfen, eine Motivation für die Meditationsübung zu entwickeln. Nur wenige Menschen wären bereit, sich einem plappernden Affen oder einem durchgegangenen Pferde auszuliefern.

Die positiven Auswirkungen der Meditation

Welche positiven Auswirkungen hat das Geistestraining mittels Meditation? Man kann sie wie folgt zusammenfassen.

- **Körperliche Entspannung** – Wie wir bald sehen werden, schließt Meditation ein Loslassen ein, eine zunehmende Fähigkeit, körperliche und geistige Anspannungen auf sanfte Art aufzulösen. Es handelt sich um eine Entspannung besonders wohltätiger Art, die mit einer Aufmerksamkeit verbunden ist, die dafür sorgt, dass unser Körper genau das richtige Maß an Energie aufwendet, nicht nur um während der Meditation selbst aufrecht zu sitzen, sondern auch um seine alltäglichen körperlichen Aufgaben zu erfüllen. Mit anderen Worten erzieht Meditation den Körper so, dass er seine schlechten Angewohnheiten körperlicher Anspannung und unnötiger Überanstrengung ablegt, die wir uns leider nur zu früh in unserem Leben zulegen. In Verbindung damit entsteht ein gesteigertes Körpergewahrsein. Der Meditierende ist auf seinen Körper eingestimmt, weshalb er bestehende Anspannung wahrnimmt und auflöst.
- **Verbesserung der Konzentration** – Konzentration ist die Grundlage, auf der alle Meditationssysteme basieren. Im weiteren Verlauf dieses Buches müssen wir so häufig auf die Konzentration eingehen, dass wir dies an dieser Stelle nicht brauchen. Aber Meditation basiert nicht nur auf Konzentration, sondern sie ist auch eine der besten Arten, Konzentration zu *entwickeln*. Und wenn Konzentration in der Meditation entwickelt wird, handelt es sich um *reine* Konzentration, was etwas völlig anderes ist als die simple

Fähigkeit, sich auf etwas zu konzentrieren, das unser Interesse fesselt. Diese reine Konzentration greift sehr schnell auf andere Bereiche unseres Lebens über. Der Meditierende ist somit besser in der Lage, seinen Geist dem zuzuwenden, was er lernen oder tun muss, und darauf so lange zu fokussieren, bis er die betreffende Aufgabe zum Abschluss gebracht hat.

- **Bessere Kontrolle über Gedankenprozesse** – Dies bedeutet nicht, dass der Meditierende unerwünschte Gedanken in jedem Fall mit Hilfe von Willenskraft unterbinden kann (auch wenn einige Meditierende dies können). Vielmehr wird er weniger stark von seinen Gedanken beherrscht. Einfach ausgedrückt ist er seiner Gedanken bewusst und beobachtet sie, ohne sich von ihnen mitreißen zu lassen. Unerwünschte Gedanken haben also weniger Macht über ihn und besetzen oder verwirren seinen Geist nicht.
- **Mehr Gelassenheit und eine bessere Fähigkeit, mit Stress umzugehen** – Wie die Gedanken weniger Macht haben, den Meditierenden zu dominieren, so auch die Emotionen. Er mag sich seiner Traurigkeit oder Wut bewusst sein, doch wie von unerwünschten Gedanken distanziert er sich auch von diesen Emotionen und empfindet trotz ihres Auftauchens inneren Frieden und Gleichmut.
- **Verbesserte Achtsamkeit** – Achtsamkeit ist die Fähigkeit, sich dessen bewusst zu sein, was um uns her geschieht, und die Aufmerksamkeit von einer Sache ab- und einer anderen zuzuwenden, statt so stark in ablenkenden Gedanken und inneren Dialogen verstrickt zu sein, dass wir wie in einem Wachtraum durch unser Leben gehen.
- **Verbessertes Selbstverstehen** – Wenn wir gefragt würden,

ob wir uns selbst kennen, würden wir wahrscheinlich mit ja antworten. Tatsächlich sind die meisten von uns sich selbst fremd. Wir dringen meist nicht sehr tief in unser Inneres vor, sondern sind in der Regel nur der Gedanken in unserem Bewusstsein gewahr, und uns entgeht völlig, was tiefer in unserem Unbewussten vor sich geht. Uns ist nicht einmal klar, wie unsere Gedanken entstehen oder woher sie tatsächlich kommen.

- **Verbesserungen des kreativen Denkens** – Kreativität beinhaltet, die unbewussten Bereiche des Geistes zu erschließen, in denen die originellen Ideen geboren werden. Je ruhiger unser Bewusstsein ist, umso besser können wir diese tieferen Ebenen erreichen.
- **Verbesserungen des Gedächtnisses** – Unser Vergessen ist großenteils darauf zurückzuführen, dass wir uns nicht auf das, was geschieht, konzentrieren und es dann in unserem Gedächtnis speichern können. In noch stärkerem Maße beruht unser Vergessen auf Störungen, die unser Bewusstsein verursacht – insbesondere wenn wir uns Sorgen machen oder wenn wir Angst haben, beispielsweise vor einer Prüfung. Meditation hilft, diese hinderlichen Emotionen zu beruhigen, und ermöglicht uns, uns an die Dinge zu erinnern, die für uns wichtig sind. Dies wird durch das bereits erwähnte verbesserte Gewahrsein unterstützt. Wir können nicht erwarten, uns adäquat an Dinge zu erinnern, die wir nicht zuvor ganz bewusst wahrgenommen haben. Nur zu oft werfen wir Kindern vor, dass sie träumen und dass sie Dinge vergessen, die wir für wichtig halten. Ein Teil dieses Problems besteht aber gerade darin, dass wir soviel Zeit darauf verwenden, sie zum Nachdenken anzuhalten – mit der Folge, dass wir

einen großen Teil ihres Gewahrseins von der äußeren Welt ablenken.

- **Förderung der spirituellen Entwicklung** – Man braucht nicht religiös zu sein oder sich auch nur für Religion zu interessieren, um Meditation als wertvoll anzusehen. Doch ist Meditation andererseits ein unverzichtbarer Bestandteil vieler großer religiöser Traditionen der Welt. Dazu brauchen wir im Augenblick nichts weiter zu sagen, als dass Meditation allen Meditierenden, welcher spirituellen Überzeugung sie auch anhängen mögen, zu einer neuen Sicht der Welt verhelfen kann, die uns das Zusammenhängen aller Dinge erleben und Mitgefühl und Liebe allen lebenden Wesen gegenüber zu einem integralen Bestandteil der eigenen Weltsicht werden lässt.

Abgesehen von diesen psychologischen und spirituellen Auswirkungen hat Meditation auch einen positiven Effekt auf die Gesundheit. Wie sich dies auswirkt, ist von Mensch zu Mensch unterschiedlich, kann aber ein Absenken des Blutdrucks, der Herzfrequenz und verschiedenste andere positive physiologische Veränderungen bewirken, zu denen es durch Entspannung und Verringerung von Stress kommt. Diese Auswirkungen zeigen sich nicht nur während des Meditierens, sondern auch im Alltagsleben. Meditierende erleben sich generell ruhiger und weniger von Ängsten und anderen negativen Emotionen geplagt, und sie sind besser in der Lage, in ihrem Leben mit Herausforderungen und Druck fertig zu werden. Und indem sie ihren Geist in der Meditation beruhigen, bevor sie sich an die Erledigung belastender Aufgaben machen, gelingt es ihnen oft, diese Aufgaben erfolgreicher zu lösen und sich dabei weniger stark unter Druck zu bringen.

Meditieren kann man nicht nur, indem man mit überkreuzten Beinen auf einem Kissen sitzt. Man kann es ebenso gut im Stehen, im Liegen und auf einem Stuhl sitzend tun. Der Zustand Ihres Geistes ist wesentlich wichtiger als die Körperhaltung, wobei allerdings das Sitzen mit aufrechtem Rücken die Konzentration fördert, die ein wichtiger Aspekt der Meditation ist. Ebenso wenig muss Meditation in der Stille und Abgeschiedenheit Ihres eigenen Zimmers stattfinden. Sie können praktisch überall meditieren – im Zug, wenn Sie auf den Bus warten, bevor Sie zu einer Versammlung oder einem Gespräch gehen – praktisch in jedem noch so banalen Augenblick.

Kinder leiden natürlich nicht unter Bluthochdruck oder unter Herzproblemen, die Erwachsenen leider so oft zum Verhängnis werden. Allerdings könnten die ersten Anfänge dieser und vieler anderer Krankheiten, unter denen Erwachsene leiden, sehr wohl in der Kindheit liegen. Je mehr wir Kindern dazu verhelfen, in Frieden mit ihrem Körper zu leben, umso eher können wir verhindern, dass sie in ihrem späteren Leben verhängnisvollen Krankheiten zum Opfer fallen.

2
Warum mit Kindern meditieren?

Warum sollten kleine Kinder meditieren?

Das traditionelle Bild der Kindheit als einer Zeit sorgloser Unschuld mit langen Ferien und Hochsommernachmittagen vor dem Hintergrund der Geborgenheit und Sicherheit, die Familie und Freunde geben, gehört vielleicht für immer der Vergangenheit an. Doch die Vorstellung, dass die Kindheit verglichen mit dem Erwachsenenleben eine relativ belastungsfreie Zeit ist, lebt weiter. Kaum etwas könnte von der Wahrheit weiter entfernt sein. Kleine Kinder leben in vielerlei Hinsicht in einer Welt, die dem ähnelt, was Erwachsene im Mittelalter erlebt haben. Mit Ausnahme weniger Privilegierter haben kleine Kinder bezüglich Geld und Eigentum keine echten Rechte. Sie sind willkürlichen und oft inkonsistenten und ungerechten Regelungen und Entscheidungen Älterer unterworfen sowie Strafen für Vergehen, die begangen zu haben ihnen nicht einmal bewusst ist. Sie haben kein Wahlrecht, keinen Einfluss auf politische und rechtliche Prozesse und kaum Möglichkeiten, darüber zu entscheiden, wie sie die Zeit von neun Uhr morgens bis vier Uhr nachmittags verbringen. Außerdem leben sie in einer Welt, in der Gewalt in Form von tyrannischen älteren Kindern, die sie einschüchtern, an jeder Ecke lauern kann. Ob es ihnen recht ist oder nicht, sie müssen Prüfungen ablegen, die ihnen völlig unbekannte Menschen durchführen, und von diesen Prüfungen hängt sowohl ihre Zukunft als auch ihr Selbstbild ab.

Abgesehen von der Machtlosigkeit, zu der die Gesellschaft junge Menschen verurteilt, müssen wir bedenken, dass Kinder Gefühle wie Liebe, Freude, Angst, Enttäuschung und Wut mit einer Intensität erleben, wie sie es als Erwachsene nie mehr tun werden. Erfolg oder Scheitern von nahen Beziehungen und Freundschaften sind für sie in der Kindheit wichtiger als in ihrem weiteren Leben, und von ihrer Peer-Group akzeptiert zu werden ist für sie in dieser Zeit von größerer Bedeutung als zu irgendeinem späteren Zeitpunkt. Außerdem sind die frühen Jahre in der Lebensgeschichte eines Menschen eine sehr prägende Zeit. In diesen Jahren müssen junge Menschen nicht nur die Fakten und Zahlen erlernen, welche die formale Erziehung von ihnen fordert, sondern sie müssen sich auch mit psychologischen und sozialen Themen befassen, die für das Selbstbewusstsein, die Identität, das moralische Verhalten und ein riesiges Spektrum von Themen, die das Zusammenleben in einer Gemeinschaft betreffen, wichtig sind.

Wesen und Stärke dieser Belastungen zu erkennen hilft uns zu sehen, dass Stress, Neurosen, Unglücklichsein und Depression keineswegs Erwachsenen vorbehalten sind. Bei unserer Arbeit als Psychologen und Berater, die viel mit Kindern und Erwachsenen arbeiten, haben wir festgestellt, dass bei Menschen aller Altersstufen das gleiche Spektrum von Symptomen und Schwierigkeiten zu finden ist. Der einzige echte Unterschied zwischen Erwachsenen und Kindern besteht darin, dass es Letzteren schwerer fällt, über ihre Probleme zu sprechen, und dass sie größere Schwierigkeiten haben, mit diesen Problemen ernst genommen zu werden. Nur zu oft leiden Kinder im Stillen, und sie ziehen sich psychische Verletzungen zu, die sie in ihrem gesamten weiteren Leben begleiten.

Zwei Beispiele sollen dies veranschaulichen. Shirley*, die als Kind von ihren Eltern in eine Internatsschule geschickt wurde, fand kürzlich einen Stapel Briefe, die sie ihrer Mutter aus dem Internat geschrieben hatte. Sie war erstaunt, dass in diesen Briefen kein Wort über die fast permanente Traurigkeit stand, die sie in diesen Jahren empfunden hatte. »In den Briefen standen lauter Belanglosigkeiten wie beispielsweise, was wir zum Mittagessen bekommen hatten oder dass ich in der Stadt gewesen war oder welche Spiele wir im Unterricht gespielt oder was meine Freundinnen mir erzählt hatten. Hingegen stand da nichts über mein Heimweh, die ablehnende Haltung einiger Lehrer mir gegenüber, meine Einsamkeit und die Tatsache, dass ich mir manchmal sogar wünschte, ich wäre tot.« Philip, der sich gerade einen Film über sich als Kind angeschaut hatte, konnte sich absolut nicht mit dem glücklich lächelnden Kind identifizieren, das er offenbar einmal gewesen war. »Ich weiß einfach nicht, wie diese Bilder zustande gekommen sein können. Ich habe mich die meiste Zeit über vor meinen Eltern gefürchtet, ich hatte vor dem tyrannischen Verhalten anderer Schüler Angst, ich hatte Angst vor schlechten Schulnoten, Angst davor, krank zu werden, und sogar Angst vor der Dunkelheit. Ich hasste es, ein Kind zu sein.«

Selbst Kinder mit idealer Familiensituation und beneidenswerten Schulerlebnissen leiden in einer Welt, die immer höhere Anforderungen an sie stellt und immer belastender wird, unter körperlicher und psychischer Anspannung. Leider ermöglicht die schulische Erziehung Kindern kaum, sich

* Um die Privatsphäre der in den Fallbeispielen beschriebenen Personen zu wahren, wurden einige Namen und Details verändert.

selbst zu verstehen, mit Ängsten fertig zu werden und Denkprozesse zu steuern, Ruhe, Harmonie und innere Ausgeglichenheit zu entdecken. Nur wenig geschieht in diesem Rahmen, das ihnen hilft, die Vorgänge in ihrem Inneren zu beeinflussen, ihre geistige Energie produktiv zu nutzen, statt sie in Sorgen und vagabundierenden Gedanken zu zerstreuen, und die kreativen Bereiche ihres Geistes zu erschließen.

Meditation ist eines der wichtigsten Mittel, durch die wir Kindern helfen können, besser mit ihrem Leben zurechtzukommen, sowohl im privaten als auch im schulischen Bereich. Wie wir im Laufe dieses Buches immer wieder betonen werden, gibt Meditation schon sehr kleinen Kindern Macht über ihre Gedanken und Emotionen, und zwar nicht durch repressive Selbstkontrolle, sondern indem sie durch die Meditationsübung lernen, sich selbst besser zu verstehen und zu akzeptieren. Meditation kann ein unglückliches Kind nicht über Nacht glücklich machen und kann auch nicht all die Verletzungen, die es durch das Verhalten seiner Eltern erlitten hat, ausgleichen, aber sie kann Kinder insgesamt glücklicher machen und sie befähigen, besser mit ihrer Situation zurechtzukommen.

Warum sollten Jugendliche meditieren?

Vieles von dem, was wir über Kinder gesagt haben, gilt auch für Jugendliche. Allerdings haben diese außerdem auch andere Probleme, und es ist deutlich schwieriger, sie an die Meditation heranzuführen, als es bei Kindern der Fall ist. Einige Hintergrundinformationen über dieses Alter sind deshalb für die Arbeit mit Jugendlichen unverzichtbar.

Nach den ersten sieben oder acht Lebensjahren ist die Adoleszenz oft die am stärksten prägende Zeit des Lebens. Zu diesem Zeitpunkt haben die Kinder gelernt, was es bedeutet, Kind zu sein und zur Welt als Kind in Beziehung zu treten; nun plötzlich müssen sie lernen, Erwachsene zu sein und zur Welt als Erwachsene in Beziehung zu treten. Innerhalb weniger Jahre wechseln Kinder aus dem physischen Zustand der Kindheit in den Zustand körperlicher Reife. Sie durchleben die Pubertät mit ihrem Erstarken der sexuellen Energie und in Verbindung damit des sexuellen Verlangens (insbesondere Jungen erreichen den Gipfelpunkt ihrer sexuellen Entwicklung in der Zeit zwischen sechzehn und achtzehn Jahren). Und mit der Pubertät verbunden ist ein Spektrum mächtiger Emotionen. Hoffnungen und Enttäuschungen werden in dieser Zeit mit einer Schärfe erlebt, die jener der frühen Kindheit vergleichbar ist, wobei von Jugendlichen allerdings erwartet wird, dass sie wie Erwachsene zur Selbstkontrolle in der Lage sind. Die hormonellen Veränderungen, die den Körper des Kindes in den eines Erwachsenen verwandeln, lassen gewaltige Gefühlsstürme zum Ausbruch kommen und führen zu extremen Stimmungsumschwüngen, die für das Kind oft ebenso überraschend und beunruhigend sind wie für seine Eltern und Freunde.

In der Adoleszenz bereitet die Natur die Heranwachsenden auf ein unabhängiges und selbstbestimmtes Leben vor. In Mythen, Legenden und Märchen ist die Pubertät die Zeit, in der junge Menschen in die Welt hinausziehen, um ihr Glück zu suchen. Sie sind von Rastlosigkeit erfüllt, einer starken Sehnsucht nach etwas, das sie noch nicht so recht in Worte zu fassen vermögen, dem Wunsch, die Behaglichkeit der Familie und des Vertrauten zu verlassen, um in neue Welten aufzubrechen und Neues zu erleben. Damit verbunden ist der Wunsch, sich von den Ideen und Überzeugungen zu lösen, mit denen sie aufgewachsen sind, um die Freiheit des Denkens zu erfahren, die sich ihnen in Verbindung mit der physischen Freiheit bietet. Die Jugendlichen verstehen nun abstrakte Ideen, können sich physisch behaupten und sind in der Lage, ihre sexuellen Bedürfnisse zum Ausdruck zu bringen. Sie stellen unangenehme Fragen, argumentieren, diskutieren, stürmen aus dem Zimmer, schlagen Türen zu, lieben laute Musik und laute Dispute, stören die makellose Ordnung von Schlaf- und Wohnzimmern, rebellieren gegen Regeln und lassen oft angeekelt erkennen, dass sie die altmodischen Angewohnheiten und Meinungen ihrer Eltern verachten.

Statt auf all dieses Althergebrachte beziehen sich die Jugendlichen in immer stärkerem Maße auf ihre Peergroup, die nun zur maßgebenden Instanz in allen Geschmacks- und Modefragen wird. Von ihr akzeptiert und gemocht zu werden ist für ihre Mitglieder ungeheuer wichtig. Nur weil sie von der Peergroup akzeptiert werden, können Heranwachsende sich selbst akzeptieren. Daran, dass sie von Gleichaltrigen akzeptiert werden, messen sie, dass sie in ihrem Leben alles richtig machen, dass ihre Entwicklung vom Kind zum Erwachsenen »in Ordnung« ist und dass sie auch später als Erwachsene erfolgreich, anerkannt und beliebt sein werden.

In Kulturen, die angeblich weniger zivilisiert sind als unsere eigene, ist für dieses Akzeptiertwerden nicht nur die Peergroup, sondern die ganze Gesellschaft maßgebend. Jungen wie Mädchen durchlaufen in solchen Gesellschaften während der Pubertät Initiationsriten und -zeremonien. Das Kind wird von der ganzen Gemeinschaft in der Welt der Erwachsenen willkommen geheißen. Seine Entwicklung wird anerkannt und gefeiert. Nach diesen Riten wird es zum Erwachsenen, mit allen Rechten und Pflichten und aller Verantwortung, die ein Erwachsener übernehmen muss.

In der westlichen Welt haben wir solche Initiationen nicht. Obwohl die Jugendlichen körperlich reif sind, werden ihnen die Privilegien und Freiheiten der Erwachsenen weitgehend verweigert. Deshalb müssen sie, sofern sie den dazu erforderlichen Mut haben, hart für ihre Rechte kämpfen. Reibungen zwischen Eltern und Kindern kommen in dieser Zeit häufiger vor als in jeder anderen. Die Jugendlichen kämpfen für ihre Freiheit, und ihre Eltern kämpfen darum, sie innerhalb der Grenzen der Kindheit zu halten. In dieser Zeit lockern kluge Eltern die Zügel, weil ihnen klar ist, dass ihnen ihre Kinder am sichersten erhalten bleiben, wenn sie sie ihre Wege gehen lassen, und dass ihre Kinder umsichtige Entscheidungen für sich treffen werden, wenn ihre Eltern in den ersten Lebensjahren gute Grundlagen geschaffen haben.

Allerdings haben die meisten Kinder infolge des generellen Mangels an gezieltem Geistestraining zu diesem Zeitpunkt ohne eigenes Verschulden bereits schlechte mentale Gewohnheiten entwickelt. Oft ist ihr Geist erfüllt von einem wilden Durcheinander von Begeisterung, Hoffnung, Erwartungen, Ängsten und Phantasien. Depression ist unter Jugendlichen weit verbreitet. Aufgrund ihrer Stimmungsumschwünge erleben sie Zeiten quälenden Selbstzweifels. Manchmal fällt es ihnen sogar schwer, sich in dem neuen Wesen wiederzufinden, das nun offenbar ihren Körper bewohnt. Praktisch zu keiner anderen Zeit im Leben ist es notwendiger, den Geist zu trainieren, allerdings ohne dass auch nur eine einzige Emotion geleugnet, verurteilt oder unterdrückt wird. Ein solches Training kann einen Menschen in einen ruhigen und entspannten Zustand versetzen. Brian ist ein gutes Beispiel dafür, wie Meditation jungen Menschen helfen kann.

Brian

Brian steht am Anfang seiner Zeit als Teenager, und er hat nach dem Scheitern der Ehe seiner Eltern eine Periode emotionaler Schwierigkeiten durchlebt. »Mein Hauptproblem war, dass ich nicht wusste, warum ich mich so schlecht fühlte. Ich vermisste unser Familienleben, aber andererseits waren meine Eltern nicht gut miteinander ausgekommen, und es war angenehm, sie nicht mehr ständig streiten zu hören. Doch jeden Morgen wachte ich unter dieser dunklen Wolke auf, die mich fast den ganzen Tag begleitete und die sich negativ auf meine Arbeit in der Schule auszuwirken begann.« Meditation heilte zwar Brians Depression nicht sofort, doch dass er jeden Morgen nach dem Aufwachen ein paar Minuten meditierte, half ihm, seine Depression objektiver zu sehen, statt sich mit ihr zu identifizieren. »Ich sah, dass die Depression einfach da war. Sie war nicht ich, sondern etwas, das ich erlebte, und ich konnte mir sagen, dass sie wie die meisten Dinge nicht ewig Bestand haben würde.« Ein Aspekt von Brians Problem war, dass es ihn deprimierte, depressiv zu sein, statt die Depression als eine Reaktion auf die plötzliche Veränderung seiner häuslichen Situation zu verstehen. Meditation half ihm, die Dinge zurechtzurücken, und schon bald gewann seine natürliche Zuversicht wieder Oberhand.

Heranwachsende, die schon Erfahrungen mit der Meditation haben, erkennen in zunehmendem Maße ihre positiven Wirkungen. Selbst wenn sie einige Jahre lang nicht meditiert haben, kehren sie in diesem Alter oft aus freien Stücken zu ihr zurück. Der große deutsch-amerikanische Psychologe Erik

Erikson war der Auffassung, die wichtigste Aufgabe der Adoleszenz sei, eine Identität zu entwickeln – die Frage »Wer bin ich?« zumindest teilweise zu beantworten. In der Meditation beginnen junge Menschen zu sehen, dass wir Menschen mehr sind als jenes flüchtige, launische, ängstliche, freudig erregte, phantasiegläubige, sexuell erregte Individuum, das jeden Tag der Welt entgegentritt. Für sie ist ein ungeheuer starkes Gefühl der Sicherheit damit verbunden, in ihrem Inneren ein ruhiges Wesen zu entdecken, das über Selbstvertrauen verfügt und sich selbst akzeptiert, das nicht durch Freunde, Eltern, Lehrer und die Verwirrung seiner Emotionen einmal in diese und einmal in jene Richtung gezogen wird.

Heranwachsende, die Meditation noch nicht kennengelernt haben, wollen manchmal zunächst nichts damit zu tun haben. Jugendliche wollen aktiv sein; sie wollen sich in der Welt betätigen, statt still herumzusitzen und ihren Atem zu beobachten. Häufig verlieren sie sich in ihren Träumereien, doch in solchen Situationen ziehen sie es möglicherweise vor, ihren Gedanken nachzuhängen, statt sich einer Disziplin zu unterwerfen, die ein Erwachsener ihnen vermittelt, dessen Welt sie vielleicht schon als für sie unwichtig abgestempelt haben.

Es gibt allerdings Möglichkeiten, diese Blockierung zu umgehen. In keinem Fall empfiehlt es sich, einen selbstbewussten Jugendlichen direkt zu konfrontieren. Je stärker wir ihm gegenüber auf etwas beharren, umso mehr Widerstand entwickelt er dagegen, und zwar nicht unbedingt, weil ihm das, was wir sagen, nicht gefällt, sondern weil *wir* es sagen. Deshalb ist es bei der Unterweisung gerade dieser Altersgruppe in der Meditation notwendig, an einem Punkt zu beginnen, an dem sich die Jugendlichen wohlfühlen und Interesse entwickeln können. Wie wir bald sehen werden, können wir dazu Konzentrationsübungen nutzen, bei denen das Bild eines Sportlers, eines Pop-Stars oder irgendeiner anderen bekannten Figur die Aufmerksamkeit junger Menschen weckt. Ist der Zustand der Konzentration erreicht, können wir uns neuen Zielen zuwenden.

Wenn Kinder, mit denen wir arbeiten, noch nie mit Meditation in Berührung gekommen sind, sollten wir ihnen zunächst ein wenig erklären, welchen Wert die Konzentrationsfähigkeit speziell für *sie* hat. Darüber kann in der Gruppe gesprochen werden, und wie schwierig es ist, konzentriert zu bleiben, kann mit Hilfe des Versuchs, das Denken zu unterbinden, veranschaulicht werden – ein Experiment, das auf Seite 33 dieses Buches vorgestellt wurde. Es besteht einfach darin, dass man die Kursteilnehmer bittet, die Augen zu schließen und dreißig Sekunden lang nicht zu denken. (Erinnern Sie sie daran, dass das bloße Wiederholen des Satzes »Ich denke nicht, ich denke nicht« zu nichts führt!) Zum Abschluss des Experiments können Sie die Gruppe darüber diskutieren lassen, warum sie dies für schwierig oder sogar unmöglich gehalten hat, und Sie können die Teilnehmer auf ihren Mangel an Kontrolle über die Vorgänge in ihrem Geist hinweisen.

Der nächste Schritt besteht darin, ihnen zu erklären, dass ihr Geist solche Grenzen nicht zu haben bräuchte. Der Geist ist der wichtigste Aktivposten, den sie haben, und je klarer und fokussierter er ist, umso mehr können sie in ihrem Leben erreichen, sowohl privat als auch in ihrem Beruf und in Beziehungen zu anderen Menschen. Weisen Sie darauf hin, dass sie, um diese Grenzen zu erweitern, in der Lage sein müssen, ihren Geist auf eine Sache zu fokussieren, ohne zuzulassen, dass er selbständig einem bestimmten Gedankenfluss folgt.

Ihre eigene Rolle beim Lehren von Meditation

Sollten Sie selbst meditieren, um Kindern Meditationsunterricht erteilen zu können? Die kurze Antwort lautet: im Idealfall ja. Wenn Sie selbst meditieren, kennen Sie einige der damit verbundenen Schwierigkeiten aus eigener Erfahrung, und außerdem kennzeichnet Ihren Geist dann zumindest teilweise jene Geistesruhe, die durch Meditation entstehen kann, und das spüren andere Menschen. Wenn Sie daran interessiert sind, Kinder in der Meditation zu unterrichten, ist es natürlich naheliegend, dass Sie selbst meditiert haben und dass Ihnen deshalb völlig klar ist, welche Vorteile Meditation mit sich bringen kann.

Ein Lehrer für fortgeschrittene Meditationsübungen muss über ein erhebliches Maß an persönlicher Erfahrung verfügen, denn möglicherweise tauchen bei dieser Unterweisung Probleme auf, mit denen nur jemand fertig werden kann, der einmal in einer ähnlichen Situation war. Allerdings gehört keine der in diesem Buch vorgestellten Techniken zu dieser Kategorie von Techniken für Fortgeschrittene. Deshalb können Sie, selbst wenn Sie noch nie meditiert haben, Kinder mit der Meditation bekannt machen. Am wichtigsten ist dabei Ihre geistige Einstellung. Wenn Sie ruhig, verständnisvoll und wohlwollend vorgehen und sich an dem orientieren, was wir in diesem Buch empfehlen, werden die meisten Kinder auf Ihre Bemühungen positiv reagieren. Und vielleicht werden Sie durch Ihre Lehrtätigkeit ja so stark beeinflusst, dass Sie, fast ohne es zu merken, selbst zu meditieren beginnen.

Denken Sie aber auch stets daran, dass Kinder, und insbesondere ältere Kinder, Sie wahrscheinlich fragen werden, ob Sie selbst meditieren. Ganz gleich, um welches Thema es geht, sind Kinder oft der Auffassung, dass jemand, der ihnen etwas beizubringen versucht, die Techniken, die er vermittelt, selbst beherrschen und nutzen sollte. Doch einmal ganz abgesehen davon, ob Sie selbst schon meditiert haben oder nicht, gibt es eine Anzahl einfacher vorbereitender Regeln, die Sie sich vergegenwärtigen sollten, wenn Sie Kinder mit der Meditation bekannt machen.

1. Erwarten Sie nicht zu viel. Manchen Kindern fällt es leicht, sich an das Meditieren zu gewöhnen, anderen schwerer (wobei wir an anderer Stelle darauf hingewiesen haben, dass oft die zweite Gruppe die Meditationsübung am dringendsten braucht). Bedenken Sie, dass viele kleine Kinder eine nur relativ kurze Aufmerksamkeitsspanne haben. Nähere Einzelheiten hierzu erfahren Sie in Kapitel 13.
2. Zeigen Sie sich Ihren Kindern gegenüber nie enttäuscht oder ungeduldig. Denken Sie daran, dass Sie den Kindern die Meditation anbieten, sie ihnen also nicht aufzwingen. Letztendlich bleibt es ihnen überlassen, ob sie dieses Angebot annehmen oder nicht. Ungeduld vonseiten des Lehrers erschwert Kindern nur das Lernen. Negative Lernerlebnisse verfolgen die Kinder in ihrem gesamten weiteren Leben und können sie viele Jahre lang davon abhalten, sich mit einem bestimmten Thema nochmals zu beschäftigen – manchmal sogar ihr ganzes Leben lang. So sehr Sie selbst die Medita-

tion auch lieben und so sehr Sie ihren Wert für andere Menschen erkennen mögen, sollten Sie doch stets bedenken, dass es einzig und allein Sache der Kinder ist, wenn sie sie nicht annehmen wollen. Vielleicht kommen sie später auf das Angebot zurück – vorausgesetzt, Sie ermöglichen ihnen, die Meditation mit einer insgesamt heiteren, entspannten und angenehmen Atmosphäre zu assoziieren.

3. Stellen Sie klar, dass die Kinder sich nicht in einem Wettbewerb miteinander befinden. Kinder gewinnen oft schon früh in ihrem Leben den Eindruck, dass sie ständig miteinander verglichen werden, wenn es um die Qualität ihrer Arbeit, um die Verteilung von Anerkennungssternen, Marken, »Hauspunkten« und auch nur um billigende und lobende Äußerungen geht. Es ist eigentlich nicht verwunderlich, wenn sie oft den Eindruck gewinnen, dass Vergleiche dieser Art auch während Meditationssitzungen angestellt werden. Sie fragen sich dann, ob sie ihre Sache ebenso gut machen wie die anderen Kinder, und vielleicht versuchen sie sogar, miteinander um Ihr Lob zu konkurrieren. Vermeiden Sie dies, indem Sie von Anfang an klarstellen, dass das Meditieren ebenso wie das Atmen nichts ist, worin wir zueinander in Konkurrenz treten. Wir alle können meditieren, wenn wir wollen. Unterstreichen Sie dies, indem Sie niemals einzelne Kinder auf Kosten der restlichen Gruppe loben. Formulieren Sie Lob sehr allgemein. Und lassen Sie sich nie dazu hinreißen, ein Kind vor dem Rest der Klasse zu tadeln. (Der beste Umgang mit unkooperativen Kindern wird in Kapitel 13 erläutert.)

4. Formulieren Sie Anweisungen möglichst einfach. Wie bereits an anderer Stelle erwähnt, ist dies bei kleinen Kindern besonders wichtig. Gute Meditationslehrer reden in ihren

Kursen nur sehr wenig, weil Worte zu Hindernissen werden können, wenn sie Menschen dazu veranlassen, über Meditation nachzudenken, statt zu meditieren.

5. Halten Sie Ihre Erklärungen möglichst einfach, insbesondere wenn Sie mit kleinen Kindern arbeiten. Ermutigen Sie die Kinder dazu, sich zu äußern – weil es in jedem Fall vorteilhaft ist, wenn Kinder wissen, dass sie über das, was sie erleben, sprechen können. Aber bedenken Sie auch, dass Kinder versuchen, einander in ihren Schilderungen zu übertrumpfen. Wenn Sie merken, dass sich in die Schilderungen Phantasie mischt, sollten Sie das Gespräch behutsam beenden; versichern Sie aber der Gruppe, mit der Sie arbeiten, gleichzeitig auch, dass sie in der nächsten Meditationssitzung jederzeit auf das Thema zurückkommen kann. Noch einmal: Vermeiden Sie unbedingt, dass zwischen den Kindern ein Konkurrenzkampf entsteht; hören Sie sich deshalb alle Schilderungen der Kursteilnehmer an, ohne einzelne auf Kosten der anderen zu loben. Falls Sie darauf hinweisen müssen, dass einige der Berichte ganz und gar nicht nach Meditation klingen, sollten Sie dies sehr vorsichtig formulieren, um das fragile Selbstwertgefühl der Kinder zu schonen. »Das kann ich sehr gut verstehen, aber wir müssen in eine andere Richtung weitergehen« ist eine wesentlich bessere Formulierung als: »Das habt ihr völlig falsch verstanden; wir müssen noch einmal ganz von vorn anfangen.«

6. Bemühen Sie sich um den richtigen Ton. Ihre Stimme sollte sanft und ruhig klingen, aber nicht hypnotisch oder einschläfernd. Sie wollen die Gruppe ja nicht in den Schlaf versetzen. (Das kann sehr leicht passieren; wir haben es sogar bei unserer Arbeit mit Erwachsenen erlebt.) Sprechen Sie sicher und ohne unnötige Pausen, aber nie hastig. Meditation ist eine zeitlose Angelegenheit, und Kinder sollten nicht den Eindruck gewinnen, man könne sie »schnell hinter sich bringen«.

Kinder lernen am besten von Erwachsenen, die sie bewundern und die ihnen vorleben, wie sie selbst eines Tages gern sein würden. Wenn Kinder uns als geduldig, fürsorglich, glücklich und entspannt erleben (dies sind Eigenschaften, die Menschen mit Hilfe der Meditation entwickeln können), sind sie mit wesentlich höherer Wahrscheinlichkeit zum Üben motiviert, als wenn sie Sie als Beispiel für die genau gegenteiligen Eigenschaften erleben.

Teil II

DIE PRAXIS DES MEDITIERENS MIT KINDERN

3

Meditation und Achtsamkeit

Die Bedeutung der Achtsamkeit

Konzentration und das, was oft Achtsamkeit genannt wird – ein waches Gewahrsein dessen, was um uns her und in unserem Geist vor sich geht –, sind eng miteinander verbunden. Achtsamkeitsübungen fördern die Konzentration, und die Entwicklung der Konzentrationsfähigkeit fördert die Entwicklung von Achtsamkeit – und beide kommen der Entwicklung des Gedächtnisses zugute, denn Kinder erinnern sich wesentlich besser an Dinge, denen sie ungeteilte Aufmerksamkeit geschenkt haben. Es gibt einige sehr angenehme Übungen zur Förderung der Achtsamkeit, die ausgezeichnet auf die später folgenden intensiveren Konzentrationsübungen vorbereiten. In diesem Kapitel beschreiben wir einige Übungen, die Kindern wahrscheinlich gut gefallen. Doch zuvor sollten Sie ihnen vor Augen führen, wie lückenhaft ihr Gedächtnis ist.

Erforschen des Gedächtnisses

Kinder (und vielleicht sogar noch mehr Erwachsene) sind häufig nicht in der Lage, sich an Dinge zu erinnern, weil ihr Geist nicht auf das konzentriert ist, was sie gerade tun. Es ist wichtig, ihnen dies bewusst zu machen. Wie wir bereits betont haben, führt die Stärkung der Fähigkeit zur Aufmerksamkeit zu einer höheren Effektivität beim Lernen und bei den meisten anderen Aktivitäten, denen Kinder sich widmen, vom Sport bis zu Hobbys.

Aber auch aus einem anderen Grund ist es für Kinder wichtig, sich bewusst zu werden, wie unzuverlässig unser Gedächtnis ist, und auch dabei geht es um ein besseres Verständnis ihrer selbst. Schon sehr früh entwickeln Kinder die Überzeugung, dass in ihrem Gedächtnis ihr Leben vollständig dokumentiert wird, also Tag für Tag. Diese Überzeugung erhalten wir während unseres ganzen Lebens aufrecht. Wir haben das Gefühl, dass unsere Erinnerungen unsere Identität ausmachen – dass wir in einem gewissen Sinne unsere Erinnerungen sind. In Wahrheit sind unsere Erinnerungen äußerst bruchstückhaft. Denn tatsächlich erinnern wir uns nur an einen winzigen Bruchteil all dessen, was wir erlebt haben.

Allerdings ist diese Tatsache eigentlich nichts Negatives. Es wäre sinnlos, sich an sämtliche noch so unwichtigen Details erinnern zu können. Doch Kinder müssen sich darüber klar werden, wie ihr Gedächtnis arbeitet, wenn man ihnen nicht nur helfen will, ihre Erinnerung an wichtige Dinge zu verbessern, sondern auch zu verstehen, dass ihre wahre Natur mehr umfasst als eine Anzahl nicht miteinander verbundener Bruchstücke früherer Ereignisse.

Meditation 1: Die Löcher im Gedächtnis

Dies ist eine sehr einfache und oft sehr amüsante Übung, die Kindern sehr schnell die riesigen Lücken in ihrer Erinnerung an frühere Ereignisse bewusst machen kann. Sie könnten diese Übung wie folgt vorstellen.

> Ich möchte, dass ihr euch an einen Tag erinnert, an dem ihr etwas Schönes erlebt habt. Vielleicht war das euer Geburtstag oder ihr wart in Ferien. Versucht euch daran zu erinnern, wie ihr euch gefühlt habt, als ihr morgens aufgewacht seid, und was ihr im Laufe des Tages getan habt. Beschäftigt euch mit so vielen Einzelheiten wie möglich – damit, was ihr gesagt habt und was andere zu euch gesagt haben, mit der Kleidung, die ihr anhattet, mit den Gegenständen, die ihr berührt habt, und mit dem, was ihr gesehen habt. Geht den ganzen Tag bis zum Zubettgehen durch, und erinnert euch auch daran, wie ihr euch gefühlt habt, als der Tag vorüber war.

Die Kinder sollten diese Übung still ausführen und dabei die Augen schließen. Lassen Sie ihnen dafür soviel Zeit, wie Sie glauben, dass es für die Kinder angenehm ist. Viele Kinder werden Ihnen ihre Erinnerungen mitteilen wollen. Lenken Sie nach solchen Berichten die Aufmerksamkeit der Gruppe nicht auf die Dinge, an die sich der Betreffende erinnert, sondern auf das, was er vergessen hat. Was haben die Kinder *zwischen* den soeben geschilderten interessanten Ereignissen getan? Können sie sich daran erinnern, was sie in jener Situation gesagt oder empfunden haben? Sorgen Sie dafür, dass sich die Befragten nicht schlecht fühlen, weil sie nicht in der Lage sind, sich an die weniger interessanten Details zu erinnern. Sinn und Zweck dieser Übung ist, dass die Übenden genau dieses Unvermögen erkennen.

Anschlussübung

Als sehr kurze Anschlussübung entweder unmittelbar nach der soeben beschriebenen Übung oder in einer späteren Situation können Sie die Kinder auffordern, sich daran zu erinnern, was sie am gleichen Tag in der vorherigen Woche oder auch am vorherigen Tag getan haben. Bringen Sie ihnen zu Bewusstsein, dass ihre Erinnerungen, obwohl sie während zwei Dritteln dieser vierundzwanzig Stunden wach waren, nicht mehr als einige Minuten umfasst. Weisen Sie sie auch darauf hin, dass dies für die meisten Tage ihres Lebens gilt. Die meisten »Seiten« unseres Gedächtnisses und somit auch unseres Lebens sind unbeschrieben, wenn wir zurückblicken, um sie zu betrachten; deshalb müssen »wir« wesentlich mehr sein als die Summe unserer Erinnerungen.

Wenn die Kinder sich noch weiter mit ihrer Erinnerung beschäftigen wollen, können sie eine Liste der Dinge beispielsweise aus dem letzten Jahr zusammenstellen, an die sie sich noch erinnern, und Sie können mit ihnen darüber sprechen, warum nur bestimmte Dinge im Gedächtnis haften und alles andere vergessen wird. Meist sind die Dinge, an die wir uns erinnern, mit beglückenden oder beunruhigenden Assoziationen verbunden oder sie waren in irgendeiner Hinsicht ungewöhnlich. Wenn Kindern dies klar ist, erkennen sie leichter, dass sie diesen Erlebnissen zum betreffenden Zeitpunkt aufgrund ihrer speziellen emotionalen Eigenschaften oder aufgrund ihrer Neuartigkeit besondere Aufmerksamkeit geschenkt haben.

Nachdem eine sehr lebhafte Klasse von Neunjährigen diese Übung ausgeführt hatte, beschlossen die Kinder, ihr Erinnerungsvermögen zu verbessern, indem sie täglich alle ihre interessanten Erlebnisse aufschrieben. Einige Wochen später vereinbarten sie plötzlich, die Tagebücher einzusammeln und sie nach dem Zufallsprinzip zu vertauschen. Dann las jedes Kind Auszüge aus dem Tagebuch vor, das es bekommen hatte. Die Kinder wollten so feststellen, wie viele ihrer

Mitschüler sich an das erinnerten, was ihnen selbst in Erinnerung geblieben war. Auch in diesem Fall waren die Kinder erstaunt darüber, als wie unzuverlässig sich ihr Gedächtnis manchmal erwies.

Übung 1: Kims Spiel

Sobald die Kinder die Lückenhaftigkeit ihres Gedächtnisses erkannt haben, können Sie mit der ersten Gedächtnisübung beginnen. Diese hat den Namen *Kims Spiel*, weil sie in Rudyard Kiplings Roman *Kim* beschrieben wird, der Geschichte eines Jungen, der in Indien aufwächst und einen tibetischen Lama auf seiner Suche nach dem legendären Fluss der Unsterblichkeit begleitet. Kim erhält im Laufe dieses Buches viele Lektionen in Geistestraining, doch das Spiel, um das es uns hier geht, ist für die Entwicklung von Achtsamkeit am besten geeignet. Obwohl es insbesondere kleinere Kinder anspricht, die oft am besten durch Spiel und mit Hilfe von Spielen lernen, ist es auch für ältere Kinder unterhaltsam und lehrreich – ebenso wie für Jugendliche und sogar Erwachsene.

Ich [*David*] erinnere mich, dass man mir Kims Spiel vor vielen Jahren beigebracht hat, kurz nachdem ich mich im Alter von elf Jahren der Pfadfinderbewegung angeschlossen hatte. Ich kann mich bis heute an die tiefreichende Wirkung erinnern, die es auf mich hatte. Wenn ich die Augen schließe, sehe ich immer noch den Behälter mit den vielen Gegenständen vor mir, der in diesem Spiel benutzt wird, und ich durchlebe erneut die angenehme Mühe, diese Gegenstände in meinem Gedächtnis in Schubladen einzuordnen. Kims Spiel hat ganz sicher sowohl mein Gewahrsein als auch mein Bedürfnis, mir Dinge genau anzuschauen, gestärkt.

Kims Spiel ist eine Übung, deren Schwierigkeitsgrad je nach Alter und Fähigkeit der Kinder variiert werden kann. Es erfordert nur wenig Vorbereitung und Erklärung, macht Spaß und hat starken Einfluss auf die Art, wie Kinder die Welt wahrnehmen. Jedes Kind benötigt für dieses Spiel ein Blatt Papier und einen Stift. (Sehr kleine Kinder, die noch nicht in der Lage sind zu schreiben, können das Spiel auch spielen, indem sie sich mündlich äußern.) Sie brauchen für das Spiel eine Stoppuhr oder eine andere Uhr, ein Tablett und eine Anzahl Alltagsgegenstände, die möglichst verschiedenartig sind. Beispiele für die Art von Dingen, die Sie benutzen können, sind:

Bleistift, Lineal, Fingerhut, Löffel, Becher, Apfel, Radiergummi, Gummiband, Büroklammer, Würfel, Salzstreuer, Schlüssel, Münze, Audiocassette, Knopf, Schere, Tintenfass, Schraubenzieher, Füller, CD-ROM, Taschentuch, Vergrößerungsglas, Nippesfiguren, Tagebuch, Anstecknadel, Halskette, Murmel, Tannenzapfen, Brief, Streichholzschachtel, Blume, Foto, Zahnpasta, Kleiderbürste, Band, Gabel, Dosenöffner, Handschuh, Sticknadel, Stein, Pinsel, Perlen, Eierbecher, Zugfahrschein.

Die Liste der brauchbaren Gegenstände ist praktisch endlos. Legen Sie die Dinge, die Sie ausgewählt haben, auf ein Tablett, und achten Sie darauf, dass zwischen den einzelnen Objekten soviel Abstand ist, dass sie klar zu erkennen sind. Stellen Sie das Tablett dann an einen Ort, wo die Kinder es nicht sehen, und erklären Sie die Spielregeln. Die Kinder bekommen die Gegenstände für eine bestimmte Zeitspanne zu sehen. Nachdem das Tablett wieder außer Sicht ist, sollen sie möglichst viele der Objekte, die sie gerade gesehen haben, notieren (oder aus dem Kopf nennen). Sie dürfen die Gegenstände nicht berühren oder von der Stelle bewegen, und sie dürfen während des Spiels nicht miteinander reden. Weisen Sie darauf hin, dass es bei diesem Spiel keine Gewinner und Verlierer gibt und dass für Sie einzig und allein zählt, dass alle Kinder ihren Spaß haben und ihr Bestes tun.

Wie viel Zeit für die Betrachtung der Gegenstände auf dem Tablett gegeben wird, ist nicht festgelegt. Dies sollte sowohl vom Alter und von den Fähigkeiten der Kinder als auch von der Art der Gegenstände auf dem Tablett abhängig gemacht werden. Je zahlreicher und ungewöhnlicher die Gegenstände, umso mehr Zeit ist in der Regel erforderlich. Es empfiehlt sich, einen oder mehrere Probeläufe mit Kindern einer anderen Gruppe durchzuführen, die etwa gleichaltrig sind und über ähnliche Fähigkeiten verfügen. Achten Sie dabei darauf, wie viel Zeit Sie diesen Kindern geben müssen, damit sie eine nennenswerte Zahl von Gegenständen korrekt identifizieren können, und geben Sie dann der Gruppe, mit der Sie tatsächlich arbeiten wollen, etwa 75 Prozent der so ermittelten Zeit für die Betrachtung der auf dem Tablett liegenden Objekte. Auch die Zeitspanne, die Sie den Teilnehmern zugestehen, um das Ergebnis aufzuschreiben, ist variabel. Am besten beobachten Sie die Gruppe und beenden die Übung, wenn Sie den Eindruck gewinnen, dass allen die Ideen auszugehen scheinen.

Sie werden feststellen, dass die Kinder nach einigen Versuchen mit Kims Spiel schnell Fortschritte machen. Manche Kinder entwickeln selbständig ein System (eine sogenannte Mnemotechnik), um ihr Erinnerungsvermögen zu verbessern. Beispielsweise fassen sie alle Haushaltsgegenstände im Geiste zu einer Gruppe zusammen und stellen sie sich in der

Küche zu Hause vor. Dann fassen sie die mit der Schule zusammenhängenden Gegenstände wie Stifte und Lineale zusammen und stellen sie sich auf ihrem Schreibpult in der Schule vor. Objekte wie Nippesfiguren und Bücher stellen sie sich in ihrem Wohnzimmer zu Hause vor, Kleidungsstücke in einem Schrank, Perlen und Schmuckstücke in einem Schlafzimmer. Andere Kinder arbeiten ausschließlich mit ihrem Gedächtnis. Welche Technik sie benutzen, ist unwichtig. Sinn und Zweck des Spiels ist, das Gewahrsein zu trainieren. Und solange sich die Kinder auf die vor ihnen liegenden Gegenstände konzentrieren, spielt es keine Rolle, wie sie sich diese merken.

Wenn die Kinder mit Kims Spiel allmählich bessere Resultate erzielen, kann man die Regeln entsprechend verschärfen. Rudyard Kiplings junger Held entwickelte in diesem Spiel eine erstaunliche Fertigkeit. Doch sollte immer bedacht werden, dass das Spielen den Kindern Freude machen soll. Wenn es ihnen langweilig wird, hören Sie besser damit auf und wenden sich anderen Dingen zu. Dann hat es seinen Zweck erfüllt.

Die nächsten beiden Spiele, die sinnvoll an Kims Spiel anschließen, dienen dazu, den Kindern vor Augen zu führen, wie unachtsam sie im normalen Alltagsleben sind. Beide Übungen verhelfen besonders wirksam zu dieser Erkenntnis. Wenn Sie mit Heranwachsenden arbeiten und beschlossen haben, bei ihnen Kims Spiel nicht einzusetzen, dann eignen sich diese beiden Übungen gut für den Anfang der gemeinsamen Arbeit.

Übung 2: Achtsamkeit zu Hause

Kinder aller Altersstufen empfinden diese kurze Übung als besonders faszinierend. Fordern Sie sie auf, aus dem Gedächtnis den Grundriss der Wohnung oder des Hauses, in der oder dem sie wohnen, aufzuzeichnen. Obwohl das Gebäude, in dem sie wohnen, den Hintergrund ihres Lebens bildet, fällt es vielen Kindern schwer, dessen Grundriss richtig aufzuzeichnen. Eine zusätzlich oder alternativ zu benutzende Übung besteht darin, die Kinder zu bitten, eine Karte der Straßen des Viertels, in dem sie wohnen (mit Straßennamen), oder ihren Schulweg zu zeichnen.

Die Schwierigkeiten, die bei der Ausführung dieser Aufgaben häufig auftreten, führen den Kindern vor Augen, wie oft und wie stark ihr Geist »auf Automatik« geschaltet ist. Wir benutzen Begriffe wie »Raumwahrnehmung« oder »räumliche Intelligenz«, um zu erklären, weshalb einige Kinder Aufgaben dieser Art besser ausführen können als andere. Doch in Wahrheit ist es so, dass einige Kinder – ebenso wie einige Erwachsene – mit wesentlich mehr Gewahrsein durch das Leben gehen als andere. Viele der scheinbaren Unterschiede zwischen Menschen beruhen nicht auf unterschiedlichen Fähigkeiten, sondern auf Unterschieden in der Art der Nutzung bestimmter Fähigkeiten.

Die Übung kann zu einem späteren Zeitpunkt wiederholt werden, um festzustellen, ob die Kinder in der Zwischenzeit Fortschritte gemacht haben. Die nächste Übung macht ebenso viel Spaß und ist ebenso aufschlussreich.

Übung 3: Achtsamkeit im Alltagsleben

Geben Sie allen Gruppenmitgliedern Stifte und viel Papier und fordern Sie sie dann auf, aus dem Gedächtnis eine Anzahl von Gegenständen des Alltagslebens zu zeichnen. Sie können die Dinge, die gezeichnet werden sollen, selbst zusammenstellen. Die folgende Liste ist nur als Anregung gedacht.

Laternenpfahl, Briefkasten, Telefon, Baum, Vogel, Verkehrspoller, Wegweiser, Sessel, Auto, Rose, Schuh, Schale, Tisch, Staubsauger, Schere, Computertastatur, Puppe, offenes Buch, Audiocassette, Stufenleiter, menschliches Gesicht, Schreibpult, Fußball, Kamm, Brille, CD-Player.

Viele der genannten Objekte sieht man im Laufe eines normalen Tages immer wieder; doch wie korrekt können die Kinder sie reproduzieren, wenn man sie dazu auffordert? Die Übung ist kein Test für die Zeichenfähigkeit, obwohl Kinder mit erwiesenen künstlerischen Fähigkeiten wahrscheinlich stärker visuell orientiert sind als die meisten anderen. Getestet werden soll vielmehr, wie viel die Kinder sich im Laufe eines Tages merken und wie aufmerksam sie sind. Jeder Mensch kann zeichnen, und den meisten Kindern macht dies große Freude. Der Unterschied zwischen denjenigen, die gut zeichnen, und denjenigen, die weniger gut zeichnen, besteht hauptsächlich darin, dass erstere mehr von dem, was sie sehen, aufnehmen.

Fordern Sie die Kinder nach Abschluss der Zeichenübung auf, aus der Liste der Haushaltsgegenstände, die sie soeben zu reproduzieren versucht haben, einen auszuwählen und ihn sich genau anzuschauen, wenn sie wieder zu Hause sind. Sie sollen ihn sich aus allen Blickwinkeln anschauen und dies vor der nächsten Meditationssitzung mehrmals tun. Sie sollen den Gegenstand jedoch in der Zwischenzeit nicht zu zeichnen versuchen (natürlich werden einige das trotzdem tun, aber das ist auch nicht weiter wichtig), sondern dies erst in der folgenden gemeinsamen Sitzung tun.

Obwohl ihr zweiter Versuch in der Regel wesentlich genauer ausfällt als der erste, sind Verbesserungen der Qualität ihres Zeichnens nicht das Hauptziel dieser Übung. Ebenso wichtig ist es, die Kinder aufzufordern, sich über die Gründe für diese Verbesserungen zu unterhalten. Helfen Sie ihnen zu verstehen, dass die Verbesserungen nicht nur darauf beruhen, dass sie sich die betreffenden Gegenstände genauer angeschaut haben. Da sie diese auch vorher schon lange fast täglich »gesehen« haben, ist die Häufigkeit hier nicht der Schlüssel, also nicht die *Quantität*, sondern die *Qualität* des Sehens ist entscheidend.

Und was ist die Qualität des Sehens? Und wie unterscheidet sie sich von der Quantität des Sehens? Welcher Unterschied besteht zwischen der Art, wie die Kinder jetzt gelernt haben, das Gesehene aufzunehmen, und der Art, wie sie es vor dieser Übung aufgenommen haben? Achten Sie bei dem Gespräch über diese Fragen darauf, dass Sie nicht zu schnell Ihre eigenen Erklärungen zum Besten geben. Zwischen dem ersten und dem zweiten Zeichenversuch ist etwas geschehen. Was ist dieses »Etwas«, und warum ist es geschehen? Und wie können die Kinder dafür sorgen, dass es auch weiterhin geschieht, nicht nur bezogen auf die Gegenstände, die sie gezeichnet haben, sondern auch bezogen auf alles andere, was sie in ihrer Umgebung sehen?

Ein einziges Erlebnis mit dieser Qualität des Sehens kann

bewirken, dass sich die visuelle Interaktion der Kinder mit der Welt dauerhaft verändert. Nachdem sie durch diese und die auf Seite 71 folgende Übung die Kunst des *Sehens* kennengelernt haben, wird ihnen klar werden, in welchem Maße ihnen normalerweise das Wunderbare und Schöne der Welt entgeht und dass sie die meiste Zeit über das kostbare Geschenk der Sehfähigkeit für eine Selbstverständlichkeit halten, statt es zu nutzen und es in seinem ganzen Ausmaß zu würdigen.

Eine ähnliche Übung kann man mit Tonaufnahmen von Alltagsgeräuschen durchführen, wobei in diesem Fall getestet wird, wie bewusst die Kinder auditive Erlebnisse wahrnehmen.

Robert, ein Zehnjähriger, der mit den meisten Schulaufgaben große Schwierigkeiten hatte, war an den zuvor beschriebenen Gedächtnisübungen besonders stark interessiert, und er erzielte mit ihnen erstaunlich gute Ergebnisse. Dies ist eines von vielen Beispielen dafür, dass die Talente vieler Kinder übersehen werden. Es war eine Freude mitzuerleben, wie sehr er sich über seinen Erfolg freute, der einen deutlichen Zuwachs an Selbstvertrauen und an Engagement bezüglich seiner übrigen Aufgaben zur Folge hatte.

Die »Verfremdung des Vertrauten«

Diese Übung benutzen Kunstlehrer, um ihre Schüler zur Entwicklung einer umfassenderen und ganzheitlicheren Art, die Welt zu sehen, zu erziehen. Sie besteht darin, dass die Kinder bekannte Gegenstände aus einer ungewöhnlichen Perspektive zeichnen. Von unserer Kindheit an werden wir so sehr an ein bestimmtes Erscheinungsbild von Gegenständen gewöhnt, dass wir sie oft gar nicht mehr richtig sehen. Die Folge ist nicht nur, dass wir die Welt auf die immer gleiche (ziemlich langweilige) Weise sehen, sondern diese Gewohnheit hindert uns auch daran, die unerwartete Formschönheit zu würdigen, die viele Gegenstände erkennen lassen, wenn wir sie aus ungewöhnlichen Blickwinkeln betrachten.

Auf philosophischer Ebene, mit der sich einige ältere Kinder gern beschäftigen, ergeben sich aus der Betrachtung bekannter Gegenstände aus ungewöhnlichen Perspektiven Fragen über die Wesensnatur der Dinge. Ein beträchtlicher Teil unseres Verständnisses der Welt basiert auf visuellem Erleben. Wenn wir dieses Erleben verändern, indem wir die Art verändern, wie uns die Dinge erscheinen, erkennen wir, wie subjektiv und letztlich »illusorisch« unsere Sicht der Welt in Wahrheit ist. Wie stark verändert sich unsere Vorstellung von einem Alltagsgegenstand wie einer Flasche, wenn diese auf der Seite liegt und wir sie nur von ihrer Standfläche her sehen. Wie anders sehen Dinge aus, wenn sie auf dem Kopf stehen. Wie merkwürdig wirken Häuser, wenn man sie auf einer Luftaufnahme sieht. Wie schwierig es ist, das Gesicht eines Menschen zu erkennen, der sich im Kopfstand befindet. Und wie anders sieht die Welt aus, wenn wir uns selbst auf den Kopf stellen.

Übung 4: Die Welt auf dem Kopf

Die meisten Kinder lieben jene Drudel genannten Rätselbilder, die bekannte Objekte aus merkwürdigen Perspektiven darstellen und uns auffordern, diese zu identifizieren; deshalb werden ihnen die im Folgenden beschriebenen Ideen wahrscheinlich nicht völlig neu sein. Geben Sie den Kindern ein Foto oder ein Bild von einer bekannten Szene oder einem bekannten Gegenstand, drehen Sie es auf den Kopf, und fordern Sie die Kinder auf, das Bild aus dieser Perspektive nachzuzeichnen. Das Sehen und Reproduzieren des Bildes aus dieser ungewöhnlichen Perspektive ermöglicht es den Kindern, es als ein Ensemble miteinander verbundener Formen aufzufassen, die von einer Komplexität und Formschönheit sind, die zu zeichnen Freude macht.

Fordern Sie die Kinder auf, ihre Bilder erst dann in die »richtige« Position zu bringen, wenn sie mit dem Zeichnen fertig sind. Nachdem dies geschehen ist, werden sie feststellen, dass sie nicht nur ein neues und fesselndes visuelles Erlebnis hatten, sondern dass oft auch eine wesentlich bessere Zeichnung entstanden ist, als wenn sie das Bild in der normalen Position abgezeichnet hätten. Weil sie sich von den Vorstellungen darüber gelöst haben, wie Dinge aussehen »sollten«, haben sie einfach gezeichnet, was sie sahen, und das Ergebnis war wesentlich naturalistischer und lebensechter.

Form und Raum

Die nächste Übung bringt den Eröffnungszyklus zum Abschluss, der den Kindern helfen soll, die Welt klarer zu sehen und genauer darauf zu achten, was sie sehen. Außerdem werden sie dadurch auf die Erkenntnis vorbereitet, dass alle Gegenstände in ihrer Umgebung in einem Zusammenhang stehen und dass auch sie selbst Teil dieses Zusammenhangs sind. Diese Erkenntnis ist von zentraler Bedeutung für viele der in den folgenden Kapiteln beschriebenen Meditationsübungen und außerdem eine der wichtigsten Einsichten in das Wesen der Dinge, zu denen uns die Meditation verhelfen kann.

Die visuelle Welt besteht aus zwei Klassen von Phänomenen: materiellen Objekten und leerem Raum. Gewöhnlich stellen wir uns die Welt als durch die erste dieser beiden Kategorien definiert vor, doch in Wahrheit spielt die zweite eine ebenso wichtige Rolle. Um dies zu demonstrieren, können Sie den Kindern einen Becher zeigen. Wo befindet sich das Wesen des Bechers? In der äußeren, materiellen Form oder in dem leeren Raum, den die Form umschließt? Helfen Sie den Kindern zu verstehen, dass wir ohne Form und ohne Raum keinen Becher hätten. Wir hätten nicht nur keinen brauchbaren Becher (man kann keine Flüssigkeit in etwas gießen, worin kein Raum enthalten ist), wir hätten auch keinen sichtbaren Becher, weil die Form, die den leeren Raum umschließt, selbst durch den Raum definiert wird, der die Form umhüllt.

Die letzte Übung, die in diesem Kapitel vorgestellt wird, eignet sich für alle Altersstufen. Sie hilft Kindern zu erkennen, dass die sichtbare Welt in Wahrheit ein Muster ineinandergreifender Gebilde ist, von denen einige aus Form und andere aus Raum bestehen. Menschen, denen dies klar wird, sehen die Welt wahrscheinlich ganzheitlicher und letztendlich auf eine befriedigendere Weise. Zeichenlehrer halten diese und ähnliche Übungen seit langem für unverzichtbar, um ihren Schülern zu einem umfassenden visuellen Erleben und Begreifen der Welt zu verhelfen.

Übung 5: Form und Raum

Für diese Übung benötigen die Kinder Papier und einen Stift, und Sie müssen etwas bereitstellen, das sie zeichnen können. In diesem Fall eignet sich eine Szene besser (z. B. ein Teil eines Raums oder eines Gartens oder ein Blick aus einem Fenster) statt nur ein paar Objekte, denn je mehr Überschneidungen von Form und Raum das Bild enthält, umso besser.

Fordern Sie die Kinder auf, sich die Szene genau anzuschauen, und erklären Sie ihnen, dass sie statt der Umrisse der vor ihnen liegenden Formen die Umrisse der Leerräume zwischen den Formen zeichnen sollen. Möglicherweise müssen Sie die Aufgabe ein wenig ausführlicher erklären oder sogar eine kurze Demonstration durchführen, bevor die Kinder verstehen, was sie tun sollen, doch wenn sie es erst einmal verstanden haben, empfinden sie diese Aufgabe meist als faszinierende Herausforderung.

Geben Sie der Gruppe so viel Zeit zum Zeichnen, wie sie braucht. Wenn alle fertig sind, werden Sie wahrscheinlich einigermaßen überrascht sein über die Qualität der Ergebnisse. Durch das Zeichnen von Räumen, deren Umrisse im Grunde abstrakt sind, lösen sich die Kinder von ihrem natürlichen vorrangigen Interesse daran, wie die verschiedenen festen Formen, die sie vor sich sehen, »richtig« aussehen. Sobald sie anfangen, sich über dieses »Richtig« Gedanken zu machen, verfängt sich ihr Geist unvermeidlich in Vorstellungen (in Ideen *über* Gegenstände), statt wahrzunehmen (direkt zu erleben, wie die Gegenstände aussehen). Zeichnen erfordert Sensibilität für das, was tatsächlich vorliegt, für die Anordnung der reinen Formen, die unsere visuelle Umgebung ausmachen. Durch das Zeichnen dieser reinen Formen stellen die Kinder fest, dass die Gegenstände wie durch Zauberei auf dem vor ihnen liegenden Papier zu verschwinden beginnen.

Probieren Sie die Übung selbst aus, bevor Sie mit den Kindern daran arbeiten. Wenn Sie kein erfahrener Zeichner sind, dann beachten Sie, wie Ihre Zeichenfähigkeit dadurch sofort verbessert wird. Ich [*David*] probierte dies vor einigen Jahren zunächst zwei Wochen lang während eines Camping-Urlaubs in Frankreich aus und verbrachte den größten Teil der Zeit mit Naturbeobachtungen. Und nicht nur meine Zeichnungen wurden besser, sondern irgendwann im Laufe der beiden Wochen veränderte sich auch plötzlich meine Art, die Welt zu sehen. Diese bestand nicht mehr aus zwei Gegensätzen, Form und Leere, sondern aus einem verzaubernden Muster, in dem alle Phänomene in einem Tanz aus Licht und Bewegung, Gestalt und Farbe miteinander verbunden waren. Die Bäume vor dem Himmel schienen mit dem Raum, der sie umgab, in Liebe vereint zu sein, und sie wurden vom Raum in einer freudigen Umarmung gehalten. Sogar mein eigener Körper war ein Teil dieses Musters, verbunden mit dem Raum und durch diesen Raum mit der grünen und goldenen Welt des Hochsommers. Dieses Gefühl war mit einem wunderbaren Gefühl der Teilhabe an einer Einheit verbunden, die mich nicht nur erschuf und erhielt, sondern die unendliche Dimensionen des Seins umfasste.

Erlebnisse dieser Art zuzulassen fällt Kindern leichter als Erwachsenen. Kinder sind vielleicht nicht in der Lage, sie zu beschreiben, doch die Bedeutung liegt im Erlebnis selbst, nicht darin, was sie darüber zu sagen wissen. Bei dieser Art von Arbeit sollten Sie von Kindern nie eine verbale Antwort erwarten, wenn sie offensichtlich Schwierigkeiten damit haben. Kinder sind gewöhnlich bemüht, gefällig zu sein, und angesichts einer derartigen Anforderung können sie darauf verfallen, die Worte anderer zu wiederholen oder etwas zu sagen, wovon sie glauben, dass Sie es hören wollen. Sobald unangemessene Worte benutzt werden, um ein Erlebnis auf diese Weise zu definieren, neigen Kinder dazu, sich an diese Worte statt an das Erlebnis zu erinnern, und auf diese Weise verlieren sie den Kontakt zur Essenz des Erlebten.

Außerdem vermitteln wir Kindern, wenn wir die Bedeutung von Worten zu sehr hervorheben, den Eindruck, dass etwas, worüber man nicht reden kann, entweder nicht existiert oder nicht wichtig ist. Tatsächlich lassen sich viele besonders tiefe Erlebnisse, die wir im Leben haben, angefangen vom Genießen eines Sonnenuntergangs bis hin zu tiefen mystischen Einsichten, nicht angemessen in Worten ausdrücken. Ähnliches gilt für Musik und Malerei, die eine eigene Sprache haben. Entweder verstehen Sie diese Sprache oder nicht. Wenn man einen Musiker oder einen bildenden Künstler bittet, seine Werke zu erläutern, geht man am Wesen der Inspiration vorbei.

Wiederentdecken der Achtsamkeit

Wie oft fordern wir Kinder auf, sich zu konzentrieren? Wie oft werfen wir ihnen Mangel an Konzentration vor? Und doch tun wir nichts, um ihnen zu helfen, ihre Konzentrationsfähigkeit zu entwickeln. Es ist merkwürdig, dass Kinder so häufig kritisiert werden, weil sie sich nicht so verhalten, wie wir es gerne hätten, wobei wir allerdings merkwürdigerweise versäumen, ihnen ebendies beizubringen. Wie oft wird

Kindern vorgeworfen, dass sie unaufmerksam sind! »Aufmerksamkeit« wird dadurch für sie zu einem negativ besetzten Wort, zu einer weiteren Unannehmlichkeit, die die Welt der Erwachsenen für sie bereithält.

Die in diesem Kapitel vorgestellten Übungen sind von unschätzbarem Wert zur Vermittlung von Fertigkeiten in der Achtsamkeit – oder vielmehr dafür, unserer angeborenen Fähigkeit, achtsam zu sein, zum Ausdruck zu verhelfen. Unser Überleben als Spezies im Laufe der Jahrtausende hing von unserer Fähigkeit ab, achtsam zu verfolgen, was um uns her vor sich geht, ganz gleich ob bei der Jagd, beim wachsamen Ausschauhalten nach Anzeichen für Gefahren oder beim Anhören der wichtigen Lehren der Alten, die Menschen in der Zeit vor der Entwicklung der Schrift Wort für Wort im Gedächtnis bewahren mussten. Achtsamkeit ist eine natürliche und beglückende Fertigkeit. Sie benötigt allerdings Raum, um sich entfalten zu können. In unserer modernen, artifiziellen Welt umgeben wir Kinder mit so vielen Ablenkungen, dass wir es sind, die zum Hindernis für ihre natürliche Fähigkeit werden, auf die Wirklichkeit fokussiert zu bleiben. Die oben beschriebenen Übungen bringen uns der Behebung dieses Schadens ein wenig näher.

4

Meditation und Konzentration

Die Bedeutung der Einfachheit

Beim Meditieren mit Kindern und insbesondere mit kleinen Kindern ist es wichtig, sich um größtmögliche Einfachheit zu bemühen. Wenn die Kinder mehr Informationen wünschen, fragen sie danach, und man kann angemessen antworten. Auch diese Antworten sollten einfach sein, und ausführliche Erklärungen sind dabei normalerweise fehl am Platz. Die positiven Auswirkungen der Meditation erkennen die Kinder durch die Meditationsübung selbst, nicht durch Erklärungen. Zu Beginn kann man die positive Wirkung der Meditation wie folgt zusammenfassen:

- Sie stärkt die Konzentrations- und Lernfähigkeit.
- Sie wirkt entspannend auf den Körper.
- Sie fördert die Vorstellungskraft.
- Sie regt die Kreativität an.
- Sie weist uns den Weg zu einem inneren Ort der Ruhe, der uns hilft, uns selbst zu verstehen und zu akzeptieren.

Der Abschluss der Sitzungen

Geben Sie den Kindern am Ende jeder Übungssitzung Gelegenheit, über eventuelle Schwierigkeiten zu sprechen. Gewöhnlich wird über zwei Arten von Problemen berichtet. Das größte Problem, mit dem Meditierende auf jeder Entwicklungsstufe kämpfen, sind aufdringliche Gedanken. Sie können die Gruppe beruhigen, indem Sie ihr versichern, dass der Ansturm der Gedanken nach längerem Üben zumindest nachlässt. Wiederholen Sie Ihren anfänglichen Rat, auftauchenden Gedanken nicht zu viel Beachtung zu schenken und sich von ihnen nicht in eine Assoziationskette hineinziehen zu lassen. Empfehlen Sie den Kindern, sich gegen störende Gedanken nicht zu heftig zu wehren. Je heftiger wir uns gegen Gedanken wehren, umso hartnäckiger werden wir von ihnen bedrängt. Manchmal ist es nützlich, den Kindern beizubringen, aufdringliche Gedanken als über den Himmel ziehende Wolken anzusehen, die irgendwann wieder verschwunden sind.

Auch äußere Ablenkungen sind ein Problem, mit dem fast alle, die meditieren, konfrontiert werden. Körperliches Unbehagen, Geräusche von der Straße oder aus anderen Bereichen des Hauses sowie ablenkende Emotionen können den Geist abschweifen lassen. Wie den Gedanken sollte man auch diesen Außenreizen die Möglichkeit geben, ins Gewahrsein zu treten und wieder daraus zu verschwinden. Raten Sie den Teilnehmern, sich nicht mit auftauchenden Emotionen zu identifizieren, so stark sie auch sein mögen. Meditation fördert den Gleichmut, was bewirkt, dass wir beunruhigenden Gefühlen nicht mehr auf Gedeih und Verderb ausgeliefert sind. Wenn negative Emotionen auftauchen, werden wir nur zu oft zu diesen Emotionen (d. h., wir identifizieren uns mit ihnen: *Ich* bin traurig, *ich* habe Angst, *ich* bin wütend usw.). Eine Funktion der Meditation ist, uns die Möglichkeit zu geben, ein wenig Abstand zwischen uns und den Emotionen, die uns zu verschlingen drohen, zu schaffen.

Janis

Janis war ein typisches Mitglied einer Gruppe von Mädchen in der Adoleszenz; sie beteuerte, ihr Geist sei zu erregt, um meditieren zu können: »Ich muss die ruheloseste Person auf der ganzen Welt sein. Mein Geist bleibt nicht einmal zehn Sekunden ruhig. Ich glaube, Meditation ist für mich reine Zeitverschwendung.« Statt ihr eine der üblichen Meditationsübungen zu empfehlen, rieten wir ihr, sich immer wieder die Frage »Warum bleibt mein Geist nicht ruhig?« zu stellen. Zu ihrer Überraschung kam sie ziemlich schnell auf eine Antwort, die sie überzeugte: »Ich glaube, er macht das, weil er Angst hat. Es gefällt mir nicht, allein zu sein. Ich sorge dafür, dass um mich her immer viel los ist. Mein Geist ist typisch für mein ganzes Wesen. Er fühlt sich einsam und bekommt Angst, wenn er nicht ständig mit irgendetwas beschäftigt ist.« Diese Entdeckung erwies sich für Janis als große Hilfe. Sie fing daraufhin nicht nur an, die Meditation ernster zu nehmen, sondern sie stellte auch fest, dass ihre Erkenntnis ihr half, mehr Freude am Alleinsein zu entwickeln oder, wie sie selbst es formuliert, »mich besser mit mir selbst anzufreunden«.

Vor diesem Hintergrund können wir uns nun mit Meditationsübungen für bestimmte Entwicklungsziele beschäftigen, wobei wir da beginnen werden, wo wir im vorigen Kapitel stehen geblieben sind: bei der Konzentration.

Der Wert der Konzentration

Konzentration ist eine Voraussetzung für effizientes und effektives Lernen. Sie ist die Fähigkeit des Geistes, auf ein konkretes Tun fokussiert zu bleiben, ohne sich von anderen Dingen oder von den zahllosen Ideen, Erinnerungen, Tagträumen und Erwartungen ablenken zu lassen, die unsere

Aufmerksamkeit erheischen und sich nur zu oft zwischen uns und die gerade vor uns liegende Aufgabe stellen. Die Konzentration sorgt dafür, dass sich unser Geist seines Tuns völlig bewusst ist. Die meisten von uns haben schon einmal eine Seite eines Textes gelesen und konnten sich anschließend an kein einziges Wort mehr erinnern. Man könnte sagen, dass unser Geist in solch einem Fall »auf Automatik« eingestellt war. Wir haben die Worte völlig richtig gelesen, und wenn wir sie laut gelesen hätten, hätten andere Menschen dies bezeugen können. Doch hat der Teil unseres Geistes, der für die Worterkennung zuständig ist, nichts in den Teil übermittelt, den wir benötigen, um den Sinn zu verstehen, den die Wörter vermitteln sollen, und um uns an ihn zu erinnern.

Dass unser Geist »auf Automatik« gestellt ist, wird besonders deutlich, wenn wir beispielsweise Auto fahren und dabei komplizierte Manöver ausführen, ohne uns auch nur im Geringsten darauf zu konzentrieren. Wir fahren sicher von A nach B, ohne uns anschließend an irgendwelche Einzelheiten des Weges erinnern zu können. Wir beschleunigen, wechseln den Gang, passen uns dem Verkehr an, halten an Ampeln, überholen oder werden überholt, ohne auch nur einen Moment darüber nachzudenken. Nur wenn wir uns in dichtem Verkehr befinden oder wenn wir in einer uns unbekannten Gegend den Weg zu finden versuchen, konzentrieren wir uns wirklich auf die Aktivität des Fahrens, statt den Gedankenketten zu folgen, die sich unablässig in unserem Kopf bilden.

In gewisser Hinsicht ist uns die »Automatik« sehr nützlich. Wenn wir so erfahren und routiniert sind, dass wir uns der Automatik anvertrauen können, ist es gar nicht nötig, dass wir uns auf die einzelnen Elemente des Autofahrens konzentrieren. Selbst beim Spielen eines Musikinstruments oder beim Tippen auf einer Tastatur, so wie ich es im Augenblick tue, brauchen wir nicht genau darüber nachzudenken, was wir mit unseren Fingern tun. *Würden* wir darüber nachdenken, würde uns das wahrscheinlich von der eigentlichen Aktivität ablenken, denn unser Geist muss sich auf die Interpretation des Musikstücks, das wir spielen, konzentrieren oder auf den Gedanken, den wir schreibend zum Ausdruck bringen wollen.

Allerdings müssen wir einsehen, dass wir durch die Aktivitäten, für die unsere Automatik zuständig ist, nur sehr wenig lernen. Wenn wir eine gedruckte Seite lesen, während unsere Automatik eingeschaltet ist, und unsere Gedanken weit weg bei irgendetwas anderem verweilen, kann es durchaus sein, dass wir jedes Wort korrekt wiedergeben, es richtig betonen, bei Kommata und Punkten Pausen machen, an den richtigen Stellen atmen, aber trotzdem kaum etwas oder gar nichts vom Sinn des Gelesenen aufnehmen.

Von Automatik auf echte Konzentration umzuschalten ist für die meisten von uns relativ leicht, wenn das, was wir tun, für uns persönlich von Interesse ist. Ganz gleich, ob wir lesen, mit unseren Händen arbeiten, zeichnen oder was auch immer tun, wir können verhindern, dass unsere Konzentration von der anstehenden Aufgabe abschweift, sofern es sich um eine Aktivität handelt, die uns Freude macht. Wahrscheinlich haben Sie schon einmal miterlebt, wie sich ein kleines Kind völlig auf ein Tun konzentriert, so einfach es auch sein mag, weil es seine Aufmerksamkeit fesselt. Das Kind ist dann völlig in sein Tun versunken und blendet innere und äußere ablenkende Faktoren weitgehend aus. Doch wenn das Kind älter wird, werden die Anforderungen von außen immer nachdrücklicher, und es wird mit einer riesigen Zahl von Lernaufgaben konfrontiert.

Wohin das Kind sich auch wenden mag, überall wird von ihm gefordert, dass es etwas lernen, tun oder unterlassen soll. Wenn es in die Schule kommt, befindet es sich schon in einer wahren Tretmühle von Pflichten, die es zu erfullen hat. Aus eigenem Antrieb würde es sich mit vielen davon nicht abgeben, und viele vermöchten sein unmittelbares Interesse nicht zu wecken. Dann stellt sich Langeweile ein, und der Geist des Kindes fängt an, sich von seinem Tun zu distanzieren, um sich Dingen zuzuwenden, die ihm interessanter zu sein scheinen – ganz gleich, ob sie in der Außenwelt geschehen oder ob es sich um Tagträume oder Phantasien handelt, die in seinem Inneren auftauchen.

Ein großer Teil der Lernarbeit in Schulen und andernorts ist völlig uneffektiv. Damit wollen wir nicht die Lehrer oder gar das Schulsystem insgesamt kritisieren, sondern es geht uns nur darum, die Tatsache festzustellen, dass Kinder gewöhnlich nur einen kleinen Teil von alldem aufnehmen, womit sie in Schulen konfrontiert werden. Auf allen Altersstufen und unabhängig von der Begabung ist der menschliche Geist von einem großen Teil dessen, was von ihm gefordert wird, alles andere als begeistert und sucht deshalb bei etwas Zuflucht, das ihn stärker anspricht.

An diesem Punkt kommt das Geistestraining ins Spiel. Wie bereits an früherer Stelle erwähnt, wird der menschliche Geist im Osten mit einem wild gewordenen Pferd verglichen, das man einfangen und zähmen muss, um es sinnvoll einsetzen zu können. Bleibt es sich selbst überlassen, vergeudet es seine Energie in ziel- und fruchtlosem Treiben. Ein adäquates Training kann den Geist zu einem großartigen Werkzeug machen, weil er dann riesige Informationsmengen aufnehmen, seine Kreativität, Originalität und Intuition entfalten und alles, was er in Angriff nimmt, mit Ökonomie und Effizienz zu Ende bringen kann.

So verstandenes Geistestraining beinhaltet im Wesentlichen, dass man lernt, sich zu konzentrieren, und zwar ganz gleich, ob die anstehende Aufgabe etwas betrifft, das automatisch Interesse hervorruft oder nicht. Und die Kunst der Konzentration zu erlernen ist eine unverzichtbare Voraussetzung für das Erlernen der Meditation. Unter den vielen Methoden geistigen Trainings ist keine besser in der Lage als die Meditation, die Aufmerksamkeit des Geistes auf das jeweilige konkrete Tun gerichtet zu halten. Und mit dieser Fähigkeit gelingt es zugleich leichter, Interesse an etwas zu entwickeln und aufrechtzuerhalten. Nur zu oft wird die Arbeit an Aufgaben abgebrochen, bevor der Geist imstande war, sich vollständig für sie zu engagieren und ihr Potenzial zu erkennen; doch selbst die banalsten Dinge können eine eigene Faszinationskraft entwickeln, wenn wir uns in sie versenken und jedem Augenblick mit einem Empfinden der Frische und des Neuartigen begegnen. Somit ist Konzentration ein wertvolles Mittel gegen Langeweile. Und indem wir uns auf eine Aufgabe konzentrieren, verringern wir die Gefahr, dass unser Geist Bewertungen vornimmt und beschließt, dass die Aufgabe langweilig und uninteressant sei. Sie wird auf diese Weise einfach zu etwas, das erledigt werden muss, und wir können uns nach unserem besten Vermögen darauf konzentrieren, sie zu erledigen.

Im Allgemeinen gefällt Kindern die Vorstellung, ihre Konzentrationsfähigkeit zu verbessern. Eine der besten Möglichkeiten, an dieses Thema heranzuführen, ist der Hinweis, dass alle großen Sportler über erstaunliche Konzentrationsfähigkeit verfügen. Beim Tennis, Kricket und Golf, bei Autorennen und vielen anderen populären Sportarten kann man ein gewisses Können nur entwickeln, wenn man in der Lage ist, sich über lange Zeitspannen sehr gut zu konzentrieren. Der Erfolg bei Kampfkunsten wie Judo, Aikido und Kendo, der von der Fähigkeit abhängt, selbst die kleinsten Bewegungen des Gegners zu registrieren und selbst aktiv zu werden, bevor der Gegner dies tut, hängt ebenso von der Konzentrationsfähigkeit wie von der Entwicklung von Fertigkeiten in der jeweiligen Kampfkunst ab. Das Gleiche gilt für Kartenspiele, Schach und sogar für Domino. Fotografen, Vogelbeobachter, Fernseh- und Radio-Moderatoren, Richter, Piloten, Fluglotsen, Übersetzer, Zugführer – die Liste ist praktisch endlos – müssen sich alle über längere oder kürzere Zeit konzentrieren können, um ihre Arbeit zu tun.

Auch kurze Geschichten können sehr dazu beitragen, Kinder für die Verbesserung ihrer Konzentrationsfähigkeit zu interessieren und dieses Interesse anschließend lebendig zu erhalten. Ein Beispiel hierfür, das vor allem älteren Kindern oft sehr gefällt, handelt von einem chinesischen Kampfkunstlehrer (ein Lehrer für Künste wie Aikido, Tai-chi und Karate) und seinem Schüler. Jedesmal wenn beide sich gemeinsam der Übung widmeten, misslang es dem Schüler, seinen Meister zu bezwingen. So sehr er sich auch bemühte, der Meister schaffte es stets, mit eleganter Leichtigkeit als erster aktiv zu werden und den Schüler handlungsunfähig zu machen. Der Lehrer erklärte dem Schüler immer wieder, ein Meister der Kampfkunst müsse in der Lage sein, sich so vollkommen und mühelos zu konzentrieren, dass er sich in jedem Augenblick völlig darüber im Klaren sei, was um ihn her vor sich gehe. Auf diese Weise könne er sofort jede Angriffsabsicht erkennen, ganz gleich, aus welcher Richtung der Angriff zu erwarten sei. Eines Tages, als Meister und Schüler durch einen Wald gingen, verkündete der Meister, er wolle rasten und Reis kochen. Als das Wasser kochte, beugte sich der Meister zum Kochtopf und hob den Deckel ab, um den Reis umzurühren. Weil der Schüler glaubte, nun sei der Augenblick gekommen, in dem er beweisen könne, dass niemand in der Lage sei, ständig jeden möglichen Angriff zu erwarten, nahm er lautlos einen schweren Stock in die Hand und schlug mit aller ihm verfügbaren Kraft in Richtung der ungeschützten Schultern des Meisters. Doch bevor der Schlag getroffen hatte, erhob der Meister, ohne aufzublicken oder auch nur einen Augenblick mit dem Rühren aufzuhören, den Deckel des Kochtopfs und fing den Schlag so genau im richtigen Augenblick ab. Der Stock zerbrach beim Aufprall auf dem eisernen Topfdeckel, und der Schüler hielt mit errötetem Gesicht ein zersplittertes Stück Holz in der Hand.

In den Kampfkünsten kann von der Konzentrationsfähigkeit das Überleben abhängen. Die Konzentrationskraft des Meisters in unserer Geschichte war so stark entwickelt, dass er nicht nur den Reis im Topf beobachten konnte, sondern gleichzeitig auch die gesamte Umgebung. Der geringste Laut seines Schülers reichte aus, um ihn zu warnen. Er brauchte nicht einmal um sich zu schauen, um dies zu merken. Die totale Konzentration ermöglichte ihm, exakt zu lokalisieren, aus welcher Richtung sich sein Schüler näherte, und den genauen Zeitpunkt zu bestimmen, zu dem der Schlag erfolgen würde.

Geschichten wie diese erweitern den Horizont von Kindern und zeigen ihnen, was möglich ist. Konzentration ist nicht nur erreichbar, sondern für die Bewältigung von Alltagsaufgaben von unschätzbarem Wert. Auch wenn es hier nicht in erster Linie darum geht, uns vor plötzlichen Angriffen zu schützen, so wie es bei Kampfkunst-Übenden der Fall ist, ist die Fähigkeit eines trainierten Geistes, sich auf ein einziges Objekt zu konzentrieren oder den Fokus so zu erweitern, dass er alles aufnehmen kann, was um ihn her geschieht, von unschätzbarem Wert. Das Geheimnis ist unsere Hinwendung zum unmittelbaren Erleben, statt dass wir uns im mentalen Geschwätz unserer Gedanken verlieren.

Man kann Kindern auch zu erkennen helfen, dass Konzentration ihnen ermöglicht, ihre Aufgaben effektiver, schneller und effizienter zu erledigen. Will man etwas lernen oder eine Aufgabe erledigen, wächst mit zunehmender Ablenkung die Wahrscheinlichkeit, dass man mehr Zeit benötigt, schlechtere Resultate erzielt oder von vorne beginnen muss. Konzentration ermöglicht Kindern, Dinge schnell und effizient zu bewältigen und anschließend mehr Zeit für anderes zu haben, das ihnen Freude macht.

Außerdem verhindert Konzentration, dass der Geist von Kindern sich in negativen Gefühlen der Frustration und des Grolls ergeht. Nur zu leicht fallen sie in die Gewohnheit zurück, sich einzureden, dass sie lieber ihren eigenen Zielen folgen würden, oder sie entwickeln Trotz gegen die ihnen anvertraute Aufgabe sowie gegen ihre Eltern und Lehrer, die auf der Erledigung der gestellten Aufgabe beharren.

Ganz gleich, wie kompliziert Meditation zu sein scheint, sie basiert auf der Fähigkeit des Geistes, sich auf ein bestimmtes Objekt zu konzentrieren. Welches Objekt das ist, ist fast egal, aber gewöhnlich beginnt man bei der Meditationsübung mit der Atmung. Dafür gibt es mehrere Gründe.

- Da wir ununterbrochen atmen, kann sich unser Geist jederzeit auf die Atmung konzentrieren. Dies ermöglicht uns, auch in Situationen zu meditieren, die andernfalls ungenutzt vorübergingen (beispielsweise während wir auf einen Bus oder in einer Schlange warten), oder immer dann, wenn wir das Gefühl haben, unseren Geist beruhigen zu müssen.
- Wir müssen atmen, um am Leben zu bleiben. Würden wir nicht atmen, könnten wir nur noch wenige Minuten leben. Somit stärkt bewusstes Atmen das Körpergewahrsein, und außerdem ist es ein ausgezeichneter Ausgangspunkt für viele andere Arten von Meditation (z. B. für die auf Emotionen gerichtete Meditation, mit der wir uns in Kapitel 5 beschäftigen werden).
- Außerdem trägt Atembewusstsein zur Beruhigung des Geistes bei. Wenn wir Angst haben, atmen wir meist schnell und flach. Indem wir unsere Atmung verlangsamen und vertiefen (vom Zwerchfell statt vom oberen Teil der Lunge aus), können wir sowohl unseren Geist als auch unseren Körper beruhigen.

Der (historische) Buddha, einer der ersten bekannten Meditationslehrer, brachte seinen Anhängern bei, sich auf die Atmung zu konzentrieren, und er erklärte, dass alle positiven Wirkungen, die Meditation zu erzeugen vermag, schon allein durch diese eine Methode erzielt werden können. Deshalb ist die Konzentration auf die Atmung der beste Ausgangspunkt für die formelle Meditationsübung. Wenn die Kinder auch andere Methoden kennengelernt und zu benutzen begonnen haben, sollte man ihnen empfehlen, sich auch weiterhin zunächst eine Minute lang auf die Atmung zu konzentrieren, damit ihr Geist in den für die Meditation erforderlichen Zustand ruhiger Konzentration eintreten kann. Wir empfehlen, die im Folgenden beschriebene Atemübung mehrere Meditationssitzungen lang durchzuführen, bis die Konzentrationsfähigkeit der Kinder sich deutlich stabilisiert hat, und erst danach mit der Vermittlung anderer Übungen zu beginnen.

Bezüglich der folgenden Übungen und auch aller anderen gilt, dass Sie Kindern raten sollten, nie ungeduldig mit sich selbst zu werden, wenn Gedanken auftauchen und sie nicht mehr in der Lage sind, den Zustand der Konzentration aufrechtzuerhalten. Erklären Sie ihnen, dass sie ihrem Geist dankbar sein sollen, wenn er sie auf ein Abirren ihrer Konzentration aufmerksam macht. Anschließend sollten sie wieder ruhig zu ihrer Konzentrationsübung zurückkehren.

Meditation 2: Konzentration auf das Atmen

Wir atmen am besten, wenn unser Körper sich in aufrechter statt in zusammengesackter Haltung befindet. Nun ist der Zeitpunkt gekommen, den Kindern die richtige Meditationshaltung beizubringen, ganz gleich, ob sie auf einem Stuhl oder mit überkreuzten Beinen auf dem Boden sitzen. Einige kleine Kinder können mühelos den sogenannten Lotussitz einnehmen, wobei die Füße jeweils auf dem Oberschenkel des anderen Beins ruhen. Ermutigen Sie die Kinder, die diese Sitzhaltung einnehmen können, dies zu tun. Wenn sie diese Haltung so früh üben, können sie sie ihr Leben lang einnehmen. Damit sie sich in dieser Haltung jedoch auch über längere Zeit wohlfühlen, sollten sie auf einem festen Kissen sitzen, das ihr Gesäß beim Sitzen (je nach Länge ihrer Beine) um 7–10 Zentimeter anhebt.

Erklären Sie den Kindern, dass ihr Rücken sich in aufrechter Haltung befinden und ihr Kopf mit dem Rücken eine Linie bilden soll, wobei der Blick leicht nach unten gerichtet ist. Die Schultern weisen leicht – aber wirklich nur leicht – nach hinten. Dies ist eine der natürlichsten Haltungen, die unser Körper einnehmen kann. Zunächst sollte die Übung mit geschlossenen Augen ausgeführt werden, um Ablenkungen auf ein Minimum zu beschränken. Die Hände sollten auf den Oberschenkeln liegen und die Finger locker gefaltet sein. Sobald die Kinder sich in dieser Haltung befinden, können Sie folgende Anleitung geben:

> Achtet auf eure Atmung. Konzentriert euch auf das kühle Gefühl an der Nase beim Einatmen und auf das warme Gefühl beim Ausatmen. Lasst eure Aufmerksamkeit nicht dem Atem bis in die Lunge folgen. Stellt euch vor, ihr wäret ein Wachtposten, der an dieser Stelle alles registriert, was durch die Stadttore in die Stadt hineingeht und aus ihr herauskommt. Falls sich Gedanken dazwischendrängen, könnt ihr sie einfach als Menschen sehen, die euch abzulenken versuchen, und dann nicht weiter auf sie achten.

Wenn Sie mit Kindern arbeiten, die zählen können, können Sie deren Konzentrationsfähigkeit zusätzlich fördern, indem

Sie sie auffordern, beim ersten Einatmen »eins« zu zählen und die »Eins« beim Ausatmen zu wiederholen, beim nächsten Einatmen »zwei« zu zählen und beim Ausatmen zu wiederholen und so weiter bis »zehn«. Nach Erreichen der Zehn kehren sie zur Eins zurück und fangen wieder von vorn an. Falls sie sich verzählen, sollen sie in jedem Fall wieder mit »eins« anfangen.

Prem

Prem, der aus Thailand stammt, hat von seinen Eltern schon sehr früh gelernt zu meditieren, lange bevor die Familie nach Großbritannien gezogen ist. Er ist bei seinen fünfzehnjährigen Klassenkameraden sehr beliebt, und zwar nicht nur wegen seines ruhigen und freundlichen Wesens, sondern auch wegen seiner sportlichen und akademischen Erfolge, mit denen er sich nicht brüstet. Als er aufgefordert wurde, über seine Meditationsübung zu reden, sagte er: »Ich kann mir nicht vorstellen, ohne sie zu leben. Es wäre so, als würde ich nur in einem Teil von mir leben. Meditation lehrt, dass nichts Äußeres unser wahres Sein berühren kann. Ich nehme die Dinge so an, wie sie kommen. Die meisten Dinge machen mir Freude, aber ich rege mich nicht auf, wenn einmal etwas schiefgeht. Auch das gehört zum Leben. Die Meditation trennt mich nicht von der Welt. Sie bringt mich stärker in Kontakt mit den Dingen, ermöglicht mir aber, sie als das zu sehen, was sie sind, ohne mich ständig von ihnen vereinnahmen zu lassen.«

Die Grundlage der Meditation

Mit dem Atem zu arbeiten ist die Grundlage jeder guten Meditationsübung. Der Buddha selbst hat ausführlich erklärt, wie man den Atem nutzen sollte; allerdings ist es nicht nötig, mit kleinen Kindern über diese Details zu sprechen (einige der komplexeren Aspekte kommen sowieso erst in einem fortgeschritteneren Stadium der Meditationsübung zur Geltung); man kann sie jedoch älteren Kindern und Jugendlichen erklären. Allerdings ist es für den Meditationslehrer selbst wichtig, alle diese Einzelheiten genau zu kennen.

Die wichtigsten Aspekte der Arbeit mit dem Atem werden im Buddhismus die »wunderbaren Türen« zur Meditation genannt. Es gibt sechs davon, nämlich Zählen, Folgen, Anhalten, Beobachten, Rückkehr und Beruhigung.

Zählen

Jeden Atemzug zu zählen ist für Anfänger aus zwei Gründen eine sehr nützliche Hilfe. Erstens unterstützt es sie bei ihrem Bemühen, den Geist auf die Atmung zu fokussieren, und zweitens verhindert das Zählen selbst, dass ablenkende Gedanken sich manifestieren oder dass sie den Geist beherrschen, wenn sie auftauchen.

Folgen

Haben die Kinder bereits eine gewisse Kontrolle über ihren Geist erlangt, wird ihnen das Zählen eventuell langweilig. Deshalb kann man später damit aufhören und die Aufmerksamkeit nur noch auf das Atmen richten. Dies wird Folgen genannt, weil der Meditierende dabei einfach der Empfindung folgt, die das Atmen beim Passieren der Nasenlöcher erzeugt, nämlich Kühle beim Einatmen und Wärme beim Ausatmen. Folgen bedeutet nicht, dass man dem Atem auf seinem Weg in die Tiefen der Lunge folgt. Dies würde die Fokussierung abschwächen und die Konzentration behindern. Das Gewahrsein sollte stets auf die Nasenöffnungen gerichtet bleiben.

Anhalten

Nachdem die Konzentration durch das Folgen weiterentwickelt worden ist, wird die dritte Tür geöffnet: das Anhalten. Gemeint ist damit das Anhalten der abschweifenden Gedanken, die in der Regel unsere Aufmerksamkeit beanspruchen. Durch die bloße Konzentration auf das Atmen ergibt sich dieses Anhalten irgendwann von selbst. Es handelt sich nicht um etwas, das als Selbstzweck angestrebt wird. Stellt sich das Anhalten nicht ein, bedeutet dies, dass das Folgen noch nicht korrekt praktiziert wird.

Beobachten

Bleiben die Gedanken aus oder treten zumindest seltener auf, öffnet sich die vierte Tür, und der Meditierende ist in der Lage, die Dinge objektiv zu sehen: Er vermag zu beobachten, ohne dass Vorstellungen ihn vom reinen Beobachten ablenken. Wenn wir uns etwas anschauen, wird unser Geist gewöhnlich aktiv, indem er Definitionen, Urteile und unzählige Assoziationen anbietet. Die Folge ist, dass wir nie wirklich *beobachten*, was sich vor uns befindet (siehe hierzu auch Kapitel 3). In der Meditation kann alles beobachtet werden, doch beobachtet man gewöhnlich zunächst den Körper. Der Meditierende beobachtet die unterschiedlichen Körperempfindungen, die im Bewusstsein auftauchen. Behagen und Unbehagen werden nur registriert, und keines von beiden wird als besser als das andere beurteilt. Beide sind nichts weiter als Daseinszustände. Gefühle, Empfindungen und Emotionen werden auf die gleiche Weise beobachtet. Bei der Arbeit mit kleinen Kindern ist die Zeitspanne, die für die Meditationsübung verfügbar ist, zu kurz für vertieftes oder längeres Beobachten. Doch können schon Kinder im Alter von sieben Jahren durchaus beobachten, was in ihrem Körper (und Geist) vor sich zu gehen scheint (und tun dies auch meist mit großem Interesse), wenn sie zuvor die Übung des Folgens und des Anhaltens gemeistert haben.

Bei Kindern, denen dieses erweiterte Beobachten schwerfällt, können Sie systematisch vom Haar auf dem Kopf bis hinab zu den Zehenspitzen arbeiten. Fordern Sie sie auf, ihr Gewahrsein von ihrer Atmung zu ihren Augen, dann zu ihrem Mund, zum Pochen ihres Herzens, zu ihren Armen und Fingern, zum Heben und Senken ihres Bauches, und so weiter bis hinab zu den Zehenspitzen zu verlagern. Die Auswirkungen des Beobachtens lassen sich nicht so leicht beschreiben. Natürlich wird, wie durch so viele der in diesem Buch beschriebenen Übungen, die Körperwahrnehmung gestärkt. Aber es geschieht auch noch etwas anderes, das man am besten als ein Verschmelzen von Beobachter und beobachtetem Körperteil beschreiben könnte. Dies ist ein fast mystisches Erlebnis, das sich aber durchaus rational erklären lässt. Das Bewusstsein manifestiert sich nicht nur in den Augen bzw. im Blickwinkel des Kindes, sondern auch im beobachteten Körperteil (siehe hierzu auch Übung 9).

Rückkehr

Was dieses Konzept umfasst, lässt sich noch schwerer erklären, und es ist eindeutig einer sehr fortgeschrittenen Meditationspraxis zuzuordnen (wobei zu erwähnen ist, dass Kinder diese Stufe schneller erreichen können als viele Erwachsene und Sie sich hüten sollten, Kinder in dieser Hinsicht zu unterschätzen). Es geht um die Fähigkeit des Meditierenden, zum Ursprung des Geistes »zurückzukehren« – den eigenen Geist zu betrachten, wenn die Aufmerksamkeit nicht durch Gedanken gefesselt wird. Wie bereits erwähnt wurde, sind wir nicht identisch mit unseren Gedanken. *Wenn* dies so wäre, wären wir sehr unbeständige Geschöpfe, denn Gedanken kommen und gehen in schneller Folge, und jeder Gedanke fesselt unsere Aufmerksamkeit nur einige Augenblicke. Wir müssen mehr sein als diese flüchtigen geistigen Ereignisse. Das Zurückkehren hilft dem Meditierenden, ob Erwachsenem oder Kind, sich dieser Tatsache bewusst zu werden, ganz gleich, ob er in der Lage ist, dieses Erlebnis zu artikulieren.

Beruhigung

Beruhigung ist eigentlich nicht das richtige Wort für diese sechste Tür der Meditation. Wenn der Meditierende das Gewahrsein zunächst seines Körpers und dann seines Geistes gefestigt hat, erlebt er ein Gefühl tiefen Friedens, das aus einem Empfinden des Einsseins und der Harmonie mit sich selbst resultiert. Er erlebt die Teile seines Körpers und seinen Geist dann nicht mehr als separat, sondern ein Gefühl der Ganzheit und Vollständigkeit steht im Vordergrund. Arme, Beine, Herz, Bauch und Geist sind miteinander verbundene und zusammenhängende Aspekte des einen Seins. Die Unterscheidung zwischen dem Meditierenden und dem Objekt der Meditation verschwindet, und es bleibt ein friedliches und beglückendes Erlebnis des Seins.

Rückkehr und Beruhigung sind schwieriger zu vermittelnde Ideen, und nur ältere Kinder werden wahrscheinlich versuchen, die entsprechenden Erlebnisse in Worte zu fassen. Doch tatsächlich geschieht nichts anderes, als dass sie ihren natürlichen Zustand wiederentdecken. Da Kinder diesem natürlichen Zustand wesentlich näher sind als Erwachsene, fällt es ihnen im Allgemeinen leichter, ihn wiederzuentdecken.

Geist und Körper können ihren natürlichen Zustand nur wiederentdecken, wenn sie sich von den Barrieren lösen, die uns von diesem Zustand trennen. Diese Barrieren entstehen hauptsächlich durch unsere Unfähigkeit, uns zu konzentrieren, unsere Aufmerksamkeit in angemessener Weise unserem Sein zuzuwenden. Es ist, als ob man einen wunderschönen Garten oder ein wunderschönes Gemälde besitzt und vergisst, dass sie existieren, weil man nie die Zeit findet, sie zu betrachten. Meditation ist das Betrachten unseres natürlichen Zustandes und die Einsicht, dass die Person, die betrachtet, und der natürliche Zustand, der betrachtet wird, ein und dasselbe sind.

Gail, eine Vierzehnjährige, die mit der Idee der Wiederentdeckung des natürlichen Zustandes zunächst Schwierigkeiten hatte, war erfreut, als sie an den Vergleich mit einem Spiegel dachte: »Es ist so, als würde man sich das eigene Spiegelbild anschauen und dann merken, dass die Person, die schaut, in Wahrheit die Person ist, die man anschaut. Wenn man die Augen schließt, schließt auch das Spiegelbild die Augen, nur kann man das dann nicht mehr sehen. In diesem Sinne ist Meditation wie das Öffnen der Augen in der Absicht, uns selbst anzuschauen.«

Meditation mit einem Mantra

Abgesehen vom Atem benutzen einige Kinder auch gern Mantras. Ein Mantra ist nichts anderes als ein Wort oder eine kurze Wortfolge, die zum Objekt der Meditation wird. Für Kinder mit einem besonders unruhigen Geist kann ein Mantra die schnellste Möglichkeit sein, ihr Denken zu beruhigen. Als Mantra kann alles fungieren, was dem Kind gefällt. Wenn die Meditationsübung in einem christlichen oder einem anderen religiösen Umfeld stattfindet, kann das Mantra in einem Bezug zu Gott stehen, wie beispielsweise in dem Satz: »Ich bin ein Kind Gottes.« Handelt es sich um einen nicht-religiösen Kontext, könnte das Mantra lauten: »Ich empfinde Frieden«, »Ich kann glücklich sein« oder »Ich glaube an mich«. Man kann aber auch eine der im Folgenden vorgestellten positiven Affirmationen benutzen. Wichtig ist, dass das Kind ein Mantra findet, das ihm »liegt«. Vielleicht wollen die Kinder in einer Gruppe über die Mantras, die ihnen gefallen, miteinander reden, oder aber sie ziehen es vor, sie für sich zu behalten – das ist letztlich ihre Sache.

Es gibt verschiedene Techniken der Nutzung von Mantras, doch die einfachste und gleichzeitig eine der besten besteht darin, das Mantra nur beim Ausatmen zu rezitieren und beim Einatmen den gleichsam »leeren Raum« zu betrachten, den das Mantra hinterlässt. Zu Anfang wiederholt man das Mantra am besten mit leiser Stimme, also hörbar, weil dies hilft, es im Geist zu verankern; allerdings ist das nicht möglich, wenn Sie mit einer Gruppe arbeiten. Fordern Sie die Kinder aber auf, das Mantra leise zu rezitieren, wenn sie allein sind. Betonen Sie, dass sie bei der Arbeit mit dem Mantra weiter auf ihren Atem achten sollen, auch wenn der Fokus nun vom

Empfinden des Ein- und Ausströmens der Luft an den Nasenöffnungen auf die Wahrnehmung des Geräuschs, das beim sanften Ausatmen entsteht, verlagert wird.

In einigen der großen spirituellen Traditionen wird gelehrt, wenn das Mantra fest im Geist verankert sei, wiederhole es sich unterhalb der Wahrnehmungsschwelle (d. h. im Unbewussten) von selbst, auch wenn man nicht daran denke. Dadurch werde seine Wirkung verdoppelt.

Positives Denken

Mantras kann man auch in Verbindung mit positiven Affirmationen benutzen, kurzen positiven Botschaften, die man sich selbst übermittelt. Dies ist eine besonders wirksame Form positiven Denkens.

Eine der Gewohnheiten, die wir uns in unserer Kindheit zu eigen machen, besteht darin, dass wir unseren Geist mit Hilfe negativer Gedanken konditionieren. Aufgrund von Kritik, schlechten Schulzensuren, unfreundlichen oder gedankenlosen Bemerkungen von Freunden sowie wenig schmeichelhaften Vergleichen mit anderen entwickeln Kinder die Gewohnheit, sich einzureden, dass sie bestimmte Dinge nicht können, dass sie nicht so klug, gut aussehend, beliebt wie andere sind, dass sie in diesem oder jenem Bereich Versager sind, dass sie es nie schaffen werden, etwas Bestimmtes zu lernen, zu verstehen oder zu meistern, dass sie kein Talent haben, dass niemand ihnen vertrauen kann usw. Jedesmal wenn solche Gedanken auftauchen, besteht die Gefahr, dass sie die zukünftige Leistungsfähigkeit aktiv behindern. Wenn wir uns immer wieder einreden, dass wir etwas nicht können, beherzigen Geist und Körper diese Botschaft und sorgen dafür, dass sich der prophezeite Misserfolg tatsächlich einstellt. Dies wird als sich selbst erfüllende Prophezeiung bezeichnet. Je pessimistischer wir hinsichtlich unserer Fähigkeiten sind, umso stärker wird unser Pessimismus durch das, was tatsächlich geschieht, gerechtfertigt.

Man sollte Kindern stets helfen, positiv über sich selbst zu denken – über ihre Fähigkeiten, ihre äußere Erscheinung und ihre Persönlichkeit. Eine der besten Möglichkeiten, die anhaltende negative Konditionierung aufzuheben, besteht darin, dass man Kindern beibringt, innerlich positive Affirmationen zu wiederholen. Dadurch tritt an die Stelle des »Ich kann nicht« ein »Ich kann«. Diese Affirmationen können bei der »Umprogrammierung« von Geist und Körper und somit auch bei der Ersetzung von Selbstkritik und Selbstablehnung durch Selbstvertrauen sehr gute Dienste leisten.

Natürlich sollten solche Affirmationen realistisch sein. Es ist nicht gut, wenn Kinder sich einreden, dass sie schneller als jeder ihrer Mitschüler laufen können, wenn dies aufgrund ihrer Körpergröße oder ihres Körperbaus ausgeschlossen ist. Solche unrealistischen Affirmationen führen nur zu Enttäuschung und Desillusionierung bezüglich positiver Affirmationen wie auch bezüglich der eigenen Person. Affirmationen sollten nichts Unerreichbares ausdrücken, sondern etwas, das bei realistischer Betrachtung möglich ist.

Abgesehen davon, dass Affirmationen realistisch sein sollten, sollten sie auch möglichst konkret sein. Allgemeine Aussagen wie »Ich werde Erfolg haben« sind wertlos. Zu sagen, »Ich kann meine Tabellen / meine Vokabelliste / die Fakten für den Geschichtsunterricht lernen« ist wesentlich nützlicher. Es geht darum, den richtigen mentalen Kontext zu schaffen, in dem das eigentliche Lernen stattfinden kann, statt zu hoffen, dass die Affirmation das Lernen überflüssig machen wird.

In Verbindung mit Aktivitäten wie Sport, bei denen Geist und Körper schon genau wissen, was von ihnen erwartet wird, kann die Affirmation auch etwas allgemeiner formuliert sein, beispielsweise in Form von »Ich werde gut spielen«, »Ich kann den Ball genau treffen« oder »Ich kann beim Laufen meine Höchstleistung schaffen«. Ältere Kinder kann man auffordern, die Affirmation zu ergänzen, indem sie sich vorstellen, wie sie tatsächlich gut spielen, den Ball genau treffen usw. Im Bereich der Persönlichkeit können positive Affirmationen formuliert werden wie »Ich werde selbstbewusster auftreten, wenn ich mit anderen Menschen rede«, »Ich freue mich über mein Aussehen«, »Ich werde ruhiger bleiben, wenn mir etwas auf die Nerven geht«, »Ich werde mir nicht so viele Sorgen machen über…« und »Wenn ich ich selbst bin, werden die anderen Menschen mich akzeptieren.«

In jedem Fall sollte man Kindern helfen, die für sie persönlich am besten geeignete Formulierung zu finden, statt eine fremde Formulierung zu übernehmen. Affirmationen müssen sich für denjenigen, der sie gebraucht, »richtig« anfühlen. Sie sollten individuellen Charakter haben, und man sollte sie regelmäßig benutzen, insbesondere wenn der Geist, so wie bei der Meditation, entspannt und fokussiert ist. Die Kinder sollten nicht das Gefühl haben, sie müssten bei jeder Wiederholung der Affirmation eine große Willensanstrengung unternehmen. Der Geist soll dabei offen, ruhig und aufnahmebereit sein. Die Affirmation soll für sich stehen und darf weder eine Assoziationskette in Gang setzen noch irgendeinen inneren Dialog auslösen, denn dies könnte den Geist dazu verleiten, nach Gründen dafür zu suchen, dass die Affirmation *nicht* erfolgreich sein kann.

Bei Berücksichtigung all dieser Aspekte kann man Affirmationen in ein Meditationsprogramm für Kinder einbeziehen. Ebenso wie ein Mantra sollte auch eine Affirmation bei jedem Atemzug wiederholt werden, während der ersten Atemzüge hörbar, sofern die äußere Situation dies zulässt, und dann immer leiser, bis die Affirmation schließlich nur noch im Stillen wiederholt wird. Der Geist sollte sich dabei jedes Wortes und seiner Bedeutung bewusst sein. Widerstehen Sie der Versuchung, das Rezitieren der Affirmation zu einem ritualistischen Singsang werden zu lassen, denn dies gefährdet die Wirkung.

5

Meditation und Emotionen

Der Umgang mit Emotionen

Durch Meditation können Kinder emotional wesentlich ausgeglichener werden, und sie können dadurch lernen, ihre Gefühle zu erkennen und über sie zu sprechen. Obwohl wir im Laufe des Textes immer wieder auf diesen Zusammenhang hinweisen, verdienen die Emotionen ein separates Kapitel, denn es gibt eine Anzahl von Übungen, die speziell der Entwicklung eines besseren Verständnisses der eigenen Emotionen dienen. Sie zielen darauf, Kindern bei der Bewältigung belastender Emotionen zu helfen – mit der Förderung positiver Emotionen wie Mitgefühl und Empathie beschäftigt sich Kapitel 11.

Kinder fühlen sich angesichts starker Emotionen wie Angst und Wut unter anderem deshalb hilflos, weil sie diese nicht richtig verstehen. Sie erscheinen ihnen oft als mächtige, ungebeten auftretende Phänomene, von deren Energie sie überwältigt werden. Ein Teil des Problems, das Kinder mit Emotionen haben, ist, dass Erwachsene ihnen beibringen, bestimmte Emotionen als dunkle Mächte zu sehen, deren Auftreten für sie Liebesentzug und Missbilligung zur Folge haben. Deshalb distanzieren sich Kinder oft von ihren Emotionen und lernen dadurch, einen Teil ihres Wesens als ihnen nicht zugehörig zu sehen. Ebenso nachteilig ist, wenn Kinder in einer Umgebung aufwachsen, die es ihnen verwehrt, ihre Liebe und ihr Mitgefühl oder ihre Traurigkeit und ihr Bedürfnis nach Trost und Verständnis auszudrücken. Je mehr solchen Kindern gestattet wird, sich ihre Emotionen einzugestehen, sie zu akzeptieren und außerdem zu erkennen, dass Emotionen ein natürlicher und grundsätzlich gesunder Bestandteil des Wesens aller Menschen sind, umso besser können sie lernen, Emotionen auf eine für sie selbst und ihre Mitmenschen akzeptable und nützliche Weise auszudrücken.

Die folgenden drei Übungen helfen Kindern, ihre Emotionen in der Vorstellung zu erleben und zu lernen, sie auf eine Weise zu betrachten, die ihnen hilft, ihre Gefühle besser zu verstehen und besser mit ihnen umzugehen.

Übung 6: Über den Umgang mit Angst

Fordern Sie die Teilnehmer zunächst auf, die Augen zu schließen und sich auf ihre Atmung zu konzentrieren, so wie sie die Meditationsübung normalerweise beginnen. Fahren Sie anschließend auf folgende Weise fort:

> Stellt euch jetzt vor, dass ihr euch im Fernsehen eine Science-Fiction-Sendung anschaut. Und obwohl diese Sendung für Kinder gedacht ist, bekommt ihr ziemlich große Angst. Der Held und die Heldin fliehen durch einen dunklen Tunnel tief in der Erde und werden von sehr beängstigenden Wesen verfolgt, die sie vernichten wollen. Sie laufen durch den Tunnel und steigen dann eine lange Treppe hinab, ohne dass sie ihre Verfolger abhängen können. Am unteren Ende der Treppe teilt sich der Weg. Sie zögern einen Moment, fürchten, von den Verfolgern eingeholt zu werden, wissen aber nicht, welchen Weg sie wählen sollen. In ihrer Verzweiflung entscheiden sie sich, nach rechts abzubiegen, doch nach einer Wegbiegung stoßen sie plötzlich auf eine Mauer, die ihnen den Weg versperrt. Mit einem Siegesschrei nähern sich die Verfolger…

Sie können statt dieser Geschichte auch jede andere Phantasiegeschichte wählen, doch ist wichtig, dass sie nicht zu beängstigend sein und die Kinder nicht in realistische Situationen versetzen sollte, die ihnen gefährlich werden könnten (das heißt, Sie sollten Dinge vermeiden wie: »Ihr geht an einem dunklen Abend allein nach Hause…«). Falls Sie ein Videogerät zur Verfügung haben, können Sie den Kindern auch einen Ausschnitt aus einer Fernsehsendung vorführen; allerdings sollte es sich um eine für diese Altersgruppe geeignete Sendung handeln und dazu um eine von der Art, die sie sich auch zu Hause anschauen dürfen.

Sobald die Geschichte oder der Film leichte Angst zu erzeugen beginnt, unterbrechen Sie die Erzählung oder Vorführung und fordern die Kinder auf, mit geschlossenen Augen das Gefühl der Angst in ihrem Körper zu erforschen. Wo ist die Angst? Woran erkennen sie die Angst? Wie genau fühlt sie sich an? Warum ist sie unangenehm? Fordern Sie die Kinder nach einer Weile auf, sich wieder zu entspannen und das Gefühl der Angst abklingen zu lassen, bis sie wieder ruhig und ausgeglichen sind.

Helfen Sie den Kindern, sich klarzumachen, dass sie umso weniger Grund haben, sich zu ängstigen, je mehr sie über ihre Angst wissen! Die soeben identifizierte Angst ist nur eines von zahlreichen Gefühlen in ihrem Körper. Wenn sie sich entspannen, klingt die Angst ab. Geben Sie den Kindern Gelegenheit, über die Gefühle, die sie soeben erlebt haben, zu reden.

Sprechen Sie anschließend mit der Gruppe über den Wert der Angst. Insbesondere Jungen müssen sich von der Vorstellung lösen, dass es irgendwie »unmännlich« sei, Angst zu haben. Erklären Sie den Kindern, dass Angst uns vor Gefahren warnt und dass sie uns sehr plötzlich eine gewaltige Energiemenge zur Verfügung stellen kann, die uns ermöglicht wegzulaufen, wenn das notwendig ist. Somit wirkt Angst wie ein Schutz. Außerdem lehrt sie uns, dass es richtig ist, dem Unbekannten gegenüber vorsichtig und an einsamen und dunklen Orten auf der Hut zu sein. Deshalb hat niemand einen Grund, sich seiner Angst zu schämen; sie ist natürlich und manchmal sehr nützlich.

Allerdings müssen wir mit unserer Angst umzugehen verstehen, indem wir verhindern, dass sie die Oberhand gewinnt, und wir müssen erkennen, ob sie gerechtfertigt ist oder ob sie aus bloßer Gewohnheit bzw. aufgrund unserer falschen Vorstellungen darüber, was wirklich gefährlich ist, auftritt. Im Grunde soll den Kindern geholfen werden, sich mit ihrer Angst anzufreunden, damit sie die Angst als nützlichen Diener statt als gefürchteten Herren verstehen.

Die Mitglieder einer Meditationsgruppe aus Achtjährigen fragten mich einmal, ob sie eine Liste aller Dinge zusammenstellen könnten, vor denen sie sich fürchteten, und ob sie die wichtigsten und bei vielen auftauchenden Ängste dann als Themen für die Meditation benutzen könnten. Die Gruppenmitglieder entwickelten aufgrund dieser Übung zunehmenden Stolz auf ihre Fähigkeit, sich vorgestellte Ängste ruhig anzuschauen, statt zu versuchen, vor ihnen davonzulaufen.

Übung 7: Über den Umgang mit Wut

Eine ähnliche Übung wie die für den Umgang mit Angst kann man zur Erforschung der Wut benutzen. Sie können den Kindern eine Geschichte erzählen, die sie wahrscheinlich in Wut versetzen wird – einen Bericht darüber, wie mit

Kindern unfair umgegangen wird; eine Schilderung über schlechten Umgang mit der Umwelt oder über Grausamkeit gegenüber Tieren führen meist zum gewünschten Resultat. Man kann ihnen aber auch in diesem Fall einen Ausschnitt aus einer Fernsehsendung für Kinder vorführen, der sie höchstwahrscheinlich in Wut versetzt, weil sie sich mit den Kindern in der Geschichte identifizieren. Fordern Sie die Kinder auch hier wieder auf herauszufinden, wo in ihrem Körper die Wut sitzt, wie sie sich anfühlt und woran sie erkennen, dass es Wut ist. Anschließend sollten sie sich entspannen und spüren, wie die Wut, so wie vorher die Angst, allmählich abebbt.

In einem anschließenden Gespräch lassen Sie die Kinder beschreiben, in welcher Art von Situationen sie meist wütend werden. Weisen Sie sie auch darauf hin, dass die Wut – wie die Angst – eine sehr nützliche Funktion erfüllt: Sie hilft bei Angriffen, uns zu schützen und uns für Menschen zu engagieren, die unfair behandelt werden oder die sich nicht selbst wehren können. Doch sollte die Wut ebenso wie die Angst eine Dienerin sein, nicht die Herrin. Je besser Kinder die Wut und Situationen, die sie wütend machen, verstehen, umso besser vermögen sie zu erkennen, wo Wut gerechtfertigt ist und wo sie sich besser entspannen und die Wut vorbeiziehen lassen sollten.

Übung 8: Über den Umgang mit Traurigkeit

Traurigkeit ist ebenfalls eine oft sehr unangenehme Emotion, mit der man ähnlich umgehen kann wie mit Angst und Wut. Auch im Falle der Traurigkeit kann man eine Geschichte oder eine Videoaufnahme als Aufhänger benutzen, ohne dass man zu stark wirkende Emotionen hervorruft. Die Kinder fühlen sich traurig oder sie empfinden Mitleid oder machen sich Sorgen wegen eines anderen Kindes, eines Tieres, eines zerbrochenen Spielzeugs, einer verloren gegangenen Puppe oder was immer sonst ihnen als nützlich erscheint.

Bitten Sie die Kinder auch diesmal, mit geschlossenen Augen den Ort der Traurigkeit in ihrem Körper zu finden und zu erforschen, wo genau sie sich befindet, wie genau sie sich anfühlt und woher sie selbst wissen, dass es tatsächlich Traurigkeit ist. Fordern Sie die Kinder anschließend auf, sich zu entspannen und das Abnehmen der Traurigkeit zu spüren, bis sie ihre vorherige Ruhe und Ausgeglichenheit wiedergefunden haben.

Sprechen Sie mit den Kindern auch über andere Situationen in ihrem Leben, in denen sie sich traurig gefühlt haben, und hören Sie sich die Berichte über die Gründe für die jeweilige Traurigkeit an. Warum haben wir das Potenzial für diese Emotion in uns? Im Laufe dieses Gesprächs sollte möglichst darauf hingewiesen werden, dass Traurigkeit mit Sympathie und Mitgefühl für andere und uns selbst verwandt ist und dass sie uns dazu veranlassen kann, etwas zu tun, das Leidenden hilft. Vermitteln Sie den Kindern, dass Traurigkeit eine sehr wertvolle Emotion ist und dass sie nur dann zum Problem wird, wenn sie ohne jeden Grund auftaucht oder zu lange anhält. Versuchen Sie den Kindern klarzumachen, dass sie, indem sie diese Emotion immer besser verstehen und indem sie meditieren und sich entspannen, lernen können, sinnvoller mit ihrer Traurigkeit umzugehen.

Zusammenfassung zum Thema Emotionen

In den soeben beschriebenen Übungen lernen die Kinder im Grunde, ihre eigenen Gefühle zu beobachten, ohne sich zu stark mit ihnen zu identifizieren und sich ihnen deshalb ausgeliefert zu fühlen. Es geht nicht darum, die Kinder davon abzuhalten, ihre Emotionen zu erleben (was ihre Sensibilität abstumpfen und ihrer Bestimmung als Mensch widersprechen würde) oder sie zu unterdrücken (womit wir ihnen eine Hypothek in Form späterer Probleme aufbürden würden, da unterdrückte Emotionen bei Erwachsenen einer der Hauptgründe für die Entstehung von Neurosen sind). Auch geht es nicht darum, die Kinder vom Ausdruck ihrer Emotionen abzuhalten, weil der Emotionsausdruck ein häufig sehr wichtiges Sicherheitsventil ist. – Um das bereits Gesagte noch einmal zusammenzufassen und zu verdeutlichen: Es ist Ihre Aufgabe, den Kindern zu helfen,

- die Präsenz ihrer Emotionen zu erkennen und zu akzeptieren;
- sich beim Erleben von Emotionen nicht mehr schwach oder schuldig zu fühlen und zu verstehen, dass Emotionen ein natürlicher Bestandteil des menschlichen Lebens sind;
- das Wesen ihrer Emotionen genau kennen- und verstehenzulernen, und zwar sowohl auf psychischer als auch auf physischer Ebene, und schließlich Sinn und Zweck der Emotionen zu verstehen;
- besser einzuschätzen, wann Emotionen angemessen sind und wann sie nur aufgrund einer Gewohnheit oder eines Missverständnisses auftreten;
- zu erkennen, dass es möglich ist, sich von den eigenen

Emotionen zu lösen, statt zuzulassen, dass sie überwältigend wirken.

Die Sensibilität von Kindern ist sehr unterschiedlich ausgeprägt, und Sie müssen stets zuallererst darauf achten, dass Sie diese Sensibilität schützen. Wichtig ist weiterhin, sich klarzumachen, dass Sie Kindern, die Emotionen *weniger tief* erleben als andere, auf keinen Fall das Gefühl vermitteln dürfen, dass sie deshalb in irgendeiner Form minderwertig seien. Einige Kinder empfinden als Reaktion auf die Geschichte oder die Videoaufnahme, die Sie ihnen in Übung 6 erzählen bzw. vorführen, möglicherweise nicht das geringste Anzeichen von Angst. Andere empfinden aufgrund des in den beiden anderen Übungen beschriebenen Materials keine Wut und keine Traurigkeit. Das ist völlig in Ordnung. Es reicht, dass sie die sind, die sie sind. Sie brauchen sich anderen gegenüber weder unterlegen noch überlegen zu führen. Und sie sollen auch nicht vorgeben, Emotionen zu erleben, die gar nicht vorhanden sind.

Dennoch werden auch diese Kinder von den Übungen profitieren, weil sie ihnen helfen, sich auf andere, für sie wichtigere Situationen vorzubereiten, in denen sie die betreffenden Emotionen tatsächlich erleben werden. Sie können sicher sein, dass die Zeit, die Sie auf diese Art von Arbeit verwenden, in keinem Fall vergeudet ist, auch wenn die Kinder den Wert dieser Übungen erst später zu erkennen vermögen.

6

Meditation und Entspannung

Körperliche Anspannung

Entspannung war die erste unter den in Kapitel 1 aufgeführten positiven Auswirkungen der Meditation. Körperliche Anspannung erfasst Kinder unbemerkt und lässt ihren Körper in sich zusammensinken. Die Schultern krümmen sich dann nach vorn, und sie strecken ihren Hals vor, wie es so häufig bei älteren Jugendlichen der Fall ist. Körperliche Anspannung ist die Ursache der meisten Muskelschmerzen, mit denen wir zu leben lernen, wenn wir älter werden, der Stiche, die wir vom frühen Erwachsenenalter an spüren, wenn wir uns plötzlich bewegen, der Steifheit und sogar der körperlichen Erschöpfung, die wir am Ende eines Tages empfinden.

Das alles bräuchte nicht so zu sein. Kinder sind nicht mit körperlichen Anspannungen auf die Welt gekommen. Beobachten Sie einmal kleine Kinder, wenn sie mit ihrem Spielzeug auf dem Boden liegen und wenn sie laufen oder spielen. Dass es so etwas wie Muskelzerrungen, knackende Gelenke und überdehnte Bänder gibt, ist kleinen Kindern völlig fremd. Ihr Körper dient ihnen so, wie die Natur es vorgesehen hat.

Es gibt eine Anzahl von Gründen für die Entstehung körperlicher Anspannung in der Kindheit. Unter diesen ist einer der wichtigsten, dass sich die Muskeln von Kindern (ebenso wie die von Erwachsenen) einen großen Teil der Zeit über in einem Zustand der Anspannung befinden, der Bereitschaft zu körperlicher Aktivität, ohne dass sie genügend Gelegenheit erhielten, die Anspannung in Aktionen umzusetzen. Die Natur hat die Menschen für ein von körperlicher Aktivität geprägtes Leben geschaffen, und unser Körper hat sich noch nicht darauf eingestellt, dass in unserer von Maschinen, Automaten, Fernsehen und Autos bestimmten Welt vieles, was wir tun, wenig muskuläre Anstrengung erfordert. Deshalb neigen wir von Kindheit an dazu, unseren Körper zu wenig zu beanspruchen und ihn auf diese Weise zu trainieren, was zur Folge hat, dass die ungenutzte Energie in Form von Anspannung in den Nerven und Muskeln bleibt. Man könnte diese Situation mit dem Zusammendrehen eines Gummibandes vergleichen, das sich jedoch anschließend nur zur Hälfte wieder löst.

Ein weiterer Grund, aus dem Kinder schon in frühen Jahren Anspannung aufbauen, ist, dass sie häufig unter inneren Konflikten leiden. Kinder tun vieles auf Wunsch oder sogar Befehl ihrer Eltern hin. Wenn diese Bitten oder Befehle ihnen nicht passen, entsteht in ihrem Inneren ein Kampf zwischen der Notwendigkeit, den Eltern zu gehorchen, und dem Wunsch, sich ihnen zu widersetzen und ihren eigenen Vorstellungen gemäß zu handeln. Dies bewirkt, dass eine Gattung von Impulsen das Kind vorantreibt, während eine andere es zurückzuhalten versucht. Ein passender Vergleich hierfür ist ein Seil, dessen Enden gleichzeitig in entgegengesetzte Richtungen gezogen werden.

Ein dritter Grund für körperliche Anspannung ist, dass Kinder sich schon sehr früh gegen Kritik zu schützen versuchen, ähnlich wie sie es tun würden, wenn ihrem Körper ein Schlag versetzt würde. In der langen Entwicklungsgeschichte des Menschen traten Gefahren meist in Form physischer Angriffe auf, was eine instinktive Anspannung aller Muskeln zur Folge hat, die es uns ermöglicht, entweder zu kämpfen oder wegzulaufen (die sogenannte Kampf- oder Fluchtreaktion). Verbale Angriffe gibt es in nennenswertem Umfang im menschlichen Leben erst, seit Männer und Frauen die Fähigkeit zu sprechen entwickelten (dies ist in der Evolutionsgeschichte eine relativ späte Errungenschaft), und der menschliche Körper hat noch nicht die Zeit gehabt, eine adäquate Reaktion auf diese Art von Bedrohungen zu entwickeln. Deshalb reagieren wir von frühester Kindheit an, als ob wir einer körperlichen Gefahr ausgesetzt wären, und wir pumpen Adrenalin und Noradrenalin in das Blut, erhöhen Herzfrequenz und Blutdruck und spannen alle Muskeln in unserem Körper an.

Eine weitere Ursache für die Entstehung von Anspannungen bei Kindern ist die Unterdrückung von Emotionen. Kinder werden leider oft bestraft, weil sie starke Emotionen wie Angst oder Wut ausdrücken, und man vermittelt ihnen den Eindruck, diesen natürlichen Impulsen hafte etwas Unartiges oder sogar Böses an. Sehr oft (insbesondere gilt dies für kooperative und gehorsame Kinder) lernen sie aufgrund dessen sehr schnell, an ihren Emotionen »festzuhalten« statt sie auszudrücken. Dieses »Festhalten« bringt wiederum einen hohen Grad an physischer Anspannung mit sich. Häufig werden solche Anspannungen chronisch und schlagen sich in Haltung und Lebensweise der Kinder nieder. Einige Massage- und Körpertherapeuten, die mit Erwachsenen arbeiten, behaupten, durch Lokalisierung der Bereiche physischer Anspannung im Körper von Klienten könnten sie den Betreffenden helfen, lange vergessene Erinnerungen an traumatische Kindheitserlebnisse zu reaktivieren, und auf diese Weise ließen sich letztendlich mit diesen Erinnerungen verbundene und lange unterdrückte Emotionen auflösen.

Dies sollte niemanden zu dem Schluss verleiten, man müsse Kindern in jedem Fall den Ausdruck ihrer Emotionen ermöglichen, so destruktiv diese auch sein mögen. Wir leben in Gemeinschaften, und Kinder müssen lernen, nicht nur an sich selbst zu denken, sondern auch die Auswirkungen ihres Handelns auf andere Menschen im Blick zu haben. Außerdem kann der extreme Ausdruck von Wut oder Abneigung noch mehr Anspannung erzeugen. Allerdings ist das soeben Beschriebene durchaus ein Argument dafür, dass man Kindern helfen sollte, ihre Emotionen anzuerkennen und sich mit ihnen auseinanderzusetzen sowie akzeptable Arten der Freisetzung aufgestauter emotionaler Energien zu entwickeln. Vor diesem Hintergrund ist es sinnvoll, Kindern Entspannungstechniken beizubringen, die ihnen helfen, bei einer Konfrontation mit Stress ruhiger zu bleiben … und eine der besten dieser Techniken ist die Meditation.

Das Wort »Entspannung« allein beschreibt nur unzureichend die positiven Gewohnheiten der Körperregulierung, die durch Meditation gefördert werden – beispielsweise die Fähigkeit, Anspannungen loszulassen und sich des eigenen Körpers bewusster zu werden, so dass man Anspannung im Augenblick ihres Auftretens erkennt und auflöst. Die folgende Meditation hilft Kindern, körperliche Anspannung aufzulösen. Auf das Körpergewahrsein werden wir in Kapitel 7 ausführlicher eingehen.

Man kann Kindern helfen, ihre körperliche Anspannung loszulassen, indem man beruhigende Musik abspielt und sie auffordert, sich auf das Bett oder den Boden fallen zu lassen und nacheinander alle Muskelgruppen zu entspannen, beginnend mit den Füßen bis zu den Augen und den Schädelmuskeln hinauf. Leider können sich Kinder nicht ständig beruhigende Musik anhören und sich auf den Boden oder das Bett fallen lassen. Sobald sie wieder auf den Füßen stehen, treten die Anspannungen wahrscheinlich erneut auf. Deshalb müssen sie lernen, entspannt zu bleiben, auch wenn ihr Körper aktiv ist und während sie ihren gewohnten Tätigkeiten nachgehen. Kinder brauchen einen guten Körpertonus und eine gute Haltung, und sie müssen lernen, wie sie diesen Zustand selbst aufrechterhalten können. Übungen, die der Auflösung von Spannungen dienen, lernen kleine Kinder meist sehr schnell. Erwachsenen fällt dies oft wesentlich schwerer – ein eindeutiger Beweis dafür – falls wir den noch brauchen –, dass es wichtig ist, schon früh im Leben die richtige Einstellung zu unserem Körper zu entwickeln: eine von Wertschätzung und Respekt geprägte Haltung, die uns daran hindert, unseren Körper unnötig Belastungen auszusetzen oder nicht gut für ihn zu sorgen und ihm nicht zu geben, was er braucht. Jugendliche haben damit manchmal besonders große Schwierigkeiten.

Jerry

Jerry ließ in seinem letzten Schuljahr seine Anspannung durch eine schnelle, abrupte und atemlose Sprechweise erkennen. Ihm wurde Atemmeditation empfohlen und die laute (oder in Anwesenheit von Klassenkameraden stumme) Wiederholung der Silben »so-ha« bei jedem Ausatmen. Nachdem er dies einige Sitzungen lang geübt hatte, wurde ihm empfohlen, sich diesen entspannten Zustand zu vergegenwärtigen, wenn er mit anderen sprach.

Jerry registrierte fast sofort eine starke Verbesserung – und seine Freunde bestätigten dies. Außerdem fiel ihm auf, dass sein Denken aus-

geglichener und effektiver wurde. Statt dass seine Gedanken sich ebenso überschlugen wie zuvor seine Sätze beim Reden, schienen sie nun, wie er es ausdrückte, sanft und kreativ zu fließen.

Meditation 3: Loslassen körperlicher Anspannung

Fordern Sie die Kinder auf, sich aufrecht hinzusetzen und den Kopf erhoben zu halten (aber nicht unnötig zurückzuziehen), beide Füße fest auf den Boden zu stellen und die Hände leicht verschränkt auf den Oberschenkeln ruhen zu lassen. Diese entspannte Haltung ist nicht nur für den Körper gut, sondern sie hilft auch dem Geist, wach zu bleiben, statt sich in Gedanken zu verlieren.

Nach der Meditation sollten die Kinder aufgefordert werden, ihre Augen sanft wieder zu öffnen und aufzustehen, dabei aber weiter die entspannte Wachheit zu spüren, die sie soeben erlebt haben. Ist ausreichend Platz vorhanden, können Sie die Kinder auffordern, schweigend im Raum umherzugehen, Gegenstände in die Hand zu nehmen und wieder wegzustellen, Schuhriemen zu binden und wieder aufzuschnüren, praktisch all das zu tun, was sie auch sonst im Laufe eines Tages tun, aber bei alldem auf das Bewahren eines friedvollen Geisteszustandes zu achten und den Körper entspannt zu halten.

7

Meditation und Körpergewahrsein

Warum Körpergewahrsein so wichtig ist

Unser Körper begleitet uns von der Wiege bis zur Bahre. Meist sind wir uns seiner nicht bewusst, solange er uns keine Probleme beschert. Das ist durchaus verständlich, denn unser Geist muss die Möglichkeit haben, sich auf andere Dinge zu konzentrieren. Doch bewirkt dieser Mangel an Körpergewahrsein, dass die Anspannung, mit der wir uns im vorigen Kapitel befasst haben, uns unbemerkt befallen kann. Kinder und Erwachsene stehen morgens ausgeruht und entspannt auf, doch am Abend gleichen sie bis zum Anschlag aufgezogenen Uhrfedern, sie sind reizbar und reizen mit ihrem Verhalten andere, ohne sich jedoch auch nur im Geringsten darüber im Klaren zu sein, wann und wie an die Stelle der Entspannung die Anspannung getreten ist.

Spannungen können sich sogar bei angenehmen Aktivitäten aufbauen. Wenn Sie Autofahrer sind, können Sie dies mit Hilfe eines einfachen Experiments ausprobieren. Überprüfen Sie beim Fahren von Zeit zu Zeit Ihre Schulter-, Hals- und Rückenmuskeln, ohne die Aufmerksamkeit von der vor Ihnen liegenden Straße abzuwenden. Mit ziemlich hoher Wahrscheinlichkeit werden Sie feststellen, dass diese Muskeln angespannt sind. Entspannen Sie sie, und wiederholen Sie das Experiment später noch einmal. Wahrscheinlich sind die Muskeln dann wieder angespannt. Keiner dieser Spannungszustände ist für das Autofahren notwendig. Nun überprüfen Sie, ob die betroffenen Muskeln wirklich an der Aktivität des Fahrens beteiligt sein müssen. Falls Sie nicht ausnahmsweise ein ziemlich schwieriges Manöver ausführen, brauchen Sie zum Fahren in der Regel nur die Muskeln der Hände, der Unterarme und der Füße.

Probieren Sie die gleiche Übung aus, wenn Sie an Ihrem Schreibtisch sitzen, irgendeine Hausarbeit erledigen oder sich mit anderen unterhalten – letzteres insbesondere mit Menschen, die Sie nicht gut kennen oder in deren Gegenwart Sie sich unwohl fühlen. Achten Sie auf Anspannung. Sollten Sie in der Schulter- und Halsmuskulatur keine Anzeichen für Anspannung finden, dann prüfen Sie Ihre Augenmuskeln, die Muskeln der Stirn und des Schädels, die Muskeln der Hände, des Bauches und der Knie. Auch dabei werden Sie in vielen Fällen unnötige Anspannung finden, die sich unbemerkt hat aufbauen können.

Körpergewahrsein verhindert, dass solche Anspannung überhaupt entsteht. Und die beste Zeit, um Körpergewahrsein zu erlernen, ist die Kindheit. Eine gute Übung für die Arbeit mit Kindern besteht darin, dass sie mit ihrem Gewahrsein bei den Füßen beginnend ihren Körper durchgehen. Diese Technik wird in der folgenden Übung ausführlich beschrieben. Kleine Kinder spielen auch gern Spiele, bei denen man auf die Anweisungen eines Partners hin das Gewahrsein durch den Körper bewegt.

Übung 9: Körpergewahrsein erleben

Fordern Sie die Kinder auf, ihre Augen zu schließen. Berühren Sie anschließend jedes Kind auf den Handrücken, im Gesicht und an den Armen mit verschiedenen Objekten (einer Feder, den Borsten einer Zahnbürste, einem Apfelschnitz, einem Blütenblatt, einer Glasflasche, einem Stück Stoff usw.). Fordern Sie die Kinder anschließend auf, das Objekt, mit dem sie berührt wurden, zu identifizieren, und außerdem zu sagen, wo die Berührung erfolgte. Weiterhin sollen sie sich vergegenwärtigen, welche Empfindungen sie dabei gehabt haben. Wenn sie diese Eindrücke benennen können, ist das umso besser, aber nicht entscheidend – die Übung dient der Verbesserung der Körperwahrnehmung, nicht der Überprüfung des Wortschatzes.

Fordern Sie die Kinder im Anschluss daran auf, ihr Gewahrsein auf verschiedene Bereiche ihres Körpers zu richten, die Sie jeweils benennen. (»Lenkt euer Bewusstsein in euer linkes Knie, jetzt in den Mittelfinger der rechten Hand, jetzt zur Nase, jetzt zum Mund und jetzt in eure Zehen…«) Wenn sich dies als schwierig erweist, können Sie die Kinder bitten, den von Ihnen benannten Körperteil jeweils zu bewegen.

Schließlich bitten Sie die Kinder, sich mit ihrem Gewahrsein durch ihren gesamten Körper zu bewegen, wobei sie entweder mit den Füßen beginnen und sich nach oben vorarbeiten, oder mit dem Kopf beginnen und bei den Zehen enden. Sie können die Übung erweitern, indem Sie zu »raten« versuchen, in welchem Teil seines Körpers sich das Gewahrsein des Kindes gerade befindet (kleine unwillkürliche Bewegungen liefern dabei oft die entscheidenden Hinweise).

Man kann Kinder für den Unterschied zwischen Anspannung und Entspannung sensibilisieren, indem man sie auffordert, die Muskeln an allen Punkten, die Sie nennen, anzuspannen und anschließend loszulassen. Nur wenige Kinder haben mit dieser Übung ernst zu nehmende Schwierigkeiten.

Eine nützliche Nebenwirkung der zuletzt beschriebenen Übung ist, dass sie Kindern schon früh nahebringen kann, dass das Bewusstsein nicht nur in einem bestimmten Teil ihres Körpers seinen Sitz hat. Wenn Menschen aus der westlichen Welt gefragt werden, wo sich ihr Bewusstsein befindet, antworten sie meist, es sei im Kopf und unmittelbar hinter ihren Augen. Diese Sichtweise ist bloße Gewohnheit. Im Osten deuten Menschen, denen man diese Frage stellt, häufiger auf ihren Bauchnabel, den Bereich, in dem sich der Solarplexus befindet, wo Emotionen am deutlichsten spürbar sind und wo sich abgesehen vom Gehirn die meisten Nervenzellen konzentrieren.

Das Bewusstsein befindet sich nicht ausschließlich in einem bestimmten Teil unseres Körpers. Natürlich spielt das Gehirn für das Bewusstsein eine wichtige Rolle, aber deshalb hat es nicht einzig und allein dort seinen Sitz. Wenn wir uns in einen Finger schneiden, spüren wir den Schmerz im Finger, nicht im Kopf. Unser Glaube, dass wir in unserem Kopf oder unmittelbar hinter unseren Augen leben, hängt damit zusammen, dass visuelle Eindrücke unter normalen Umständen diejenigen sind, die am ehesten ins Bewusstsein treten.

Lesen Sie diesen Absatz, und probieren Sie danach die im Folgenden beschriebene kurze Übung aus. Schließen Sie die Augen, und fragen Sie sich, wo sich Ihr Gewahrsein in diesem Moment befindet. Neun von zehn Menschen antworten darauf, es sei bei den Empfindungen, die von den geschlossenen Augenlidern ausgehen. Dieses Experiment demonstriert zweierlei. *Erstens* »leben« Sie nicht hinter Ihren Augen – das haben Sie soeben bewiesen, indem Sie Ihr Gewahrsein zu einem Ort vor Ihren Augen bewegt haben, nämlich zu ihren Augenlidern. Und *zweitens* haben Sie demonstriert, wie stark die meisten von uns auf Empfindungen im Bereich um die Augen fixiert sind. Selbst bei geschlossenen Augen verweilt unser Gewahrsein weiter im Bereich der Empfindungen, die den Augen am nächsten sind, nämlich denjenigen im Bereich der Augenlider.

Fragen Sie Kinder, wo in ihrem Körper sie ihrem eigenen Empfinden nach »leben«. Wenn sie daraufhin den Kopf oder den Bereich hinter ihren Augen nennen, dann fordern Sie sie auf, das soeben beschriebene Experiment auszuführen. Wenn ihr Bewusstsein sich in ihre Augenlider verlagert hat, dann fordern Sie die Kinder auf, es in andere Bereiche zu befördern – beispielsweise in die Nasenspitze, dann hinab zu den Lippen, zur Kehle, während sie schlucken, zum Rumpf, während sie ein- und ausatmen, zu den Rückseiten ihrer Oberschenkel, die auf dem Stuhl ruhen, auf dem sie sitzen, und schließlich zu den Fußsohlen, die den Boden berühren. Falls die Kinder mit dieser Übung Schwierigkeiten haben, können Sie ihnen empfehlen, auf die genannten Körperbereiche jeweils einen Finger zu legen.

Übung 10: Koordinierte Bewegung

Eine weitere wertvolle Übung zur Förderung des Körpergewahrseins besteht im Üben koordinierter Bewegungen. Fordern Sie die Kinder auf, ihre Hände vor ihre Brust zu halten, wobei die Handflächen einander im Abstand von ca. 15 Zentimetern zugewandt sind. Von dieser Ausgangsposition aus sollen sie ihre Hände immer weiter voneinander entfernen und gleichzeitig versuchen, beider Hände gewahr zu bleiben, als ob sie durch unsichtbare Schnüre miteinander verbunden wären. Anschließend sollen sie die Hände wieder näher zusammenführen und sie schließlich nochmals voneinander entfernen. Fordern Sie die Kinder nun auf, sich bewusst zu machen, welche Körperteile an dieser Bewegung beteiligt sind – die Unter- und Oberarme sowie die Schultern.

Dann bitten Sie die Kinder, sich vorzubeugen und den Boden zu berühren, wobei ihr Gewahrsein sich in den Fingern befinden soll, während sie sich dem Boden nähern. Lassen Sie die Kinder bei einer anschließenden Wiederholung der Übung das Gewahrsein im Kreuz konzentrieren, während Arme, Hände und Finger, der Schwerkraft folgend, locker herabhängen.

Überlastungen des Körpers vermeiden

Die soeben beschriebene Übung stärkt nicht nur das Körpergewahrsein, sondern hilft auch, später im Leben Überlastungen des Rückens zu vermeiden. Wenn wir in der Kindheit aufgefordert werden, mit den Händen unsere Zehen zu berühren, wendet sich unser Gewahrsein augenblicklich der Abwärtsbewegung der Fingerspitzen zu, wohingegen wir den Rücken (von dem diese Bewegung ausgeht) völlig ignorieren. Gewöhnlich versetzt dies die Rückenmuskulatur in Anspannung, was wir uns ganz und gar nicht wünschen können, denn chronische Anspannung des Rückens ist die Hauptursache für später im Leben auftretende Rückenprobleme. Wird das Gewahrsein hingegen im Rücken konzentriert und hängen dabei Arme, Hände und Finger locker vor dem Körper herab, entsteht ein völlig anderes Gefühl. Der

Rücken ist dann wesentlich entspannter, und es wird wesentlich leichter, die Übung auszuführen. Probieren Sie es einmal selbst aus. Wenn Sie unter Rückenschmerzen leiden, ist dies eine der besten Möglichkeiten, ihren Geist dazu umzuerziehen, die Muskeln und Sehnen bewusster wahrzunehmen, die uns allen eine aufrechte Haltung ermöglichen und die uns leider nur zu oft Probleme bereiten, wenn wir älter werden.

Kinhin

Im Zen-Buddhismus gibt es eine Gehmeditation mit Namen *Kinhin*. Beim Kinhin üben die Meditierenden etwas, das man »Stille in Bewegung« nennen könnte. Jeder Fuß wird langsam und mit unendlicher Präzision erhoben und stets im exakt gleichen Abstand vorgesetzt (meist ca. 10 cm). Dabei wird das Körpergewicht gleichmäßig nach vorn verlagert. Nichts an der Bewegung wirkt gezwungen oder ungelenk. Der Meditierende vergegenwärtigt sich buchstäblich jede noch so geringe Verlagerung der Körperposition. Für ihn ist der Körper eine in sich vollständige Einheit, also keine Ansammlung separater und unkoordinierter Teile, und der Geist ist mit dem Körper eins, statt sich von seinen eigenen Gedanken ablenken zu lassen. Sobald die Konzentration nachlässt und der Meditierende seine Verbindung zu Geist und Körper verliert, kommt es zwangsläufig zu einem Fehltritt und damit verbunden zum Verlust des körperlichen Gleichgewichts.

Chrissy

Chrissy, ein Mädchen im Teenageralter, dem es sehr schwerfiel, während der Sitzmeditation still zu bleiben, erlernte Kinhin sofort, ohne jedes Zögern und Schwanken, was ein Zeichen für die Tiefe ihrer Konzentration war. Nach der Sitzung kam sie zu uns und wollte über ihr Erlebnis berichten. Sie sagte, ihre Meditation habe »alles von mir eingeschlossen, als ob mein Geist sich mit meinem Körper bewegen würde«. Chrissy hatte das Glück, dass sich im Garten ihrer Eltern ein langer gerader Weg befand, der sich ideal für Kinhin eignete, und sie machte es sich zur Gewohnheit, diese Übung jeden Tag auszuführen, wobei sie sich an nassen Tagen auf den höher gelegenen Abschnitt zurückzog. Dadurch besserte sich ihre Haltung, und sie wurde selbstsicherer hinsichtlich ihres Äußeren.

Die folgende Übung ist eine Variante von Kinhin für Kinder. Sie bringen ihr Körpergewahrsein in ihre Bewegungen im Alltagsleben, was nicht nur die Aufrechterhaltung eines entspannten Zustandes begünstigt, sondern auch den Geist beruhigt und fokussiert. Man kann diese Übung gar nicht oft genug ausführen.

Meditation 4: Sich mit Gewahrsein bewegen

Wenn Sie mit einer Gruppe arbeiten und dazu einen großen Raum zur Verfügung haben, können Sie die Kinder auffordern, so sanft und leise, wie sie können, darin umherzugehen, als würden sie auf Eierschalen gehen oder durch den Wald pirschen, ohne auf Zweige zu treten. Erklären Sie ihnen, dass sie jeder ihrer Bewegungen gewahr sein sollen – des Oberschenkelmuskels, wenn sie das hintere Bein heben, um es nach vorn zu bewegen, des Fußes, wenn er auf dem Boden aufsetzt, des Rumpfes, wenn er vorrückt, ihrer

Hände und Arme, die ihnen helfen, das Gleichgewicht zu bewahren, usw.

Selbstgewahrsein

Eine Erweiterung des Körpergewahrseins ist das Selbstgewahrsein. An diesem subtileren Gewahrsein kann in der Regel nur mit älteren Kindern gearbeitet werden, doch geht es dabei letztlich darum, nicht nur der Körperbewegungen gewahr zu sein, sondern auch jenes merkwürdigen, ungreifbaren und mysteriösen »Selbst«, das sich hinter den physischen Bewegungen verbirgt.

In der nächsten Übung sollen die Kinder ihre Aufmerksamkeit ständig auf einen bestimmten Teil ihres Oberkörpers richten und gleichzeitig der Person gewahr sein, zu der dieser Körperteil gehört. Natürlich müssen Sie die Aufgabe so auswählen, dass die Kinder sich dabei nicht in Gefahr bringen. Die Idee, ihre Aufmerksamkeit auf einen bestimmten Körperteil zu richten, ist ihnen schon aus vorherigen Übungen vertraut.

Meditation 5: Selbstgewahrsein

Wählen Sie eine einfache Aktivität aus, etwa einen Spaziergang in einem Garten oder auf einem Sportplatz, den die Kinder allein und schweigend ausführen können. Fordern Sie sie auf, sich auf ihren linken Arm zu konzentrieren (Linkshänder auf den rechten Arm), und erklären Sie ihnen wie folgt, was zu tun ist:

Bei diesem einfachen Spiel sollt ihr feststellen, ob ihr etwas tun könnt, während ihr eure Aufmerksamkeit auf euren linken Arm konzentriert. Die Aufgabe besteht darin, um den Sportplatz zu gehen und dabei ständig an den linken Arm zu denken. Macht euch beim Gehen diese Bewegung bewusst und spürt, wie sich der Muskel anfühlt, ob er heiß oder kalt ist und in welcher Beziehung er zu eurem übrigen Körper steht. Wenn ihr den linken Arm einmal vergesst, dann richtet die Aufmerksamkeit langsam wieder auf ihn zurück.

Gleichzeitig sollt ihr euch der Person bewusst sein, zu der dieser Arm gehört, der Person, die diesen Arm bewegt, die spürt, was in ihm vor sich geht, die die Finger zusammenballen und wieder ausbreiten kann, die mit den Fingern Dinge berühren kann, die sie ihren Wünschen entsprechend einsetzen kann. Versucht, dieses Gewahrsein ständig aufrechtzuerhalten.

Bei der Arbeit mit kleineren Kindern sollte diese Übung nur wenige Minuten dauern. Bei älteren Kindern kann es eine Viertelstunde oder länger sein.

Anschlussübung

Wiederholen Sie die Übung einige Male, und lassen Sie die Kinder jeweils auf einen anderen Körperteil fokussieren (Beine und Arme eignen sich am besten, weil sie an den Bewegungen am meisten beteiligt sind). Außerdem können Sie die Aufgabe variieren, indem Sie andere Bewegungen als Gehbewegungen ausführen lassen.

Besprechen Sie mit den Kindern, ob Schwierigkeiten aufgetreten sind und ob sie gemerkt haben, dass ihnen die Konzentration auf einen bestimmten Körperteil oder bei einer bestimmten Aufgabe leichter fiel. Wenn ja, wissen sie möglicherweise auch einen Grund dafür zu nennen, und damit zeigen sie eine zunehmende Bereitschaft, ihr Leben in und mit ihrem Körper zu erforschen.

Selbstgewahrsein für Fortgeschrittene

Letztendlich beinhaltet Selbstgewahrsein, dass wir uns dessen bewusst sind, dass wir die Welt stets als Handelnde erleben. Diesen zugegebenermaßen schwierigen Gedanken brauchen Sie allerdings kleineren Kindern nicht zu erklären. Viel wichtiger als der mühsame Versuch seiner richtigen Benennung ist, ihnen zu ermöglichen, seine Bedeutung zu erleben, und dadurch dieser Bewusstseinsebene die Möglichkeit zu geben, sich nach eigener Maßgabe zu entwickeln.

Die nächste Übung zielt auf diese tiefere Ebene. Sie ähnelt der letzten insofern, als die Kinder auch in diesem Fall eine einfache und ungefährliche Aufgabe ausführen, etwa durch einen Garten oder um einen Sportplatz zu gehen, wobei ihre Aufmerksamkeit in diesem Fall auf etwas andere Weise gesteuert wird.

Meditation 6: Einschließendes Selbstgewahrsein

Beschreiben Sie die Aufgabe wie folgt:

> Wir werden nun ein Spiel ausprobieren, das so ähnlich ist wie das, bei dem ihr euch auf einen Teil eures Körpers konzentriert habt. Diesmal sollt ihr beim Gehen innerlich sagen: »*Ich* gehe«, »*Ich* sehe / höre…« – was immer es ist, das ihr gerade hört oder seht. Wenn in eurem Geist Gedanken auftauchen, dann folgt ihnen

nicht, sondern sprecht einfach innerlich: »*Ich* denke.« Und wenn ihr irgendein Gefühl spürt, dann sagt zu euch selbst: »*Ich* fühle…« – egal, was ihr fühlt.

Nach dieser Übung werden die Kinder mit Ihnen über ihre Erlebnisse sprechen wollen. Hören Sie ihnen zu, und fragen Sie dann: »Wer ist dieses ›Ich‹, das all die Dinge erlebt, über die ihr gerade gesprochen habt?« Drängen Sie die Kinder nicht zu einer Antwort auf diese Frage (es wird ihnen sicher schwerfallen, es zu formulieren). Schon die Frage allein wird sie in Staunen versetzen.

Nachdem eine Gruppe von Heranwachsenden über die Frage »Wer ist dieses Ich?« nachgedacht hatte, gelangte sie schnell zu der Überzeugung, dass es dabei nicht um ihre Namen ging, um ihre Beziehungen, ihre äußere Erscheinung oder ihre Persönlichkeit und um die Dinge, die sie mochten oder nicht mochten, sondern dass die beste Art, die Frage zu beantworten, in Formulierungen wie »einfach lebendig zu sein«, »ein Erlebnis des Seins«, »zu wissen, dass ich hier bin«, »Glück, Trauer, was auch immer ich in diesem Moment empfinde«, »nur Geist« und »nichts Besonderes« bestand. Damit war ihnen ein guter Anfang gelungen, und es war klar, dass sie sich weiter mit der Frage beschäftigen würden.

Das Wesen der Dinge

Wenn wir älter werden, sehen wir nicht nur die äußere Welt und unsere Lebensweise, sondern auch das Individuum, das dieses Leben führt, mehr oder weniger als eine Selbstverständlichkeit an. Wir selbst werden uns zur Gewohnheit.

Wir hören auf, uns Fragen über uns selbst zu stellen, über unsere Ursprünge, über unsere Bestimmung und über die merkwürdige Tatsache, dass wir überhaupt existieren. Die folgende Übung soll Kindern helfen, nicht nur ihr Staunen über sich selbst zu erhalten, sondern auch, dieses Wunder gründlicher zu erforschen (sofern sie dies wollen).

Die nächste Übung greift das philosophische Thema der vorigen Übung auf, erweitert es und führt die Vorstellung ein, dass Dinge aufhören, sie selbst zu sein. Die Übung ist eine nützliche Ergänzung zur formellen Meditationsübung, weil sie die Kinder erneut tief in das Wesen der »Dinge« hineinführt. Meditation hilft dem Geist, tiefer in sein eigenes Wesen einzudringen und der Bedeutung der Tatsache, dass wir lebendig sind, inne zu werden. Wenn wir in der Welt keine Fremden bleiben wollen, die nie unter die Oberfläche der Dinge schauen, müssen wir uns von einer stereotypen und eingeschränkten Art, unsere Umgebung zu sehen und zu verstehen, befreien. Das Erleben von Kindern ist von Frische und Freude an allem Neuen geprägt, das Leben ist für sie geheimnisvoll, aufregend und birgt unbegrenzte Möglichkeiten. Wenn wir ihnen helfen können, diese Frische zu bewahren, statt sie durch unser Beharren auf der Auffassung zu ersticken, dass die Dinge nur das sind, als was sie uns erscheinen, und dass es nur eine »korrekte« Art, die Welt zu betrachten, gibt, dann haben sie auch weiterhin Zugang zum Reichtum und zur Ursprünglichkeit jenes Denkens, das nicht nur die Grundlage der Kreativität ist, sondern auch der Neugier und Begeisterung, die für Lebensfreude und Lebenslust unverzichtbar sind.

Übung 11: Wann hören Dinge auf, sie selbst zu sein?

Man kann die Bedeutung dieser Übung theoretisch beschreiben, aber sie gewinnt sehr durch eine praktische Demonstration. Zeigen Sie den Teilnehmern einer Meditationsgruppe ein Objekt, das sich Schicht um Schicht oder Stück für Stück zerlegen lässt. Dabei kann es sich um ein Modellflugzeug oder -auto handeln, um eine Schachtel oder ein Puppenhaus, das zusammengesteckt wird, oder um einen Gegenstand, den Sie speziell für diesen Zweck hergestellt haben. Fordern Sie die Kinder auf, das Objekt zu benennen. Fangen Sie danach an, Teile davon zu entfernen, wobei Sie die Kinder nach der Entfernung jedes Teils fragen, ob es sich immer noch um das gleiche Auto oder Haus oder die gleiche Schachtel wie am Anfang handelt. Wahrscheinlich hören Sie viele verschiedene Antworten; doch allmählich werden die Kinder merken, dass beispielsweise das Auto nicht identisch ist mit den Rädern oder dem Motor oder den Sitzen oder den Türen oder dem Fahrgestell oder irgendeiner anderen Komponente. Aber was ist dann ein »Auto«? Existiert so etwas wie ein Auto wirklich? Oder handelt es sich dabei nur um eine Ansammlung von Einzelteilen, von denen keines selbst schon ein Auto ist? Ebenso können wir uns fragen, was ein Tisch ist, wenn man ihn in vier Beine und eine Tischplatte zerteilt hat. Was ist ein Stuhl, wenn wir ihn auf diese Weise auseinandernehmen? Was ist ein Lied oder Musikstück, wenn wir es in seine einzelnen Noten zerlegen? Was ist ein Wort, wenn wir einzelne Buchstaben daraus entfernen? Und so weiter.

Im Grunde zeigt diese Übung, dass das Ganze mehr ist als die Summe seiner Teile. Indem wir Dinge auf eine bestimmte Weise zusammensetzen, ganz gleich, ob es sich um Räder,

Tisch- oder Stuhlbeine, die Noten eines Musikstücks oder die Buchstaben eines Wortes handelt, schaffen wir etwas, das wesentlich mehr ist als die Summe, die wir durch bloße Addition einer Zahlenreihe erhalten. Aber was ist dieses »Etwas«? Kann man wirklich behaupten, dass es »existiert«? Und doch ist genau dies eindeutig der Fall. Wir können es erleben, darüber nachdenken und darüber sprechen.

Schließlich können die Kinder diese Übung auch auf sich selbst anwenden. Sind wir nur eine Ansammlung von Teilen – Arme, Beine, Gehirn, Gedanken, Magen usw. – oder gibt es etwas, das mehr als alle diese Teile ist? Und wenn Menschen in eine andere Stimmung wechseln, wenn sie ihr Äußeres oder ihre Sprechweise verändern, sind sie dann noch die gleichen Menschen? Sind die Kinder die gleichen Menschen, die sie im vorigen Jahr waren und im Jahr davor oder in den Jahren, bevor sie in die Schule kamen?

Sich selbst eine Frage stellen

Es gibt eine Meditationsform, welche die Untersuchung des Wesens der Dinge noch weitertreibt. Sie eignet sich für ältere Kinder und insbesondere für Jugendliche.

Es wäre ein Fehler, mit dieser Meditation, die darin besteht, dass man sich selbst eine Frage stellt, zu beginnen, bevor man die bisher vorgestellten Übungen ausprobiert hat, denn wenn Kinder und Erwachsene mit der Meditationsübung noch nicht zumindest einigermaßen vertraut sind, kann die Neuartigkeit der folgenden Technik sie leicht ablenken. Möglicherweise scheitern sie dann nicht allein an den grundlegenden Meditationstechniken, sondern sie erhalten auch auf ihre Fragen nur Antworten, die sich auf der Ebene des Bewusstseins bewegen – was letztlich dazu führen kann, dass sie die Übung als unbrauchbar ablehnen.

Meditation 7: Sich selbst eine Frage stellen

Erklären Sie den Kindern, dass bei dieser Übung eine Frage, die sie bei jedem Atemzug innerlich wiederholen, zum Fokus der Meditation wird (so wie im Falle des Mantras – siehe Kapitel 4). Welche Frage sich die Kinder stellen, bleibt praktisch ihnen überlassen. Doch grundsätzlich sollten sich die Fragen, die sie auswählen, auf ihr eigenes Sein beziehen, also nicht auf das äußere Geschehen. Vielleicht fragen sie sich, wie sie anderen mehr helfen oder beliebter werden oder härter arbeiten oder längerfristige Ziele entwickeln oder herausfinden können, wie sie glücklich werden, oder sie fragen sich (und dies wäre die tiefste überhaupt mögliche Ebene): »Wer bin ich?« Erklären Sie, dass der Unterschied zwischen dieser und der üblichen Art, sich etwas zu fragen, darin besteht, dass:

- der Geist sich in einem fokussierten und konzentrierten meditativen Zustand befindet;
- eine einzige Frage benutzt und der Geist gehindert wird, von dieser abzuschweifen;
- kein Versuch unternommen wird, die Frage bewusst zu beantworten; dass bewusste Versuche vielmehr ablenken und man sie deshalb vermeiden sollte;
- der Meditierende geduldig auf die Antwort wartet, ohne zu drängen oder beunruhigt zu sein; natürlich möchte er gern eine Antwort bekommen, aber wenn sie nicht auftaucht, ist das auch nicht weiter schlimm. Die Bedeutung

liegt in der Frage selbst und darin, dass der Betreffende ihren Wert als Frage erkannt hat.

Erklären Sie den Teilnehmern, dass sie auftauchende Antworten zur Kenntnis nehmen, aber nicht analysieren sollen. Entweder sollten sie die Frage dann weiter stellen oder sie kehren zum Atemgewahrsein oder einem anderen Meditationsfokus zurück, von dem sie ausgegangen sind. Erst nach Abschluss der Meditation sollen die Antworten ins Bewusstsein aufgenommen und auf ihre Bedeutung untersucht werden. Weisen Sie die Kinder auch darauf hin, dass sie auftauchende Antworten nicht in jedem Fall sklavisch akzeptieren sollten, da sie nichts weiter als Stoff zum Nachdenken sind.

Kinder haben oft ein Bedürfnis nach Orientierung und Führung, und dieses Stellen einer Frage an sich selbst hilft ihnen, zu merken, dass sie in ihrem Inneren einen weisen Freund haben, der immer da und bereit ist, ihnen zu helfen. Allerdings ist dieser innere Freund ebenso wenig wie äußere Freunde unfehlbar. Seine Antworten müssen stets vom Bewusstsein überprüft werden, das sie dann je nachdem akzeptieren oder ablehnen kann.

Eine interessante Frage ist sicherlich, woher die auf diese Weise während der Meditation auftauchenden Antworten stammen. Entspringen sie den kreativen, intuitiven Bereichen im Unbewussten des Meditierenden? Oder entstammen sie einer Quelle außerhalb des Geistes? Die Antwort hängt großenteils von den Überzeugungen des Antwortenden ab, und dabei sollte man es am besten belassen.

8
Meditation und Kreativität

Die kreative Kraft des Geistes

Unsere Kreativität ist praktisch unbegrenzt. Physiologisch nutzen wir nur einen kleinen Teil der Fähigkeit des Gehirns, zu denken und Probleme zu lösen, wohingegen wir auf der psychischen Ebene bei adäquater Stimulation und Anleitung in den meisten künstlerischen und wissenschaftlichen Bereichen zu originellen und effektiven Leistungen in der Lage sind. Der Geist ist eine sprudelnde Quelle ungenutzten Potenzials.

Ein großer Teil unserer Kreativität wird in unseren ersten Lebensjahren vom Bewusstsein unterdrückt. Kreative Impulse tauchen aus dem Unbewussten auf (wie dies genau geschieht, wissen wir immer noch nicht) und werden dann der Prüfung durch das Bewusstsein unterworfen. Doch nur zu oft ist unser Bewusstsein übertrieben kritisch. Kinder lernen von anderen, sie seien »nicht gut« im Zeichnen, Musizieren, Malen oder Schreiben von Gedichten, und ihre kreativen Impulse werden unterdrückt und entwertet. So wird ihre Kreativität in immer stärkerem Maße gehemmt. Zwischen den bewussten und unbewussten Bereichen des Geistes entstehen Barrieren, und die Erziehung treibt den Kindern die kreativen Fähigkeiten regelrecht aus.

Diese Entwicklung ist in psychischer Hinsicht äußerst schädlich. Kindern ist ein elementarer Schaffenstrieb angeboren. Die Kreativität befriedigt innere Energien, die während des ganzen Lebens zum Ausdruck drängen. Diese Energien haben nicht nur die Errungenschaften der Menschheit in den Künsten und Wissenschaften ermöglicht, sondern auch die Nutzung natürlicher Ressourcen zur Sicherung des Überlebens. Ohne Kreativität hätte die Menschheit die vielen Jahrhunderte der Evolution bis zum heutigen Tag kaum überlebt.

Wenn diese Energie nicht in gesellschaftlich akzeptablen Formen kanalisiert und vollständig zum Ausdruck gebracht wird, verursacht sie höchstwahrscheinlich psychische Probleme. Der Geist fühlt sich dann rastlos und unausgefüllt, und er sucht nach etwas, ohne so recht zu wissen, was es ist. Er wird von dem Gefühl beherrscht, dass irgendein unbekanntes Potenzial vergeudet und etwas Kostbarem verwehrt wird, in Erscheinung zu treten.

Abgesehen von ihrer Aufgabe, die Entfaltung dieser angeborenen Energie zu ermöglichen, hat die Kreativität noch eine andere Funktion: Sie ermöglicht, Emotionen und Gefühle auf befriedigende und zuträgliche Weisen auszudrücken. Singen, Tanzen, Malen, Schreiben und Bildhauerei dienen Menschen, so lange es dokumentiert und bekannt ist, zum Ausdruck ihrer tiefsten Hoffnungen, Ängste und Erkenntnisse. Diese Künste fungieren als Formen äußeren Ausdrucks der inneren Zustände unseres Geistes, helfen uns, miteinander zu kommunizieren, und führen Männer und Frauen zum gemeinsamen Ausdruck von Gefühlen zusammen. Kreativität fungiert als Stimme der Gemeinschaft, die Harmonie und Spannungen zum Ausdruck verhilft und uns ermöglicht, uns einander verständlich zu machen.

Alle kleinen Kinder sind gern schöpferisch aktiv. Zu ihren ersten Aktivitäten zählen das Singen und das Kritzeln. Auch in den Grundschuljahren sind Zeichnen und Malen die Aktivitäten, die den meisten Kindern die größte Freude machen, gefolgt von körperlicher Bewegung. Erst später, wenn sie älter und »prüfungsorientiert« sind und die Überzeugung entwickeln, ihre künstlerische Begabung habe entweder »keine Zukunft«, oder ihnen mangele es an den für künstlerischen Erfolg erforderlichen Fähigkeiten, wenden sie sich von diesen »nicht ernsthaften« Aktivitäten ab und verleugnen damit einen wichtigen Bestandteil dessen, was ihr Wesen ausmacht.

Kreativität ist die Fähigkeit, über das Bekannte und Gewohnte hinauszugehen und neue Arten des Tuns zu entdecken. Ohne Kreativität würde die Menschheit Generation um Generation alles immer auf die gleiche Weise tun, und sie hätte sich kaum über das triebhaft-tierische Verhalten hinaus entwickelt.

Psychologen wissen, dass Kreativität im künstlerischen wie im wissenschaftlichen Bereich in dreifacher Form zum Ausdruck gelangt: als *Fluidität* (die Fähigkeit, ein Spektrum von Ideen zu entwickeln), *Flexibilität* (die Fähigkeit, diese Ideen aus vielen verschiedenen Quellen zu gewinnen) und als *Originalität* (die Fähigkeit, neue Ideen zu entwickeln). Beispielsweise gibt es einen einfachen Kreativitätstest, der darin besteht, dass man Kinder auffordert, möglichst viele Möglichkeiten der Verwendung eines Ziegelsteins zusammenzustellen. Eine Reaktion auf diese Aufgabe, die nur Fluidität aufweist, bestünde in der Zusammenstellung vieler Ideen, die alle der gleichen Kategorie angehören (z. B. die Verwendung eines Ziegelsteins als Stütze für andere Gegenstände). Eine Reaktion hingegen, die sowohl von Fluidität als auch Flexibilität zeugt, würde berücksichtigen, dass ein Ziegelstein nicht nur Lasten stützen, sondern auch Dinge beschweren und dass man ihn außerdem als Geschoss, Hitzespeicher,

Hindernis, Metapher usw. benutzen kann. Und eine durch Fluidität, Flexibilität und Originalität charakterisierte Reaktion würde auch einige ungewöhnliche Nutzungsmöglichkeiten einschließen, beispielsweise das Zermahlen des Ziegels zu Pulver und die Nutzung dieses Pulvers zum Reinigen und Polieren.

Viele angesehene Künstler und Wissenschaftler haben bestätigt, dass ihnen die kreativsten Ideen gekommen seien, wenn ihr Geist entspannt war, wenn sie Tagträumen nachhingen oder sogar wenn sie schliefen. Natürlich hatten die Betreffenden durch Studien und Experimente für diese Geistesblitze den Boden bereitet, doch scheint das Unbewusste, das der Ursprung der kreativen Einfälle ist, oft am besten in der Lage zu sein, Inhalte an das Bewusstsein zu übermitteln, wenn der Geist sich in einem Zustand der Ruhe befindet.

Meditation ist eine der effektivsten Möglichkeiten, sich in diesen Zustand der Ruhe zu versetzen, und wenn Kinder meditieren, tauchen bei ihnen kreative Ideen häufig völlig unerwartet auf. Wahrscheinlich kommt die Meditation der Kreativität auch in anderen Situationen zugute, weil sie die Verbindung zwischen dem Unbewussten und dem Bewusstsein aufrechterhält und dadurch das Auftauchen kreativer Einfälle im Bewusstsein ermöglicht. Einsicht und Intuition, die in der Wissenschaft ebenso wichtig sind wie in der Kunst, kommen zu ihrem Recht, und der Geist findet einen immer freieren Zugang zu seinem eigenen Reichtum.

Viele Meditationen unterstützen aktiv die Kreativität, und zwar teilweise durch Visualisation (siehe hierzu auch Meditation 11) und teilweise durch Stärkung des Gewahrseins innerer Vorgänge. Die folgenden drei Übungen sind ein guter Ausgangspunkt für die Arbeit an der Kreativität. Die erste bezieht Kreativität mit dem Ziel ihrer Förderung ein, während die beiden folgenden sich eingehender mit Fluidität, Flexibilität und Originalität beschäftigen.

Meditation 8: Förderung der Kreativität

Nachdem der Zustand meditativen Gewahrseins erreicht ist, fordern Sie die Kinder auf, folgende Szene zu visualisieren:

> Stellt euch vor, in eurem Kopf, in der Mitte über euren geschlossenen Augen, befände sich eine kleine weiße Leinwand. Seht nun die Umrisse eines Hauses auf dieser Leinwand auftauchen, nur die Umrisse, also keine Einzelheiten. Nun seht ihr die Eingangstür auftauchen. Jetzt werden die Fenster sichtbar, und dann wird das Haus farbig. Als Nächstes tauchen die Einzelheiten des Gartens auf; vielleicht Bäume, Blumen und ein Teich. Dann erscheinen die Vögel, und die Eichhörnchen suchen auf der Wiese nach Nahrung. Schließlich beginnt die Sonne zu scheinen, die Eingangstür öffnet sich, und die Kinder kommen in den Garten, um zu spielen.

Der Vorteil dieser Meditationsform gegenüber der Aufforderung, die genannten Details zu zeichnen, besteht darin, dass sich die visuelle Vorstellungskraft der Kinder wahrscheinlich leichter entwickeln lässt als ihre Fähigkeit, mit Zeichenstift oder Pinsel umzugehen. Die Verbindung zwischen dem, was sie in ihrer Vorstellung sehen, und dem, was sie auf Papier reproduzieren, kann später im Kunstunterricht hergestellt werden (und insbesondere in Verbindung mit der Arbeit, die in Übung 5 beschrieben wird). Je lebhafter ein Kind eine Szene visualisieren kann, umso leichter gelingt es ihm, die wesentlichen Züge des Visualisierten auf Papier einzufangen. Doch steht bei der Übung nicht die Zeichenfähigkeit im Vordergrund. Kreativität gelangt in den Details und ihrer Anordnung zum Ausdruck, nicht in der handwerklichen Qualität der Zeichnung.

Bei dieser Meditation kann fast jedes Thema als Ausgangspunkt dienen. Nachdem die Kinder am Bild eines Hauses gearbeitet haben, können sie beispielsweise über eine Szene am Meer oder in den Bergen oder auf einem Bauernhof meditieren, oder sie können sich eine Szene aus einer Sportart oder von einem Kindergeburtstag vorstellen oder eine Szene aus einem aufregenden Film oder einen Zoo mit vielen Tieren oder auch eine Straße, auf der viel los ist. Später kann man an Szenen arbeiten, die auf den ersten Blick in visueller Hinsicht nicht viel zu bieten haben. Je erfinderischer Kinder werden, umso besser erkennen sie die Möglichkeiten, die sich in scheinbar gänzlich ungeeignetem Material verbergen. Beispielsweise kann man sie auffordern, am Bild eines nebligen Nachmittags oder eines Teichs im Winter oder einer ruhigen Landstraße zu arbeiten. Fordern Sie die Kinder nicht auf, Details zu »zeichnen« oder »einzufügen«, sondern ermutigen Sie sie, diese Details auftauchen zu »sehen«. Sie sollen sich nicht bewusst bemühen, etwas zu »kreieren«. Wie im Traum erfindet das Unbewusste von selbst Dinge, wenn man ihm die Möglichkeit dazu gibt. Kinder sind mit ihrer spontanen Art, an Dinge heranzugehen, wesentlich besser zu diesem Schaffensprozess in der Lage als Erwachsene. Werden letztere mit dieser Übung konfrontiert, kommen sie manchmal nicht über das Anstarren der weißen Leinwand hinaus. Der einzige Rat, den man ihnen in dieser Situation geben kann, ist, geduldig zu sein. Die Details werden sich irgendwann von selbst einstellen. Das Problem scheint zu sein, dass das Bewusstsein, das über die Aufforderung, die

Dinge von selbst auftauchen zu lassen, verblüfft ist, die Aufgabe als unlösbar ansieht und deshalb das Auftauchen der kreativen inneren Bilder blockiert.

Fiona

Fiona, eine Elfjährige, die aus ziemlich problematischen familiären Verhältnissen stammt, stellte fest, dass die oben beschriebene Übung ihr nicht nur half, in der Schule kreativer zu arbeiten, sondern ihr auch ermöglichte, einige Sorgen leichterzunehmen und sich abends unbeschwerter zum Schlafen hinzulegen. Ihre Lieblingsszene war ein Wald direkt hinter dem Haus, in dem sie wohnte. »Ich sehe ihn, wenn im Frühling die Blätter sprießen, und ich schaue durch die Zweige in den Himmel. Ich betrachte die Blumen, und manchmal finde ich Glockenblumen, Scharbockskraut und wilde Primeln. Manchmal werde ich auch von einem Kaninchen oder einem Vogel begrüßt. Einmal habe ich die Stimmen meiner Freunde gehört, und manchmal bin ich, wenn ich einschlafe, immer noch im Wald, und das macht mich glücklich.«

Meditation 9: Fluidität und Flexibilität

Einen anderen Ansatz zur Entwicklung der Kreativität verfolgt eine Meditation, bei der die Kinder aufgefordert werden, möglichst viele verschiedene Erscheinungsformen des gleichen »Objekts« zu ersinnen. Fordern Sie die Kinder auf, sich wie vorher eine weiße Leinwand vorzustellen, und fahren Sie dann wie folgt fort.

Lasst eine Katze auf der Leinwand auftauchen. Schaut sie euch genau an. Achtet auf ihre Farbe, die Länge ihres Schwanzes und die Art, wie sie sitzt oder steht. Schaut euch auch ihr Gesicht an, und seht ihren zufriedenen Ausdruck, als hätte sie gerade Sahne geschleckt. Nun seht ihr den Gesichtsausdruck wachsamer werden, als würde sie vermuten, dass sich unter dem Sessel eine Maus versteckt. Und nun seht, wie sich der Gesichtsausdruck in Enttäuschung verwandelt, weil ihr klar wird, dass keine Maus da ist. Dann wirkt ihr Gesicht plötzlich wieder fröhlich, weil die Katze die Kinder hört, die aus der Schule nach Hause kommen. Aber schon bald wechselt ihr Ausdruck zu Verärgerung, weil ihr klar wird, dass die Kinder direkt zum Spielen gehen werden, ohne vorher ins Haus zu kommen. Und dann wird der Gesichtsausdruck der Katze schläfrig, und dann wirkt sie hungrig…

Sie können so viele Variationen in diese Übung einbauen, wie Sie wollen. Die Kinder erleben dabei ihre Fähigkeit, das, was sie sehen, auf vielfältige und oft sehr subtile Weise zu verändern.

Sie können statt der Katze auch andere Themen wählen, beispielsweise:

- eine Szene auf dem Lande, in der die Jahreszeiten vom Frühling über den Sommer und Herbst zum Winter wechseln;
- einen sonnigen Tag, in dessen Verlauf Wolken über den Himmel ziehen, Sturm aufkommt und schließlich wieder die Sonne scheint;
- den Skizzenblock eines Künstlers, auf dem dieser in schneller Folge dieselbe Szene aus verschiedenen Perspektiven zeichnet;
- die Kinder selbst, die in einen Spiegel schauen und ihr Spiegelbild in verschiedener Kleidung sehen – zum Beispiel Schulkleidung, Festtagskleidung, Sommerkleidung, Winterkleidung, Schlafanzügen und Sportkleidung.

Verweilen Sie nicht zu lange bei einer bestimmten Szene. Die Kinder sollen durch diese Meditation Fluidität und Flexibilität erleben und die Genialität des Geistes im kreativen Gestalten von Szenen kennenlernen.

Meditation 10: Übung zur Förderung von Originalität

Die beiden zuletzt beschriebenen Meditationsübungen fördern die Originalität, doch gibt es spezifischere Möglichkeiten, diese zu fördern, wie die folgende Übung zeigt. Fordern Sie auch in diesem Fall die Kinder zunächst auf, sich eine weiße Leinwand vorzustellen.

> Auf der Leinwand seht ihr einen Erfinder in seinem Arbeitsraum. Er wird eine neue Art zu reisen erfinden. Weil er von Autos, Schiffen, Fahrrädern und Flugzeugen die Nase voll hat, wird er etwas erfinden, woran noch nie ein Mensch auch nur gedacht hat. Schaut euch an, wie er all die Dinge zusammenstellt, die er braucht. Nun seht ihr, wie er sie zusammensetzt. Achtet darauf, wie der fertige Gegenstand aussieht. Wo und wie soll dieser das Reisen ermöglichen? Schaut euch genau an, ob es tatsächlich etwas Neues ist oder nicht. Stellt fest, ob die Erfindung ihren Zweck erfüllen wird und ob ihr dieses Beförderungsmittel gern benutzen würdet.

Statt an einer neuartigen Möglichkeit zu reisen, könnte der Erfinder auch beispielsweise an einer neuartigen Schreibmaschine arbeiten oder an einer neuen Methode, den Garten umzugraben oder das Geschirr abzuwaschen oder Betten zu machen oder das Auto zu reinigen. Wählen Sie etwas, womit die Kinder schon selbst Erfahrungen gemacht haben und das deshalb wahrscheinlich ihr Interesse wecken wird.

Achten Sie beim anschließenden Gespräch über die Übung darauf, dass Sie die Originalität einzelner Kinder nicht zu sehr herausstreichen. Jedesmal wenn ein Kind sich etwas ausdenkt, das ihm neu ist, demonstriert es Originalität, auch wenn schon Tausende vor ihm diesen Einfall hatten. Originalität wird sehr leicht erstickt, wenn Kinder zu der Überzeugung gelangen, dass alles, was ihnen einfällt, vorher schon anderen eingefallen ist, und dass ihre Originalität wertlos ist, wenn man sie mit derjenigen großer Erfinder der Vergangenheit oder auch nur mit der anderer Kinder vergleicht. Denken Sie einmal darüber nach, wie viele Erwachsene durch genau diese Art von irrigen Vorstellungen in ihrem kreativen Denken behindert werden!

9

Meditation und Phantasie

Warum die Phantasie so wichtig ist

Bestimmte Meditationsübungen sind der Entwicklung der Phantasie von Kindern sehr förderlich. Die Phantasie genießt bei denjenigen, die beruflich mit Kindern arbeiten, generell kein hohes Ansehen. Viele Erwachsene bringen sie mit Realitätsverlust und Unaufrichtigkeit in Verbindung. Kinder »phantasieren« oder »erfinden« Geschichten, um sich aus schwierigen Situationen herauszuwinden, oder ihnen »geht die Phantasie durch«, was zur Vermischung von Realität und Einbildung führt. Doch die Phantasie ist das Herz der Kreativität, mit der wir uns im vorigen Kapitel befasst haben. Die Phantasie ermöglicht uns, unsere Vorstellung von der Welt zu verändern, das Spektrum unserer Möglichkeiten zu erweitern und den Weg zu Wandlung und Entwicklung zu erschließen. Natürlich müssen Kinder den Unterschied zwischen Phantasie und der Welt der Tatsachen verstehen lernen, doch die weit verbreitete Neigung, die Phantasie bestenfalls als harmloses Geflunker abzutun und schlimmstenfalls als gefährlichen Weg in eine verlogene Scheinwelt anzusehen, macht den Kindern einen erheblichen Teil ihres kreativen Potenzials streitig.

Phantasie (griech. »Sichtbarmachen«) bezeichnet die Fähigkeit, im Geiste Bilder zu entwickeln; wir können aber auch von auditiver Phantasie sprechen. Viele Komponisten (ein Paradebeispiel ist Mozart) sprechen davon, dass sie ihre Musik hören und dass sie nicht viel mehr zu tun bräuchten, als sie aufzuschreiben. Auch einige Dichter haben ihre Gedichte »fix und fertig« empfangen und an solchen Offenbarungen kaum noch etwas geändert. Wir können auch von taktiler Phantasie sprechen, was bedeutet, dass wir uns vorstellen, jemanden oder etwas zu berühren oder selbst berührt zu werden; weiterhin von olfaktorischer Phantasie, wobei wir uns Gerüche bzw. Düfte vorstellen, und schließlich von kinästhetischer Phantasie, der Vorstellung von Körperbewegungen. Ob diese verschiedenen Formen der Phantasie grundsätzlich voneinander verschieden sind oder ob es sich um unterschiedliche Aspekte ein und desselben mentalen Prozesses handelt, ist nicht geklärt. Doch in jedem Fall ist die angemessene Entwicklung einer lebendigen, selbstkontrollierten Phantasie bei Kindern ebenso wichtig wie die Entwicklung der Intelligenz und das Erreichen der emotionalen Reife. Um zu erreichen, dass uns die Phantasie nahezu auf Abruf als Werkzeug zur Verfügung steht, müssen wir ihr die Möglichkeit zu freiem Ausdruck geben, sie willkommen heißen und wertschätzen. Die Phantasie steht als inspirierende Kraft hinter den Leistungen der Künste und hinter vielen wissenschaftlichen Entdeckungen und ist darüber hinaus ein machtvolles Werkzeug der Selbstentwicklung, das wir in der Psychotherapie und der psychologischen Beratung in starkem Maße nutzen. Wenn wir beispielsweise mit Kindern und Jugendlichen arbeiten, die Angst vor dem Reden in der Öffentlichkeit, vor Prüfungen oder vor Zahnarztbesuchen haben oder die unter Phobien leiden, welche Wasser, die Schule oder bestimmte Tiere betreffen, oder die von unerwünschten Gewohnheiten loskommen wollen, dann helfen wir den Betreffenden, sich in einen entspannten Körperzustand zu versetzen, und fordern sie dann auf sich vorzustellen, dass sie mit dem, was sie als belastend empfinden, ruhig und problemlos umgehen. So geleiten wir einen Studenten mit extremer Prüfungsangst Schritt für Schritt durch die Folge der Ereignisse bis hin zur Prüfung und schließlich durch die Prüfung selbst. Der Student stellt sich jeden dieser Schritte, beginnend mit dem Aufwachen am Morgen des Prüfungstags, in einem entspannten und zuversichtlichen Geisteszustand vor. Bei Auftreten stärkerer Angstgefühle unterbrechen wir die Arbeit, helfen ihm, wieder in den Zustand der Entspannung und der Zuversicht zurückzukehren, und nehmen von dort aus den Faden des Geschehens wieder auf.

Jungen Rauchern helfen wir sich vorzustellen, wie sie eine Zigarette aus der Packung nehmen und sie zum Mund führen, während sie sich gleichzeitig mit Abscheu den Teer und Rauch und andere schädliche Substanzen vorstellen, die in Kürze in ihre Lunge gelangen werden. Dieses Gefühl des Ekels erhält der Raucher in seinem Geiste aufrecht, und er wird dann aufgefordert, sich vorzustellen, wie er die nicht angezündete Zigarette in einen Abfallbehälter wirft und im gleichen Augenblick Zufriedenheit empfindet. Diese Übung wird in mehreren Sitzungen wiederholt, bis der Betreffende in der Lage ist, sie mit einer realen Zigarette auszuführen, und sein Bedürfnis zu rauchen allmählich abnimmt.

Je klarer sich ein Kind die Gelassenheit ausmalen kann, die es angesichts einer gefürchteten Prüfung erlebt bzw. den Abscheu, den es bei der Vorstellung des Schadens empfindet, den die Zigarette im Körper anrichten kann, umso wirksamer sind diese Übungen. Menschen mit einer lebendigen Vorstellungsgabe benötigen nur wenige Sitzungen, bis die gewünschte Wirkung eingetreten ist.

Techniken wie diese haben sich in der psychotherapeutischen Arbeit mit Kindern und Erwachsenen bewährt und sie bilden auch die Grundlage ähnlicher Arbeit in der Hypnotherapie. Interessant ist, dass viele religiöse Traditionen der Welt seit langem Varianten dieser Übungen zur Förderung der spirituellen Entwicklung nutzen. Beispielsweise wird Anhängern solcher spiritueller Überzeugungen beigebracht sich vorzustellen, dass sie gute Taten ausführen, oder auf ein Bild von einer Gottheit zu meditieren und das göttliche Wesen dann in ihr Herz hineinzunehmen, wobei dessen Qualitäten in ihrer Imagination auf sie selbst übergehen.

In neuerer Zeit hat man den Wert der Imagination für die Behandlung körperlicher Krankheiten erkannt. Der Kranke visualisiert in solchen Fällen, dass er wieder in der Lage ist, einen verletzten oder anderweitig beeinträchtigten Körperteil zu benutzen, oder er visualisiert, wie sein Immunsystem Krebs oder eine Infektion abwehrt. Eine alte Spruchweisheit lautet: »Wie wir denken, so sind wir.« Wir sind in erstaunlichem Maße in der Lage, uns auf eine von uns selbst gewünschte Weise zu verändern, indem wir uns einfach das Stattfinden dieser Veränderung vorstellen. Die Kraft des Geistes zu heilen – oder auch uns für Krankheiten anfällig zu machen – wird mittlerweile von der Medizin allgemein anerkannt, und es ist bedauerlich, dass diese Macht in unserer materialistischen Welt – die uns lehrt, nur Dinge zu glauben, die wir mit unserem äußeren Sinnesapparat wahrgenommen haben – so lange ignoriert wurde.

Visualisation ist offenbar eine besonders wirksame Methode, die Vorstellungsgabe zu nutzen. Wir erleben selten, dass Kinder erklären, sie könnten nicht visualisieren (bei Erwachsenen kommt dies häufiger vor), und wenn ein Kind dies behauptet, beweisen wir ihm das Gegenteil, indem wir es fragen, ob es sich manchmal an seine Träume erinnert. Wenn es darauf mit Ja antwortet, machen wir es darauf aufmerksam, dass Träume intensive visuelle Erlebnisse sind. Gewöhnlich wirken sie so real, dass wir fest von der Realität des Traumgeschehens überzeugt sind und erst beim Aufwachen am Morgen merken, dass es sich um Träume handelt.

Bei Menschen, denen das Visualisieren schwerfällt, ist diese Fähigkeit gewöhnlich durch die frühe Erziehung unterdrückt worden, und daraufhin ist sie verkümmert. Die Beobachtung, dass alle körperlichen und geistigen Fähigkeiten verkümmern, wenn wir sie nicht nutzen, ist völlig richtig. So zutreffend es ist, dass wir Gefahr laufen, eine geistige oder körperliche Fähigkeit zu verlieren, wenn wir sie nicht nutzen, so richtig ist umgekehrt auch, dass wir sie uns durch Respekt, Wertschätzung und Übung erhalten können. Dies gilt für die Phantasie ebenso wie für die Beweglichkeit jedes Gelenks in unserem physischen Körper. Die Natur hat es so eingerichtet, dass wir gedeihen, wenn wir aktiv sind. Wenn wir eine ihrer Gaben nicht nutzen, fasst sie dies so auf, als bräuchten wir diese Fähigkeit nicht und lässt sie verkümmern.

Sehen Sie die Visualisation als ein wichtiges Werkzeug des Geistes an und die Meditation als wichtige Möglichkeit, dieses Werkzeug in seiner ganzen Bedeutung zu erkennen und zu entwickeln. Und sehen Sie sich selbst als Förderer der Visualisationsfähigkeit Ihrer Kinder, als Förderer von etwas, das für sie nicht nur in der aktuellen Situation von ungeheurem praktischem Wert ist, sondern ihr ganzes Leben lang. Je mehr Kinder in den Genuss des Visualisierens kommen und sich in dieser Form ausdrücken können, umso mehr entwickeln sie diese Fähigkeit und lernen sie zu schätzen. Außerdem erkennen sie dann besser, was die Phantasie mit der äußeren Realität verbindet, aber auch, was sie von Letzterer unterscheidet.

Bei der Ausführung aller in diesem Kapitel beschriebenen Übungen werden die Kinder zunächst aufgefordert, sich durch zwei- bis dreiminütige Konzentration auf die Atmung in den Zustand meditativen Gewahrseins zu versetzen. Danach kann mit der Imaginationsarbeit begonnen werden. Fordern Sie sie auf, die Bilder spontan vor ihrem inneren Auge auftauchen zu lassen. Allerdings sollten sie dort keine Bilder entstehen lassen, indem sie bewusst über das, was Sie sagen, nachdenken.

Meditation 11: Meditation zur Förderung der Visualisation

Die gesamte Übung einschließlich des abschließenden Gesprächs dauert wahrscheinlich etwa fünfzehn Minuten, doch hängt das völlig von Ihnen und der Gruppe, mit der Sie arbeiten, ab. Wichtig ist, dass Sie der Gruppe genügend Zeit lassen. Es ist nicht sinnvoll, Meditationssitzungen in ein paar Minuten zwischen anderen (vielleicht im Augenblick interessanteren) Aktivitäten zu quetschen.

Fordern Sie die Kinder auf, ihre Augen zu schließen, sich einige Augenblicke auf ihren Atem zu konzentrieren und anschließend bei geschlossenen Augen folgende Visualisation aufzubauen.

> Stellt euch das Gesicht von jemandem vor, den ihr sehr bewundert. Das kann ein Sportstar oder Popstar sein oder ein Freund oder jemand aus eurer Familie. Haltet das Bild des Betreffenden im Geiste fest. Denkt daran, dass es sich um ein Standbild handelt; lasst also nicht zu, dass es sich bewegt oder redet. Verliert euch nicht in Gedanken über diese Person. Schaut sie einfach ununterbrochen an. Wenn in eurem Kopf Gedanken auftauchen, dann lasst sie wieder davontreiben. Versucht nicht, sie mit Kraftaufwendung zu vertreiben. Lasst sie einfach kommen und gehen, so wie es ihnen gefällt. Haltet eure Aufmerksamkeit auf das Gesicht vor euch gerichtet.

Planen Sie für diese Übung möglichst fünf Minuten ein, falls das problemlos möglich ist. Sobald Anzeichen von Unruhe auftreten (häufig ist es Kichern), sagen Sie einfach: »Haltet die Aufmerksamkeit klar fokussiert.« Beenden Sie die Arbeit, wenn die Unruhe zu stark wird. Lassen Sie aber keine Verärgerung oder Enttäuschung erkennen, wenn sich die Ausführung der Übung schwierig gestaltet. Denken Sie daran, dass Sie der Gruppe die Meditation *anbieten*, sie ihr also nicht aufzwingen wollen. Wenn Jugendliche den Eindruck gewinnen, sie sollten Ihnen zum Gefallen meditieren oder ihre Unruhe sei Ihnen unangenehm gewesen, wird es wesentlich schwieriger, ihnen zur Entwicklung der richtigen Einstellung zur Meditation zu verhelfen.

Beenden Sie die Meditation wie folgt:

Lasst das Bild nun verblassen, so dass ihr wieder auf eure geschlossenen Augenlider schaut. Und dann öffnet sanft die Augen und kehrt mit eurer Aufmerksamkeit wieder in diesen Raum zurück.

Halten Sie das Gespräch nach Abschluss der Meditation relativ kurz. Besonders zu Beginn der Meditationsarbeit kann ein längeres Gespräch über das Geschehene Kindern einen falschen Eindruck vermitteln. Ihnen sollte vor allem klargemacht werden, dass das Meditieren keine große Sache ist, sondern einfach eine Form der Selbsthilfe.

Fragen Sie zu Beginn des Gesprächs einzelne Gruppenmitglieder, ob es ihnen gelungen ist, ihre Aufmerksamkeit fokussiert zu halten. Lassen Sie sich aber nicht in Berichte darüber verwickeln, auf wen oder was sie fokussiert haben. Sprechen Sie mit der Gruppe über den Prozess, nicht über die Details. Wenn niemand von sich aus etwas sagt, können Sie der Gruppe dazu gratulieren, dass sie während der Meditation so ruhig war, und ihr ankündigen, dass Sie schon bald erneut eine ähnliche Sitzung mit ihr durchführen werden. Wenden Sie sich anschließend einem anderen Thema zu. Falls mehrere Anwesende etwas sagen wollen, sollten Sie sich deren Berichte anhören, ohne einige zu loben und andere zu vernachlässigen, und schließen Sie das Gespräch ab, indem Sie darauf hinweisen, dass die Gruppe beim nächsten Mal die Möglichkeit haben wird, das Gespräch über diese Übung fortzusetzen.

Zwei der Punkte, die in diesem Stadium gewöhnlich angesprochen werden, sind das missglückte Visualisieren und das Entgleiten des Bildes. Zu Beginn dieser Art von Arbeit haben manche Kinder das Gefühl, sie seien nicht in der Lage, das gewünschte Bild zu visualisieren. Ist dies in Ihrer Gruppe der

Fall, dann versichern Sie ihnen, dass wir alle visualisieren können. Wir tun es jede Nacht im Traum, sogar so erfolgreich, dass wir im Schlaf nicht unterscheiden können, was Traum und was reales Leben ist. Zu einem selbstgewählten Zeitpunkt zu visualisieren erfordert nur ein wenig Übung. Eine nützliche Strategie besteht darin, ein Objekt zunächst starr mit offenen Augen anzuschauen und die Augen dann plötzlich zu schließen, als ob sie Kameraverschlüsse wären. Das Bild bleibt dann so lange im Geiste bestehen, dass der Meditierende darauf fokussieren kann.

Das Entgleiten eines vorgestellten Bildes ist eine andere häufig vorkommende Anfängerschwierigkeit, die sich ebenfalls durch längere Übung überwinden lässt. Raten Sie denjenigen, die dieses Problem haben, das Bild nach jedem Entgleiten behutsam neu aufzubauen. Raten Sie ihnen, sich nicht zu energisch um seine Aufrechterhaltung zu bemühen. Zu intensive Anstrengung ist zu Beginn der Meditationspraxis immer kontraproduktiv. Allerdings sollten sie darauf achten, wann das Bild wieder zu verschwinden beginnt, und es dann jedesmal vorsichtig wieder aufbauen. Es wird sicher nicht lange dauern, bis ihr Geist die Botschaft verstanden hat und das Bild stabiler wird.

Anschlussübung

Wenn Sie wollen, können Sie diese Technik in mehreren Sitzungen verwenden, insbesondere wenn die Gruppe Schwierigkeiten zu haben scheint, sich zu konzentrieren und die Konzentration aufrechtzuerhalten. Eine Variante besteht darin, die Kinder aufzufordern, das Gesicht erneut zu visualisieren, die Aufmerksamkeit dann aber auf die Augen zu beschränken, anschließend auf den Mund, das Haar, die

Ohren und schließlich auf das ihrer Meinung nach markanteste Merkmal.

Als Nächstes können Sie die Kinder auffordern, den ganzen Körper der Person zu visualisieren und sie sich beim Gehen vorzustellen – wie sieht sie dabei aus? Wirkt sie ruhig? Oder in Eile? Oder anmutig? Erinnern Sie die Kinder daran, dass sie das Bild spontan auftauchen lassen sollen, statt bewusst darüber nachzudenken, und fragen Sie sie, welche Farbe, welche geometrische Form und welche abstrakte Form für die betreffende Person besonders charakteristisch ist. Selbst Kinder, die mit derartigen Übungen zunächst Schwierigkeiten haben, erzielen gewöhnlich schnell Fortschritte. Die Fähigkeit ist bei allen vorhanden. Die Kinder müssen nur erkennen, weshalb Imaginationsarbeit wichtig ist, und sie müssen die Möglichkeit erhalten, sich ausreichend darin zu üben.

Meditation 12: Auditive und taktile Imagination

Phantasie ist nicht nur ein visuelles Phänomen. Die Kinder können sich auch Geräusche und Klänge (auditive Imagination) und Berührungsempfindungen (taktile Imagination) vorstellen. Fordern Sie sie auf, sich während der Meditation bestimmte Geräusche oder Klänge vorzustellen. Probieren Sie nicht zu viele Geräusche/Klänge in einer Sitzung aus; zwei oder drei reichen. Und lassen Sie für jedes dieser Klangphänomene genügend Zeit. Natürlich können Sie unsere Vorschläge durch eigene Ideen ergänzen, doch sind die folgenden Geräusche in jedem Fall geeignet:

ein laufender Wasserhahn; ein Wasserkessel mit kochendem Wasser; Vogelgesang; ein offenes Feuer; die Stimme eines Freundes; ein Musikinstrument, das ein bekanntes Stück spielt; Regentropfen; eine jubelnde Menge; zerbrechendes Glas.

Eine ähnliche Übung kann für taktile und olfaktorische Empfindungen durchgeführt werden. Die Kinder werden dann aufgefordert, sich zwei oder drei der folgenden Empfindungsqualitäten vorzustellen:

Das Streichen des Windes über ihre Gesichter beim Fahrradfahren; das warme Wasser einer Dusche; das kühle Wasser eines Swimmingpools; ein bequemes Bett; Sonnenschein; Schneeflocken; das Prickeln in einem »eingeschlafenen« Körperglied; das Fell einer Katze oder eines Hundes oder eines anderen Haustiers; der Schmerz einer Verletzung am Knie; die durchnässte Kleidung nach einem Regenguss; Sand, der durch die Finger rinnt; der Geschmack eines Leibgerichts von Eiscreme; der Duft von Blumen oder heißem Toast; der Geruch in einem *Fish-and-Chips*-Restaurant, in einer Straße voller Abgase in der Stadt, von heißem Kaffee, von Bratwurst, neuen Schuhen, den Seiten eines Buches, Cola, Seife, Parfüm, frischem Brot.

Wenn die Kinder mit diesen Übungen gut zurechtkommen, können Sie mit ihnen folgende Visualisation ausprobieren.

Meditation 13: Abstrakte Visualisation

Bei dieser Übung ersetzen abstrakte Bilder die Gesichter und Alltagsobjekte. Der Grund dafür ist, dass abstrakte Formen weniger Assoziationen hervorrufen. Deshalb induzieren sie einen ruhigeren mentalen Zustand und ermöglichen es dem Geist, tiefer in den meditativen Zustand einzutreten. Abstrakte Formen können auch eine archetypische Qualität haben, als würden sie die Grundbausteine repräsentieren, aus denen sich die komplexe Welt der Form in Wahrheit zusammensetzt. Geometrische Formen wie ein Kreis verkörpern diese Qualität am besten. Geleiten Sie die Kinder in den Zustand meditativen Gewahrseins, und gehen Sie dann wie folgt vor.

In der vorigen Sitzung habt ihr euch auf jemanden, den ihr bewundert, konzentriert. Diesmal sollt ihr ein anderes Vorstellungsbild benutzen. Schließt die Augen, und richtet eure Aufmerksamkeit wieder auf eure geschlossenen Augenlider. Lasst nun das Bild eines Kreises entstehen, eines weißen Kreises vor einem roten Hintergrund. Haltet dieses Bild ruhig vor Augen. Wenn es verschwindet, dann baut es langsam wieder auf. Achtet darauf, wie groß oder klein der Kreis ist und ob er mit einer dünnen oder mit einer dicken weißen Linie gezeichnet ist. Behaltet ihn im Mittelpunkt eures Gewahrseins. Denkt nicht über den Kreis nach, sondern beobachtet ihn nur. Wenn irgendwelche Gedanken in eurem Geist auftauchen, dann lasst sie von selbst wieder verschwinden. Verwendet keine besondere Mühe darauf, sie zu vertreiben, sondern lasst sie einfach vorüberziehen.

Nach dieser Anleitung lassen Sie der Gruppe Zeit, sich schweigend zu konzentrieren. Wenn Unruhe entsteht, beenden Sie die Sitzung. Andernfalls können Sie der Gruppe fünf Minuten Zeit geben. Beenden Sie die Sitzung mit den Worten, die Sie schon zur Beendigung von Meditation 11 kennengelernt haben.

Besprechen Sie mit der Gruppe anschließend, was geschehen ist. Konnten alle den Kreis klar sehen? Wie sah er aus? Hatten sie Schwierigkeiten, sich länger darauf zu konzentrieren? Und wenn ja, was geschah dann? Sind viele Gedanken aufgetaucht? Wenn ja, welche Art von Gedanken war es? Worum ging es dabei? Waren es glückliche oder traurige Gedanken? Warum sind sie nicht von selbst wieder verschwunden?

Manchmal haben Kinder Schwierigkeiten damit, den Kreis abstrakt zu belassen. Karen, eine zehnjährige Teilnehmerin, gestand, sie habe den Kreis immer wieder in einen Ball verwandelt und diesen dann genommen und einem ihrer Freunde zugeworfen. Einer ihrer Klassenkameraden, Ian, hatte den Kreis in ein Bild von einem Eisenbahntunnel verwandelt, das er aus einem Buch kannte, welches er gerade gelesen hatte. Tracey klagte, der Kreis habe sich bei ihr immer wieder in das Gesicht einer Puppe verwandelt, und Mark hatte den Kreis als Steuerrad des Autos seiner Mutter gesehen. Solche Assoziationen sind völlig normal. Die Kinder hatten einfach die Vorstellung verinnerlicht, dass Dinge etwas *bedeuten* müssen. Ihre Erlebnisse wurden als Anzeichen dafür begrüßt, dass sie im meditativen Zustand verblieben waren, doch wurde ihnen geraten, mit ihrer Vorstellung immer wieder zu dem abstrakten Kreis zurückzukehren.

Wie bereits erwähnt, sind Jugendliche auf der Suche nach Identität und generell stark an Gesprächen über die Geheimnisse ihres Geistes interessiert. Weisen Sie in Gesprächen mit ihnen hin und wieder darauf hin, dass die Meditation ihnen hilft, tiefer in sich hineinzuschauen und herauszufinden, was sich dort befindet. Bringen Sie ihnen auch nahe, wie wertvoll es ist, die eigenen Gedanken zu untersuchen. Wenn Gedanken sich aufdrängen oder sich als beunruhigend erweisen, warum ist das dann so? Was sagt dies über die Funktionsweise ihres Geistes aus sowie über ihre Interessen, Sorgen und Hoffnungen, über ihre Erwartungen und Sehnsüchte?

Wenn Kinder und insbesondere Jugendliche nicht genügend Vertrauen zu den übrigen Mitgliedern einer Gruppe haben, fällt es ihnen manchmal sehr schwer, vor den anderen zu sprechen, insbesondere wenn es um ihre persönlichen Gedanken geht. Man muss ihnen dann die Befangenheit nehmen, indem man sie darauf hinweist, wie wichtig es ist, einander zu vertrauen, und dass niemand das Gefühl haben sollte, er müsse Gedanken offenbaren, die er lieber für sich behalten will.

Setzen Sie Gespräche nur so lange fort, wie es der Gruppe angenehm ist. Wenn Sie den Eindruck gewinnen, dass alles Wichtige gesagt ist, dann beenden Sie das Gespräch, und versprechen Sie, dass es in einer der nächsten Meditationssitzungen fortgesetzt werden kann.

Meditation 14: Beeinflussen visueller Bilder

Da es in diesen ersten Sitzungen darum geht, die Konzentrationsfähigkeit zu verbessern, können Sie eine ganze Reihe von Formen zusammenstellen, mit denen die Gruppe arbeiten kann. Außerdem entwickeln die Kinder auch ihre Visualisationsfähigkeit, was sich später, bei schwierigeren Meditationsarten, als wichtig erweisen wird. Man kann diese Fähigkeit auf verschiedene Arten entwickeln, wobei sich das im Folgenden beschriebene Verfahren als besonders nützlich erwiesen hat. Nachdem Sie die Kinder wie üblich in einen entspannten Zustand geleitet und sie aufgefordert haben, die Augen zu schließen, fahren Sie wie folgt fort:

Seht hinter euren geschlossenen Augenlidern wieder den Kreis, den ihr schon in unserer letzten Sitzung gesehen habt. Lasst zu, dass sich das Bild klar erkennbar aufbaut... Und nun lasst den Kreis so groß wie möglich werden... und jetzt so klein wie möglich... und jetzt lasst ihn wieder zu seiner ursprünglichen Größe zurückkehren. Nun setzt den Kreis in ein Quadrat. Lasst das Bild stabil werden. Und nun entfernt das Quadrat, und setzt es in den Kreis. Nun behaltet dieses Bild klar im Geiste. Wenn Gedanken auftauchen, dann lasst sie wieder genauso leicht aus eurem Geist verschwinden, wie sie hineingekommen sind.

Anschlussübung

Während dieser und nachfolgenden Sitzungen können Sie auch andere geometrische Formen in die Visualisation einbeziehen, beispielsweise ein Dreieck und einen Stern. Weiterhin können Sie die Hintergrundfarbe von Rot zu Grün zu Blau zu Gelb wechseln und sie schließlich wieder zum Rot zurückkehren lassen. Oder Sie lassen die geometrischen Formen farbig werden und setzen sie auf einen weißen oder anderen kontrastierenden Hintergrund. Führen Sie aber keine dieser Veränderungen zu schnell ein. Warten Sie ab, bis sich die Bilder im Geiste der Kinder stabilisiert haben, bevor Sie sie auffordern diese in andere Bilder zu verwandeln.

10

Einen Ort des Friedens finden

Viele Kinder und Jugendliche sind nicht völlig mit ihren Gefühlen in Kontakt. .Manchmal liegt das daran, dass ihnen die Worte fehlen, um die Dinge für sich selbst klar zu benennen. Doch häufiger befinden sie sich in einem Zustand der Verwirrung, weil sie glauben, dass sie etwas fühlen »sollen«. Wenn Sie achtjährige Kinder fragen, ob sie Sorgen haben, wird wahrscheinlich niemand etwas sagen. Erklären Sie ihnen aber, dass die meisten Kinder in ihrem Alter Sorgen haben und dass Sie gern etwas über diese Sorgen hören möchten, dann wird fast jedes Kind in der Gruppe über seine persönlichen Sorgen berichten wollen. Das meiste von dem, was dann berichtet wird, ist authentisch, also nicht etwa nur erfunden, um sich beim Lehrer beliebt zu machen.

Die Ängste von Kindern

Kinder machen sich Sorgen darüber, was ihre Eltern und Lehrer über sie denken; sie sorgen sich wegen ihrer Freunde oder weil sie wenige Freunde haben; sie sorgen sich um die Dinge, die sie besitzen, um ihre Sicherheit und die Sicherheit der Menschen, die sie lieben; sie sorgen sich, weil sie von anderen Kindern tyrannisiert werden; sie sorgen sich wegen ihrer Haustiere; sie machen sich Gedanken über den Tod, ihren Ursprung, über Gott und sogar über ihren Gesundheitszustand.

Man kann durchaus mit Recht sagen, dass sich Kinder ebenso viele (wenn nicht sogar mehr) Sorgen machen wie die meisten Erwachsenen. Da die Grundlagen unserer reifen Persönlichkeit großenteils in unserer Kindheit entstehen, kann die Art, wie Kinder mit ihren Sorgen umgehen, starken Einfluss darauf haben, wie sie in ihrem ganzen weiteren Leben mit Schwierigkeiten fertig zu werden versuchen. Wenn man Kindern hilft, ihre Ängste nüchtern zu betrachten und eine Gelassenheit zu entwickeln, die verhindert, dass ihre Ängste übermächtig werden, dann ist das für sie nicht nur in ihrer aktuellen Situation von Vorteil, sondern in ihrem gesamten weiteren Leben.

Meditation hilft Kindern, auf physischer und mentaler Ebene mit Ängsten fertig zu werden. Körper und Geist sind eng miteinander verbunden. Ist der Körper entspannt, hilft dies dem Geist, sich ebenfalls zu entspannen. Ist der Körper angespannt, ist es auch der Geist, und ein Teufelskreis entsteht. Ein angespannter Körper signalisiert die Anspannung dem Geist; der Geist gerät in Spannung, wodurch die Anspannung des Körpers verstärkt wird, was wiederum den Geist in einen noch stärkeren Alarmzustand versetzt. So setzt sich die Spirale fort, sofern wir den Teufelskreis nicht unterbrechen, indem wir den Körper durch Meditation entspannen.

Gleichzeitig trägt Meditation zur Linderung von Angst bei, indem sie dem Geist einen Punkt vorgibt, auf den er fokussieren kann. Die Konzentration auf diesen Fokuspunkt verringert die ablenkende Wirkung ängstlicher Gedanken. Diese sind dann zwar möglicherweise immer noch da, aber der Geist schenkt ihnen keine Aufmerksamkeit und verheddert sich nicht in der Assoziationskette, die ihn von einer

Angst zur nächsten führt. Und indem der Geist sich entspannt, bringt er auch den Körper dazu, sich zu entspannen.

Dies kann man Kindern im Rahmen eines allgemeinen Gesprächs über Angst vermitteln. Fragen Sie die Kinder, wie es ist, wenn man Angst hat. Fordern Sie sie auf, über körperliche Empfindungen zu berichten, die in Zusammenhang mit Angst bei ihnen auftreten – Schmerzen in der Magengrube, Übelkeitsgefühle, Angespanntheit im Schulter- und Halsbereich, Kopfschmerzen. Wenn es sich um sehr kleine Kinder handelt, ist es oft nützlich, sie zunächst aufzufordern, sich eine Situation vorzustellen, in der sie Angst empfinden, und dann über die damit verbundenen körperlichen Empfindungen zu berichten.

Sobald den Kindern klar ist, dass Angst Körperreaktionen hervorruft, können Sie sie fragen, wie sich solche Empfindungen auflösen lassen. Erklären Sie ihnen, dass auch der Geist in sich zur Ruhe kommt, wenn der Körper diese Empfindungen in der Meditation »loslassen« kann, indem er angespannte Muskeln entspannt und die körperlichen Anspannungen abbaut. Außerdem gibt die Meditation als eine Übung der Stille und der Beruhigung des Denkens den Kindern sozusagen die Erlaubnis, sich nicht mit ihren Ängsten aufzuhalten. Nur zu oft verstehen Kinder Angst als eine verdiente Strafe für ihre Missetaten und menschlichen Schwächen. Im Geiste vieler Kinder ist Angst untrennbar mit Schuldgefühlen assoziiert. Sie sind »böse« Jungen oder Mädchen und müssen deshalb leiden, indem sie sich wegen irgendwelcher Handlungen schuldig fühlen. Meditation trägt dazu bei, dieser Sichtweise Einhalt zu gebieten.

Nun dient das Lehren meditativer Techniken nicht der Entschuldigung unerwünschter Verhaltensweisen von Kindern. Es ermöglicht ihnen aber, die Dinge ins rechte Licht zu rücken, sich selbst rationaler und weniger gefühlsbetont zu beurteilen, sich besser zu verstehen und sich in stärkerem Maße zu akzeptieren.

Weisen Sie die Kinder darauf hin, dass alle bisher erprobten Meditationsübungen zur Verringerung von Ängsten beitragen können, insbesondere diejenigen aus Kapitel 5 sowie diejenigen, bei denen es um die Konzentration auf die Atmung sowie um Körpergewahrsein geht. Diese Techniken werden in den im Folgenden beschriebenen Übungen kombiniert.

Meditation 15: Lösen von Ängsten

Erinnern Sie die Kinder daran, dass sie, wenn sie sich auf ihre Atmung konzentrieren, darauf achten sollten, dass der Atem möglichst tief, ruhig und regelmäßig ist und dass sie ihre Aufmerksamkeit auf ihn konzentrieren statt auf die Gedanken, die ihnen durch den Kopf gehen. Fordern Sie die Kinder anschließend auf, mit ihrem Gewahrsein langsam ihren Körper durchzugehen, so wie in Übung 9.

Wenn ihr merkt, dass irgendein Muskel oder eine Muskelgruppe angespannt ist, dann lasst zu, dass diese Spannung sich auflöst. Prüft vor allem die Muskeln eures Rückens, des Bauches, der Schultern, des Halses und des Gesichts. Achtet darauf, wie das Loslassen der Anspannung in eurem Körper euch hilft, Anspannung in eurem Geist loszulassen. Richtet eure Aufmerksamkeit jetzt auf euer Atmen, und bleibt mit ihr dort. Wenn in eurem Geist Sorgen oder Ängste auftauchen, dann lasst sie ebenso los wie vorher die Anspannung in euren Muskeln.

Eine weitere ausgezeichnete Möglichkeit, den Geist zu entspannen, wenn er mit bestimmten Ängsten konfrontiert wird, ist die in Kapitel 8 von Fiona genutzte Methode, nämlich einen Ort des Friedens zu visualisieren, sich an diesen zu versetzen und seine Ruhe zu genießen. Die meisten Kinder wählen hierfür einen Ort am Meer, andere eine Situation auf dem Lande oder in einem Park, und manche einen ruhigen Raum in einem Haus, in dem sie völlig allein sind. Es gibt allerdings auch Kinder, die sich lieber eine Kirmes oder einen Vergnügungspark vorstellen. Entscheidend ist, dass das Kind sich den Ort selbst ausgesucht hat und dass es sich dort glücklich fühlt.

Selbstbefähigung

Eine weitere positive Auswirkung der Meditation ist, wie wir schon in Kapitel 5, aber auch an anderen Stellen in diesem Buch erwähnt haben, die Fähigkeit, sich mit seinen Gefühlen auseinanderzusetzen, statt sich ihnen auszuliefern. Dies ist ein wichtiger Aspekt von Selbstbefähigung. Von Kindheit an brauchen wir das Gefühl, über unser Leben selbst bestimmen zu können, statt uns Schuldgefühlen, Selbstanklagen, einem schwachen Selbstwertgefühl und anderen dunklen Energien ausgeliefert zu fühlen, die sich unserem Glück in den Weg stellen. Angst ist wie so vieles eine Gewohnheit, die wir nur zu oft schon früh im Leben entwickeln und die entsteht, weil wir glauben, dass wir es nicht verdienen, glücklich zu sein. Das führt dazu, dass unser Geist, sobald ein Anflug von Glück in unserem Leben auftaucht, alles daran setzt, Gründe dafür zu finden, dass wir eigentlich nicht glücklich sein dürften. Und prompt taucht etwas auf, worüber wir uns Sorgen machen »müssten«.

Angst erfüllt auch in der Kindheit eine legitime Funktion, denn sie warnt Kinder vor Gefahren, erinnert sie an Dinge, die ihre Aufmerksamkeit erfordern, bringt sie dazu, über die Konsequenzen ihres Verhaltens nachzudenken, und versetzt ihnen einen Klaps, wenn sie den legitimen Erwartungen anderer an sie nicht genügen. Doch sollte die Angst nur als nützlicher Diener und keinesfalls als fordernder Gebieter akzeptiert werden.

Wenn es um die Rolle der Meditation bei der Selbstbefähigung geht, ist es nützlich, Kinder zu fragen, was mit ihren Gedanken geschieht, wenn sie Angst haben. Geleiten Sie sie zu der Erkenntnis, dass Gedanken in solchen Situationen oft ein Eigenleben entwickeln, wobei ein Gedanke zum nächsten führt, bis der Geist sich auf einer Art Achterbahnfahrt nutzloser Vorstellungen befindet.

Kinder erkennen oft schnell, dass der Geist das »Was ist, wenn?«-Spiel spielt. (»Was ist, wenn dies passiert, und was ist, wenn dies zu jenem führt und jenes zu etwas anderem?«) Dem »Was ist, wenn?«-Spiel folgt gewöhnlich das »Wie würde/könnte«-Spiel. (»Wie würden sich meine Eltern/Lehrer/Freunde fühlen, wenn diese Dinge geschähen? Wie würde ich mich dann fühlen? Wie könnte ich mich aus der Situation, in die ich mich dann gebracht hätte, wieder befreien? Wie könnte ich wieder das Wohlwollen meiner Eltern/Lehrer/Freunde erlangen? Wie könnte ich sicherstellen, dass so schreckliche Dinge nie mehr geschehen würden? Wie könnte ich es schaffen, mich danach wieder glücklich zu fühlen?« Und so weiter.)

Der große amerikanische Schriftsteller Mark Twain hat

einmal gesagt, sein Leben sei voller Tragödien gewesen, von denen die meisten nie geschehen seien. Die in anderen Zusammenhängen so wertvolle Kreativität, die unser Geist entwickelt, ist, wenn er erst einmal mit seiner Achterbahnfahrt begonnen hat, eine wahre Meisterin im An-den-Haaren-Herbeizerren der unglaublichsten Dinge, über die man sich sorgen »sollte«. Unser Geist besitzt das Talent, die unwahrscheinlichsten Dinge als plausibel, wenn nicht gar unvermeidlich darzustellen. Manche Kinder sind davon überzeugt, dass praktisch jedes auf der ganzen Welt nur erdenkliche tragische Ereignis sie im nächsten Augenblick treffen wird.

Kinder können ihren Geist davon abhalten, sich auf diese Achterbahnfahrt zu begeben, indem sie sich auf das konzentrieren, was sie denken wollen. Wenn ihre Ängste unbegründet sind, müssen sie verhindern, dass sie sich in sie verstricken. Sind ihre Ängste hingegen begründet, müssen sie herauszufinden versuchen, ob sie sich auflösen lassen. Meditation beruhigt nicht nur den Geist, sondern öffnet ihn auch dem kreativen Denken, das solche Lösungen ermöglicht. Erklären Sie den Kindern, dass Meditation dem Fahrradfahren ähnelt. Beim Fahrradfahren müssen sie dafür sorgen, dass das Vorderrad stets nach vorn gerichtet ist. Wenn sie es zur Seite abdrehen lassen, kommt das Fahrrad von der Straße ab, was unvermeidlich zu einem Unfall führt. Die meisten Kinder verstehen solche Vergleiche.

Eine weitere nützliche Übung besteht darin, die Kinder aufzufordern, sich auf ihre Atmung zu konzentrieren, während Sie in unregelmäßigen Abständen in die Hände klatschen. Die Schläge stehen für Angstgedanken, und die meisten Kinder werden merken, dass sie durch das Klatschen weniger stark erschreckt oder abgelenkt werden, wenn ihr Geist ruhig und zentriert ist.

Kinder lernen zu verstehen, wie ihr Geist funktioniert. Ein großer Teil davon ist für sie noch ein Geheimnis. Sie sind sich seines Potenzials noch nicht bewusst. Deshalb kann es befreiend auf sie wirken, wenn sie hören, dass ihr Geist sich selbst zu steuern und zu formen vermag, statt auf Gnade und Ungnade zufällig auftauchenden Emotionen und Gefühlen ausgeliefert zu sein. Dadurch können sie die Grenzen des für sie Unbekannten weiter in die Ferne schieben, und bei vielen Kindern entsteht auf diese Weise ein dauerhaftes Interesse an der Funktionsweise und den Möglichkeiten ihrer inneren Welt.

11

Die Förderung von Moral und spirituellem Wachstum

Der Niedergang der Werte

Wir leben in einer Zeit schneller sozialer Veränderung, in der die Grenzen zwischen Richtig und Falsch zunehmend verschwimmen. Ebenso gravierend ist, dass der Verfall der religiösen Überzeugung und Praxis die Menschen nicht nur in Bezug auf ihre Wesensnatur verunsichert hat, sondern auch hinsichtlich der Bedeutung traditioneller Werte wie Mitgefühl, Liebe, Großzügigkeit und des Glaubens an ein göttliches Wesen und an die ewige Seele, die den Tod des physischen Körpers überlebt. Die Folge von alldem ist, dass Kindern häufig nur unzureichend geholfen wird, eine adäquate Lebensweise und eine entsprechende Einstellung zu ihrem Sein zu entwickeln.

Meditation ist das Herz aller großen spirituellen Traditionen. Hinduismus, Buddhismus, Islam, Judentum, Sikhismus und Jainismus haben stets die Bedeutung des Meditierens von früher Kindheit an hervorgehoben, und obwohl im Christentum Gebet und Ritual eine wichtigere Rolle spielen, messen einige christliche Konfessionen der Meditation durchaus große Bedeutung bei, und zurzeit wird diese Tendenz auch in anderen christlichen Kirchen stärker. Es gibt viele Gründe für diese Verbindung zwischen Meditation und Spiritualität.

Beruhigung des Geistes führt zu Frieden

Die Beruhigung des Geistes, zu der es durch die Meditation kommt, hilft dem Meditierenden, auf die subtilen Botschaften zu achten, die tieferen Gewahrseinsebenen entspringen. Diese haben fast immer etwas mit Gefühlen der Wärme, der Liebe und des Akzeptierens der eigenen Person und anderer zu tun. Menschen, die regelmäßig meditieren, sind fast immer sehr friedlich.

Ihrem tiefsten Wesen gemäß sind sowohl Kinder als auch Erwachsene stets mitfühlend, gutwillig und liebevoll. Hauptsächlich durch die Lebensumstände entstehen Wut, Angst und letztlich auch Gewalt. Meditation bringt den Geist stärker mit dieser tieferen Wesensnatur in Kontakt und hilft sowohl Kindern als auch Erwachsenen, diese freier in der Welt zum Ausdruck zu bringen.

Meditation weist dem Materiellen den ihm gebührenden Platz zu

Ein großer Teil der Unruhe und des Gezänks, die das Leben von Kindern ebenso wie das von Erwachsenen kennzeichnen, hängt mit materiellem Besitz zusammen. Kinder leben in einer materialistischen Welt und möchten Dinge besitzen, die auch andere Kinder besitzen. Dass wahres Glück nicht auf Materiellem beruht, sondern von innen kommt, ist sehr schwer zu vermitteln, und viele Menschen lernen diese Lektion nur durch eigene bittere Erfahrung.

Meditation hilft Kindern, allein still zu sitzen und innere Ressourcen und positive Gefühle zu entdecken, die wesentlich mehr wert sind als die flüchtigen Freuden, zu denen materielle Objekte verhelfen können. Durch das Meditieren werden viele Kinder ihrer selbst bewusster und genügsamer.

Oft erheben sie weniger Ansprüche und erfreuen sich einer realistischeren und ausgewogeneren Präsenz in der Welt, die einen wichtigen Aspekt von Spiritualität darstellt.

Meditation kann sich auf spirituelle Themen beziehen

Meditation kann sich auf Aspekte beziehen, die viele als spezifisch spirituell ansehen, so wie Meditation 16 (S. 170) es demonstriert. Nach kurzer Konzentration auf die Atmung leitet man die Kinder dazu an, auf Empfindungen der Sanftmut und des Friedens zu fokussieren, auf Mitgefühl und Liebe zu anderen und auf das Erleben ihres eigenen Wertes als menschliche Wesen.

Das macht sie nicht zu weltfremden Träumern, die nicht mit den Härten des Lebens fertig werden, sondern sie sind dann im Gegenteil oft sogar besser in der Lage, mit solchen Dingen zurechtzukommen, weil sie über die Schmerzen und Enttäuschungen des Augenblicks hinauszuschauen vermögen. Sie sehen dann ihre eigenen Bedürfnisse und die Bedürfnisse anderer objektiver und verständiger und sind in ihren Entscheidungen ruhiger, besonnener und weniger ichbezogen.

Manchmal gelingt es Kindern sogar, wenn ihre Meditation tiefere Schichten ihres Seins erreicht, einen Blick auf jene mystischen Zustände zu werfen, die Menschen mit dem in Kontakt bringen, was unter anderem als kosmisches Bewusstsein, als Gott oder als das Göttliche bezeichnet wird, mit dem, was der Grund unseres Seins, der Ursprung unseres Lebens ist.

In solchen Augenblicken erleben sie ein Gefühl der Einheit mit der gesamten Existenz. Die Grenzen zwischen ihnen und dem Rest der Schöpfung werden durchlässiger. Sie verstehen, dass sie die Gabe des Lebens ebenso mit ihresgleichen wie mit den Tieren, den Pflanzen und mit allen Wundern der Schöpfung teilen. Solche Erlebnisse vergrößern die Toleranz und Offenheit eines Kindes und tragen zur Entwicklung eines Mitgefühls bei, das nicht erzwungen ist, sondern aus der wahrhaften Einsicht in die Verbundenheit und den Zusammenhang aller Dinge entsteht.

Geben und Empfangen von Zuneigung

Kinder werden mit einer wunderbaren Fähigkeit zum Geben und Empfangen von Zuneigung und zur Anteilnahme am Leiden anderer geboren. Diese Fähigkeit entspringt nicht nur der instinktiven Neigung, sich an die zu klammern, die ihnen Nahrung geben und für sie sorgen. Beobachten Sie einmal, wie kleine Kinder in Tränen ausbrechen, wenn sie ein anderes kleines Kind leiden sehen. Achten Sie darauf, wie bereitwillig sie in das Lachen anderer einstimmen, selbst wenn sie den Grund für dieses Lachen nicht verstehen. Beobachten Sie, wie liebevoll sie sich um ihre Haustiere und um andere Tiere oder um die imaginären Verletzungen ihrer Puppen und anderer Spielsachen kümmern. Kindern ist die Fähigkeit zu empathischem Verhalten angeboren; sie sind emotional mit anderen Menschen im Kontakt und nehmen Anteil an deren Gefühlen.

Wenn die Kinder älter werden, wird die spontane Zuneigung, mit der sie die Welt begrüßen, allmählich von der Erfahrung überlagert. Sie stellen dann fest, dass andere Menschen sich ihnen gegenüber nicht immer liebevoll verhalten, dass andere ihre natürliche Großzügigkeit und ihre Bereitschaft zu teilen ausnutzen, dass sie ihre Großzügigkeit nicht immer gebührend erwidern, dass das Leben viel zu vieler Menschen von Gegeneinander statt Miteinander geprägt ist. Tatsächlich ist die Welt manchmal ein harter und unerbittlicher Ort, darauf angelegt, Unschuld und Gutmütigkeit auszunutzen. Doch das ist für Kinder kein Grund, ihre eigenen positiven Gefühle zu unterdrücken oder die Welt außerhalb ihres unmittelbaren Familien- und Freundeskreises mit Misstrauen zu betrachten oder Menschen, von denen sie benutzt werden, dies mit gleicher Münze heimzuzahlen.

Die folgende Meditation soll – in einem realistischen und verantwortbaren Rahmen – Kindern helfen, ihre Fähigkeit zu selbstloser Liebe gegenüber Fremden und jenen zu bewahren, die sich nicht gerade gut behandeln.

Meditation 16: Liebe und Mitgefühl

Helfen Sie den Kindern zunächst, sich wieder in die friedliche Stimmung zu versetzen, die sie am Ende von Meditation 15 erreicht hatten: Das bedeutet nicht, dass Sie die Kinder dazu *auffordern* sollen. Meditative Erlebnisse stellen sich selten »auf Kommando« ein. Gehen Sie vielmehr die Meditation 15 noch einmal Schritt für Schritt durch (jedoch etwas schneller als vorher), ohne die Kinder daran zu erinnern, wie sie sich beim ersten Mal gefühlt haben.

Während ihr nun spürt, dass ihr einfach die seid, die ihr seid, fühlt, wie ihr euch selbst liebt und akzeptiert. Ihr seid, wer ihr seid, und ihr seid glücklich, ihr selbst zu sein.

Werdet euch dessen bewusst, dass ihr diesen Geist der Liebe mit den Menschen teilt, die euch in der Welt am wichtigsten sind, mit euren Eltern, Brüdern und Schwestern und vielleicht auch mit euren Großeltern. Lasst die Liebe, die ihr diesen Menschen gegenüber empfindet, und ihre Liebe zu euch zwischen euch fließen. Spürt die Wärme und Fürsorge in dieser Liebe.

Und nun erweitert diesen Fluss der Liebe so, dass er auch eure besten Freunde einschließt. Wenn ihr wollt, könnt ihr sie euch vorstellen und eure Liebe zu ihnen spüren, ebenso wie ihre Liebe zu euch, die sich wie eine warmherzige Umarmung anfühlt.

Lasst diese Liebe nun zwischen euch und jenen Freunden fließen, die ihr weniger gut kennt ... und nun zwischen euch und den Menschen, die ihr kennt, die aber noch nicht eure Freunde sind, den Menschen, mit denen ihr gelegentlich zusammentrefft oder die in eurer Nähe wohnen.

Und nun lasst den Fluss der Liebe noch weiter werden, sodass er auch die Menschen einschließt, die ihr nicht besonders mögt, diejenigen, auf die ihr vielleicht ziemlich wütend seid, die Menschen, die euch vielleicht in der Vergangenheit nicht besonders gut behandelt haben. Spürt, wie angenehm diese Liebe ist und wie heilend sie wirkt, wie sie alle negativen Emotionen und alle Feindseligkeit oder Angst von euch nimmt.

Nun geht noch einen Schritt weiter, und lasst zu, dass eure Liebe auch die Menschen erreicht, die ihr noch nie getroffen habt, die Menschen überall im Land ... und jetzt die Menschen im Ausland, besonders diejenigen, die leiden und unglücklich sind, diejenigen, die zu wenig Nahrung oder kaum sauberes Wasser haben oder die krank sind oder die durch einen Krieg oder durch Gewalt oder von Naturkatastrophen wie Stürmen, Fluten oder Hungersnöten bedroht werden. Spürt, dass diese Menschen ebenso Menschen sind wie wir alle und dass sie genauso leiden, wie ihr leiden würdet, wenn ihr so leben würdet wie sie und wenn ihr erlebt hättet, was sie erleben.

Diese Meditation basiert auf einer sehr alten buddhistischen Übung zur Stärkung liebender Güte, von der es heißt, wenn man sie regelmäßig ausführe, erschließe sie das ganze Potenzial des Meditierenden an Mitgefühl und Empathie. Man kann sie sowohl auf Tiere als auch auf Menschen beziehen – beispielsweise zunächst auf die Haustiere der Kinder, dann auf ihre Lieblingstiere, dann auch auf die Tiere, denen gegenüber sie sich neutral fühlen, und schließlich auf Tiere, die sie definitiv nicht mögen. Ebenso kann man die Meditation zur Stärkung der Sorge um die Umwelt nutzen, anfangend bei Dingen, die sich in der näheren Umgebung befinden, beispielsweise Blumen und Bäume, über Flüsse und Berge bis hin zu Wäldern und Meeren. Dabei zielt die Übung immer auf den gleichen Zweck: den Kindern zu helfen, sich stärker im Kontakt mit ihrer natürlichen Umgebung zu erleben und etwas von dem Respekt und der Liebe zu spüren, die es ihnen später ermöglichen wird, ihre Umgebung zu schätzen.

Oft führt eine Übung dieser Art sofort zu praktischen Resultaten. Kinder gehen häufig freundlicher und verständnisvoller miteinander um, wollen Gutes tun und fragen oft, ob sie gemeinsam einen Brief an einflussreiche Personen schreiben können, um sie dazu zu bewegen, etwas gegen eine Ungerechtigkeit zu unternehmen, die ihnen aufgefallen ist. Solche Reaktionen sind nicht nur ein zeitweiliges Phänomen. Mit jedem Meditationserlebnis entdecken die Kinder in sich ein größeres Potenzial an Wärme, Verständnis und Hilfsbereitschaft. Viele scheinbar grausame Handlungen von Kindern, etwa das Tyrannisieren anderer, entstehen, weil sie zu wenig Gelegenheit haben, ihre eigenen besten Seiten zu erleben. Meditationssitzungen, die es Kindern ermöglichen, zu ihren Gefühlen in Kontakt zu treten, wirken oft weit unmittelbarer und dauerhafter als alle Vorträge über die Notwendigkeit, einander freundschaftlicher zu begegnen.

Kontakt zur Natur

Obwohl wir in jedem Augenblick unseres Lebens Kontakt zur Natur haben, sind wir uns dessen meist gar nicht bewusst. Unser Körper ist in Kontakt mit der Atmosphäre, mit dem Material unserer Kleidung und mit dem Boden unter unseren Füßen. Unsere Lunge ist in Kontakt mit der Luft, die sie ständig in sich aufnimmt und der Natur zurückgibt. Unser Bauch ist in Kontakt mit Nahrung und Wasser, und alle unsere Sinne nehmen die Natur in ihrer ganzen Schönheit auf. Im Laufe der Jahrtausende haben wir Menschen uns in engem Kontakt mit der Natur entwickelt. Sie hat uns Wärme und Sicherheit gegeben und in vielfältiger Hinsicht unsere Existenz gesichert. Aufgrund dieser engen Beziehung haben wir ein psychisches Bedürfnis nach Kontakt mit der Natur. Wahrscheinlich fühlen wir uns nicht lange wohl, wenn wir von ihrer beruhigenden Präsenz abgeschnitten sind. In der modernen Welt sind Kinder in zunehmendem Maße von künstlichen Dingen und Materialien umgeben. Sogar das Wasser, das sie trinken, stammt aus Quellen und Flüssen, die sie möglicherweise niemals zu Gesicht bekommen werden, und die Zentralheizung, die ihre Wohnungen wärmt, wird durch für sie unsichtbare Flammen gespeist. Sie leben in Mauern aus Zement, essen industriell verarbeitete, denaturierte Nahrungsmittel, trinken Gebräue voller künstlicher Farben und Geschmäcke, atmen Luft ein, die durch den

Staub und Schmutz des modernen Lebens verunreinigt ist, und ihre Unterhaltung besteht darin, künstlichen Menschen dabei zuzuschauen, wie sie künstliche Dramen in einem künstlichen Medium auf einem schädlichen radioaktiven Bildschirm aufführen. Sie stopfen sich mit Antibiotika voll und essen in der Mikrowelle aufgewärmte Speisen. Sogar kurze Entfernungen wie die zur Schule legen sie in Blechkisten zurück, abgeschirmt von Wind, Regen und Sonnenschein. Sie sitzen auf Möbeln aus Kunststoff und tragen Kleidung aus synthetischen Stoffen. Sie essen Obst und Gemüse, das mit Kunstdünger gezüchtet wird und mit künstlichen Insektiziden vollgepumpt worden ist; ihr Körper wird selten so trainiert, wie es eigentlich geschehen müsste, damit er gesund bleibt, und sie ernähren sich auch nicht so, wie es eigentlich vernünftig wäre.

Insofern ist es eigentlich kein Wunder, dass sie einen immer geringeren Teil ihres Lebens so leben, wie die Natur es vorgesehen hat, in Harmonie mit ihrer heilenden Anmut. Meditation hilft Kindern, ihre Wurzeln und die alte Magie der Erde wieder zu entdecken, aus denen ihr Körper hervorgegangen ist. Übungen, die diesen Prozess unterstützen, werden in Meditation 16 beschrieben; doch auch hier gilt: Einfach still zu werden ist ein Schritt in die richtige Richtung. Im Zustand der Stille können Kinder sich auf den Schlag ihres Herzens einstimmen, auf das schwache, aber unverwechselbare Geräusch des Blutes auf seiner Reise durch die Arterien und Venen, und auf die vielfältigen Geräusche, die die sie umgebende Welt hervorbringt – das Knarren der Stühle und Tische, das Klappern des Windes und das Klopfen des Regens an den Fenstern, das Bellen der Hunde, der Gesang der Vögel, das Murmeln der Stimmen auf dem Flur und sogar das Rumoren des Verkehrs auf der Straße. Jedes dieser Geräusche wird beachtet, aber nicht bezeichnet und auch nicht im Geiste festgehalten. Geräusche werden *als Geräusche* gehört. Wenn die Augen geöffnet sind und visuelle Eindrücke aufnehmen, werden diese *als visuelle Eindrücke* aufgenommen und ebenfalls nicht bezeichnet.

So nützlich Bezeichnungen oder Etiketten in bestimmten Situationen sein mögen, sie können sich zwischen den Geist und das unmittelbare Erleben stellen. Sobald Kinder lernen, Dinge zu bezeichnen, werden sie dazu verleitet zu glauben, sie hätten alles erklärt, was sie hören oder sehen. Das Etikett entmystifiziert die Dinge. Das Geräusch ist dann *nur* der Wind in den Bäumen, *nur* das im Bach strömende Wasser, *nur* das Lied der Vögel, *nur* das Murmeln der Stimmen. In der Meditation kann man Kinder sanft dazu anleiten, der Falle des Abstempelns zu entgehen und nicht einmal an dem, was sie sehen und hören, festzuhalten. Nachdem sie etwas gehört oder gesehen haben, lassen sie es wieder in den Hintergrund treten, während eine andere Empfindung ins Gewahrsein tritt und den Platz der ersteren einnimmt.

Kinder mittels Meditation in engeren Kontakt zur Natur zu bringen ist nicht nur für ihre psychische Gesundheit von Vorteil, sondern bereitet sie auch darauf vor, sich besser um ihre Umgebung zu kümmern. Wenn man Kindern hilft, sich sensibel und mit Gewahrsein in der Natur zu bewegen, entwickeln sie ein Gefühl seelischer Verwandtschaft mit der Schönheit und Verletzlichkeit der Welt, und sie fühlen sich persönlich verletzt, wenn der Natur Schaden zugefügt wird. Sie hegen nicht den Wunsch, die Dinge zu zerstören, die sie zu lieben gelernt haben. Aufgrund der Frische, mit der Kinder und insbesondere kleine Kinder die Welt sehen, sind sie der Natur näher als Erwachsene. Die Meditation hilft ihnen, diese Verbundenheit zu erhalten und zu vertiefen, und es wird für sie undenkbar, die Schönheit, die uns noch immer umgibt, mutwillig zu zerstören.

Teil III

PRAKTISCHE ASPEKTE DES MEDITATIONSUNTERRICHTS

12

Praktische Fragen der Meditation mit Kindern

Wahrscheinlich ist es schwer vorstellbar, dass kleine Kinder mit geschlossenen Augen still dasitzen und daran auch noch Freude haben, und es ist sicher fair, darauf hinzuweisen, dass dies den meisten auch nicht völlig problemlos gelingt. Grundsätzlich sind auch nicht alle Kinder von der Meditation begeistert; vielmehr liegt es ebenso wie bei den Erwachsenen einigen mehr als anderen. Dennoch sollte man Kindern die Möglichkeit geben Meditation zu erleben, und ihnen in ihrer jeweiligen Umgebung eine optimale Förderung zukommen lassen.

In diesem dritten Teil unseres Buches geht es um die praktische Umsetzung einiger bisher beschriebener Aktivitäten in der Schule und zu Hause, wobei wir uns zunächst mit den Bedürfnissen jüngerer Kinder befassen und dann die Situation aller Altersgruppen bis zu jener der jungen Erwachsenen beleuchten. Alle Kapitel dieses Teils enthalten konkrete Ratschläge zur Meditationspraxis in drei unterschiedlichen Situationen:

- In der Schule mit einer kleinen Gruppe von bis zu neun Kindern;
- in der Schule mit einer ganzen Klasse;
- zu Hause, wo Sie mit einem Kind oder mit zwei Kindern oder mit der gesamten Familie arbeiten.

Es werden detaillierte Ratschläge gegeben, unter anderem dazu, wie Sie Kinder an die Meditation heranführen können, und es werden Strategien zur Förderung kooperativen Verhaltens beschrieben.

Manchmal entsteht vielleicht der Eindruck, dass die Erklärungen insbesondere für erfahrene Lehrer ausführlicher sind als notwendig. Einer der Gründe hierfür ist, dass dieses Buch für einen größeren Leserkreis geschrieben wurde, zu dem auch Erwachsene zählen, die relativ wenig Erfahrung mit der Arbeit mit Kindern haben. Außerdem nehmen wir an, dass viele Leser das Buch nicht von Anfang bis Ende durchlesen werden. Deshalb haben wir versucht, die Anweisungen in jedem Kapitel möglichst so zu gestalten, dass sie eine in sich ausreichende Erklärung bieten (weshalb der Text einige Wiederholungen enthält). Wir hoffen, dass erfahrene Lehrer Geduld mit uns haben, wenn ihnen manche Anweisungen oder Erklärungen als unnötig ausführlich erscheinen.

Bedenken Sie bitte beim Lesen, dass es sich nur um Empfehlungen handelt und dass Sie für sich und Ihre Klasse oder Ihre Situation zu Hause andere Strategien und Methoden finden können, die ihnen als effektiver erscheinen. Jedes Kind und jede Kindergruppe hat andere Fähigkeiten und Präferenzen. Sehen Sie diesen Teil des Buches deshalb als eine Art Grundlage für Ihre eigene Arbeit und achten Sie genau auf die Reaktionen und Bedürfnisse der Kinder. Bleiben Sie offen für Vorschläge bezüglich neuer Möglichkeiten, um herauszufinden, was für Ihre spezielle Situation das Beste ist.

Wie Sie sich auf die Meditation mit Kindern vorbereiten können

Übung

Ganz gleich, mit welcher Altersgruppe Sie arbeiten, ob zu Hause oder in einer Schule, Sie sollten die Übungen, die Sie benutzen wollen, selbst mehrmals ausprobieren, *bevor* Sie mit den Kindern daran arbeiten. Wenn Sie dies beherzigen, werden Sie sich bei dem, was Sie tun wollen, sicher fühlen. Ihre eigene Erfahrung verhilft Ihnen außerdem zu Einblicken in einige der Freuden und Schwierigkeiten des Meditierens. Dies wiederum hilft Ihnen, Verständnis für die Situation der Kinder zu entwickeln, und ermöglicht Ihnen außerdem, Probleme zu umgehen, indem Sie aufgrund Ihrer eigenen Erfahrungen Lösungen finden.

Wenn Sie nach mehrmaligem Ausprobieren den Eindruck gewinnen, dass eine bestimmte Übung aus diesem Buch Ihnen keine Freude macht oder dass Sie sich nicht wohl dabei fühlen, sollen Sie gar nicht erst versuchen, sie den Kindern vorzustellen. Ihre Gemütsverfassung, Einstellung und positive Energie sind entscheidend sowohl für den Erfolg Ihres Tuns als auch für Ihr eigenes Wohl und das der Kinder. Weiterhin müssen Sie für die Stimmungen der Kinder sensibel und bereit sein, Ihre Pläne für eine Übungssitzung entsprechend der aktuellen Situation zu verändern. Wenn nur ein kleiner Teil der Sitzung wirklich der Meditation gewidmet ist, sollten Sie sich deswegen nicht sorgen. Beharrlichkeit vorausgesetzt, wird dieser Anteil allmählich größer werden, sofern die Kinder gern mit Ihnen arbeiten und eine gute Beziehung zu Ihnen haben und, natürlich, sofern Sie selbst Freude an der gemeinsamen Arbeit haben.

Zentrieren Sie sich

Bevor Sie Kinder durch eine Meditation geleiten, sollten Sie sich sowohl um Ihrer selbst als auch um der Kinder willen einen Augenblick lang zentrieren. Als Lehrer brauchen Sie dafür keinen besonderen Termin in Ihrem Zeitplan vorzusehen, und Sie müssen auch nicht die Unterrichtszeit verkürzen. Sie können sich problemlos in jeder beliebigen Situation zentrieren. Wenn Sie die Möglichkeit haben, ein paar Minuten lang still zu sitzen, sich zu entspannen und sich auf den Atem zu konzentrieren, ist das der Idealfall; doch wird Ihnen der laufende Schulbetrieb einen solchen Luxus kaum gestatten. Richten Sie stattdessen dort, wo Sie sich gerade befinden, Ihren Geist kurz im Stehen oder Sitzen nach innen, und entspannen Sie Ihren Körper. Lenken Sie die Aufmerksamkeit, bei den Füßen beginnend, nacheinander in alle Körperbereiche, bis Ihr ganzer Körper sich entspannt anfühlt. Nach entsprechender Übung schaffen Sie dies in sehr kurzer Zeit. Richten Sie Ihr Bewusstsein auf Ihren entspannten Körper, während Sie drei- oder viermal ruhig atmen. Danach befinden Sie sich so weit in Einklang mit sich selbst, dass Sie mit der Meditation beginnen können.

Vertrauen begründen

Meditation fördert ein gewisses Maß an Selbstoffenbarung in Form verbaler und schriftlicher Äußerungen sowie von Zeichnungen. Deshalb sollten Sie zu den Kindern, mit denen Sie arbeiten, ein Vertrauensverhältnis aufbauen. Dieses Vertrauen ermöglicht es den Kindern, sich bei allem, was sie über sich selbst offenlegen, sicher zu fühlen, ganz gleich, ob es sich um schulische oder private Dinge handelt. Allen Beteiligten muss klar sein, dass alles, was während dieser Meditationssitzungen geäußert wird, in der Gruppe bleibt bzw. bei der Arbeit zu Hause ein Geheimnis zwischen Ihnen und dem Kind, mit dem Sie arbeiten, und dass es nicht in irgendeiner Form negativ gegen das Kind verwendet werden wird. Es kann gar nicht nachdrücklich genug darauf hingewiesen werden, dass es für den Erfolg dieser Arbeit absolut unverzichtbar ist, dass alle die Gewissheit haben, sich dabei völlig sicher fühlen zu können.

Meditation in der Schule

Meditation wird in Schulen noch nicht allgemein als fester Bestandteil des Lehrplans akzeptiert. Wenn Sie sich also entschließen, einen nennenswerten Teil der Unterrichtszeit auf die Vermittlung von Meditationstechniken zu verwenden oder diese, falls es sich um ältere Kinder bzw. um Jugendliche handelt, außerhalb des regulären Unterrichts anbieten, ist es wichtig, dass die anderen Lehrer über die Vorgänge informiert sind und nötigenfalls ihre Zustimmung geben. Wie bereits in der Einleitung erwähnt, sind bei dieser Art von Arbeit die ausdrückliche Genehmigung und die Kooperation der Schule bzw. der Eltern unverzichtbar.

Wann in der Schule meditieren?

Im Idealfall sollte die Meditationsübung in den Gesamtlehrplan der Schule einbezogen werden, wobei sie allerdings nicht unbedingt ausdrücklich als »Meditation« bezeichnet werden muss. Man kann sie auch als Vermittlung von Techniken der Stressverringerung, Entspannung und Konzentration darstellen. Wäre es üblich, einer solchen Übung zu Beginn und Ende jeder Unterrichtsstunde ein bis zwei Minuten zu widmen, würde sich ihre beruhigende Wirkung im gesamten Schulbetrieb bemerkbar machen. Die Schule als Ganzes würde dann bald eine ruhige, entspannte, organisierte und produktive Atmosphäre entwickeln.

Meditationen können mit einer ganzen Klasse unter Leitung des Klassenlehrers durchgeführt werden. Es kann aber auch eine kleinere Teilgruppe aus dem Klassenraum genommen und von einem anderen oder auch ihrem eigenen Lehrer unterrichtet werden, während sich der Rest der Klasse einer anderen Aktivität widmet. Wie bei den meisten anderen Fächern ist auch bei der Meditation wichtig, dass die Kinder Freude an ihrem Tun haben und die Zeit mit ihrem Lehrer schätzen und genießen.

Falls Sie der Klassenlehrer sind, haben Sie vermutlich schon eine gute Beziehung zu der Klasse, Sie kennen die Kinder, nehmen ihre Reaktionen bewusst wahr und haben Übung darin, die Disziplin aufrechtzuerhalten. Sind Sie hingegen nicht der Klassenlehrer und haben deshalb eine andere Beziehung zu den Kindern, sehen sie die Meditation möglicherweise als ein besonderes Vergnügen an, weil sie kein Bestandteil der normalen Unterrichtsroutine ist und völlig anders ist als alles, was sie sonst in der Schule tun. Einmal mit einem anderen Lehrer zusammen zu sein macht Schülern immer Freude.

Nach mehreren Übungssitzungen sollten die Schüler die Möglichkeit erhalten, sich freiwillig für die weitere Teilnahme an der Meditationsübung zu entscheiden. Zunächst jedoch sollten alle Gelegenheit haben, Meditation kennenzulernen, bevor sie entscheiden, ob sie damit fortfahren wollen oder nicht. Wenn die Sitzungen so organisiert sind, dass kleine Gruppen zwecks Meditationsunterrichts aus der Klasse genommen werden, sollte der Rest der Klasse in dieser Zeit nichts tun, was die Teilnehmer der Meditationsgruppe auch gern tun würden. Denn das könnte sie verärgern und ihnen die Meditationsübungen als lästige Pflicht oder gar als Strafe erscheinen lassen.

Falls Sie mit einer vollständigen Klasse arbeiten – was sehr effektiv sein kann –, sollten Sie dies anfangs möglichst jeden Tag zur gleichen Zeit tun, im Idealfall zwei- oder dreimal am Tag. Jeweils ein paar Minuten reichen aus. Beispielsweise ist es sinnvoll, jeden Morgen und Nachmittag den Unterricht damit zu beginnen und zu beenden.

Meditation zu Hause

Als Vater, Mutter oder Betreuer können Sie auch versuchen, zu Hause mit Ihrem Kind oder den Ihnen anvertrauten Kindern zu meditieren. Wie diese darauf ansprechen, hängt stark von Ihrer Beziehung zu den Kindern ab. Viele Eltern machen die Erfahrung, dass ihre Kinder zu Hause weniger willig sind als in der Schule. Das ist vielleicht deshalb so, weil Kinder zu Hause das Gefühl haben, sich gehen lassen und sie selbst sein zu können, Launen ausleben und sich ausdrücken zu dürfen, wie sie es möchten. Hingegen erfordert die Schule eine gewisse Anpassung und Mitarbeit.

Wenn Sie auch sonst häufig Dinge mit Ihren Kindern gemeinsam tun – beispielsweise Lesen, Spielen, Schreiben, Zeichnen und anderes –, wird es Ihnen leichter fallen, den Kindern die Meditationsübung nahezubringen. Trotzdem ist die Meditation Kindern manchmal so fremd, dass sie sich dabei verlegen und befangen fühlen. Gerade deshalb ist es wichtig, dass Sie selbst sich beim Meditieren wohlfühlen; wenn Sie sich auch nur im Geringsten unwohl dabei fühlen, vermitteln Sie dieses Gefühl auch den Kindern.

Vielleicht möchten ja auch andere Familienmitglieder an den Übungssitzungen teilnehmen – was sicherlich für die Familie als Gruppe ebenso positiv ist wie für die Einzelnen. Mit anderen Menschen zusammen zu meditieren ist in jedem Fall sehr bereichernd. Um den kleinen Kindern entgegenzukommen, sollte die Übungszeit kurz gehalten werden; die Eltern und die älteren Kinder können anschließend mit der Übung fortfahren.

Was kann durch die Meditation erreicht werden?

Die weitreichenden positiven Auswirkungen der Meditation auf Kinder haben wir bereits erwähnt, wobei diese allerdings nicht immer sofort ersichtlich sind. Konzentrieren Sie sich auf den unmittelbaren Gewinn. Meditation gibt Ihnen die Möglichkeit zu intensivem Kontakt mit Ihren Kindern, der andernfalls vielleicht nicht zustande gekommen wäre. Ein solcher Kontakt kann beiden Seiten helfen, einander besser zu verstehen, was wiederum der Beziehung zugute kommt. Ganz gleich, ob Sie Mutter oder Vater, Betreuungsperson oder Lehrer sind, das ruhigere und zentriertere Verhalten, das die Kinder aufgrund der Meditationsübungen zeigen, macht das Zusammenleben für alle Beteiligten harmonischer.

Das mag ein wenig idyllisch klingen und nicht Ihren ersten Erfahrungen bei Meditationsübungen mit Kindern entsprechen. Machen Sie sich trotzdem keine Sorgen. Wenn Menschen etwas Neues erlernen, erleben sie immer Hoch- und Tiefphasen. Je mehr Sie zusammen mit Ihren Kindern üben, umso leichter wird dies. Aus persönlicher Erfahrung wissen wir, dass diese Augenblicke der Stille einen Tag völlig transformieren können.

Wir weisen ausdrücklich darauf hin, dass wir hier zwar Übungen für bestimmte Altersgruppen empfehlen, dass sich Kinder aber tatsächlich sehr stark in ihren individuellen Eigenschaften und Fähigkeiten unterscheiden. Übungen, zu denen manche Vierjährige in der Lage sind, akzeptieren manche ältere Kinder weniger bereitwillig. Die Altersstufen, die wir hier definiert haben, sind nur als Anhaltspunkte zu verstehen. Wir betonen in diesem Buch immer wieder: Sie selbst können am besten beurteilen, was sich für die Kinder, mit denen Sie arbeiten wollen, am besten eignet.

Wichtig ist vor allem, immer positiv zu bleiben und das Beste von den Kindern zu erwarten. Manchmal erreichen sie Erstaunliches. Wir haben erlebt, dass Kinder, die von anderen als »Störer« bezeichnet wurden, diese Übungen sehr gut auszuführen vermochten, wohingegen es stilleren Kindern schwerer fiel. Sie sollten versuchen, allen Kindern, mit denen Sie arbeiten, die verschiedenen Möglichkeiten in einer positiven und geborgenen Umgebung nahezubringen, und Sie sollten sie dabei intensiv ermutigen. Wenn ihnen einige der Übungen als schwierig erscheinen, dann helfen Sie den Kindern durchzuhalten. Wenn sie bestimmte Übungen nicht mögen, machen Sie sich keine Sorgen; wahrscheinlich werden ihnen andere gefallen, und im Laufe der Zeit werden sich ihnen auch die erschließen, die sie zunächst nicht mochten.

Was ist, wenn die Kinder keine Freude an der Meditation haben?

Wenn die Kinder, mit denen Sie arbeiten, nach mehreren Versuchen mit Meditationsübungen immer noch kein Interesse daran entwickelt haben oder wenn Sie selbst Schwierigkeiten haben, damit zurechtzukommen, dann sollten Sie Ihre Bemühungen für einige Zeit einstellen und später eventuell einen neuen Versuch starten. Manche Kinder finden nie einen Zugang zu solchen Dingen, und es wäre sicher kontraproduktiv, sie dazu zu zwingen. Seien Sie nicht enttäuscht, wenn Ihre Bemühungen zunächst erfolglos bleiben: Es ist noch nicht alles verloren. Es gibt andere Möglichkeiten, die gleichen Resultate zu erzielen.

Wie Sie in Kapitel 1 gesehen haben werden, zählen zu den positiven Auswirkungen der Meditation eine gesteigerte Sensibilität gegenüber anderen Menschen und der Natur sowie ein besseres Selbstverständnis. Meditation kann die Fähigkeit von Kindern, Liebe und Mitgefühl zu zeigen, vergrößern und ihre Selbstachtung und ihre Beziehungen zu anderen Menschen stärken. Allerdings können Sie die Entwicklung dieser Aspekte auch in Ihren Alltagsaktivitäten ohne Rückgriff auf spezielle Techniken oder Übungen fördern. Leider wird oft vergessen, dass Kinder durch das Beispiel der Menschen, die ihnen wichtig sind, die sie bewundern und mit denen sie sich identifizieren möchten, mehr lernen als auf jede andere Art. Wenn die Kinder, die Sie betreuen, sehr jung sind, können Sie mit ihnen Spaziergänge machen, mit ihnen zusammen Blumen, die Bäume und das Gras bewundern. Genießen Sie gemeinsam verschiedene Witterungen, und halten Sie in jeder Situation nach dem Positiven Ausschau. So schlecht eine Situation manchmal auch zu sein scheint, es gibt immer etwas Positives darin zu entdecken. Zeigen Sie Ihren Respekt gegenüber allen Lebensformen. Zeigen Sie Ihre Liebe zu Tieren, indem Sie durch Ihr Verhalten demonstrieren, dass Sie diese schätzen und sich um sie kümmern. Einfache Aktionen, wie Spinnen und andere Insekten aus dem Haus zurück in den Garten zu tragen, statt sie zu töten, bringen Kindern die Heiligkeit allen Lebens nahe. Halten Sie sich bei Ihren Kindern an die positiven Eigenschaften und Handlungen, die Sie loben können, statt sich auf ihre Mängel zu konzentrieren.

Wenn Ihre Kinder etwas tun, das, wie Sie sehen, entweder für sie selbst oder für die Menschen in ihrer Umgebung negative Folgen haben wird, müssen Sie sie natürlich davor warnen und ihnen bessere Möglichkeiten des Umgangs mit der betreffenden Situation vorschlagen; aber seien Sie dabei so geduldig, wie Sie können, und erklären Sie die Situation in einer Sprache, die Ihre Kinder verstehen. Wenn in der Schule ein anderes Kind unfreundlich ist, dann sprechen Sie mit Ihrem Kind darüber, zeigen Sie ihm, dass Sie seine Gefühle verstehen, und erklären Sie ihm, dass Menschen oft wütend oder unfreundlich reagieren, wenn sie nicht besonders glücklich sind. Erklären Sie ihnen auch, dass Gutes, das sie tun, ihnen selbst Gutes bescheren wird. Sprechen Sie über Ihre eigenen Erfahrungen im Leben. Das hilft Ihren Kindern, andere besser zu verstehen und sie zu tolerieren, und fördert außerdem ihr Mitgefühl. Ihr Verständnis und Ihre Weisheit werden das Selbstverständnis und die Selbstachtung Ihrer Kinder fördern und ihren Beziehungen zu anderen Menschen zugute kommen.

Wenn Sie all dies Ihren Kindern zukommen lassen, fühlen sie sich verstanden und geliebt. Wenn sie durch Ihr Beispiel

Liebe, Toleranz, Verständnis und Versöhnlichkeit kennenlernen, zeigen sie diese Qualitäten auch anderen Menschen gegenüber. In dem Maße, wie sie die Welt, in der sie leben, zu verstehen und zu lieben lernen, werden ihr Selbstvertrauen und Identitätsgefühl gestärkt. Dies sind die größten Geschenke, die Sie Kindern machen können: Denn aus dieser Quelle werden sie ihr Leben lang Kraft schöpfen.

13
Meditieren mit Fünf- bis Achtjährigen

Eine der wichtigsten Eigenarten von Kindern dieser Altersgruppe ist ihre kurze Aufmerksamkeitsspanne. Oft sind sie leicht ablenkbar und werden schnell zappelig, sofern sie nicht »voll bei der Sache« sind. Deshalb muss man bei dieser Altersgruppe auf jede Übung nur relativ kurze Zeit verwenden und die Arbeit möglichst stark variieren. Je mehr Sie mit den Kindern arbeiten und je besser Sie ihre Neigungen, Vorlieben und Fähigkeiten kennenlernen, umso leichter wird es Ihnen fallen, Ihr Meditationsprogramm genau auf sie zuzuschneiden. Kinder dieses Alters sind gewöhnlich sehr aufgeschlossen für Neues, und wenn sie mit Ihnen gut zurechtkommen, geben sie sich große Mühe bei allem, was sie mit Ihnen zusammen tun, sowohl aus Freude an der Sache als auch, um Sie zufriedenzustellen.

Über die positiven Auswirkungen der Meditation wurde bereits an vielen Stellen dieses Buches berichtet. Wenn Kinder schon so früh zu meditieren beginnen, kann dadurch eine solide Grundlage für spätere Arbeit dieser Art entstehen, und ihnen wird konkret geholfen, ihre Lebensqualität zu verbessern.

Meditation mit kleinen Gruppen

Zunächst werden wir uns damit befassen, was bei der Arbeit mit einer kleinen Gruppe von fünf- bis achtjährigen Kindern zu beachten ist, die man aus einem Klassenverband herausnimmt und in einem anderen Raum, beispielsweise zwei- oder dreimal wöchentlich, in der Meditation unterrichtet. Eine Teilnehmerzahl zwischen fünf und neun Kindern ist optimal.

Zeitspanne

Die eigentliche Meditationszeit soll anfangs ziemlich kurz sein, höchstens eine Minute, wohingegen die Vorbereitungen auf die Meditation zwischen 10 und 15 Minuten in Anspruch nehmen können, je nachdem, wie viele Übungsformen Sie auswählen. Denken Sie daran, dass es auch schon eine gewisse Zeit dauert, bis die Kinder sich in dem für die Meditation vorgesehenen Raum befinden, bis sie ihre Schuhe ausgezogen und später wieder angezogen haben (was wesentlich länger dauern kann als das Ausziehen, weil manche Kinder Schwierigkeiten haben, ihre Schnürriemen zu binden).

Das Zusammenstellen einer Gruppe

Beim Zusammenstellen einer Gruppe für die Meditationsübung könnten Sie der Versuchung erliegen, nur »verständige« Kinder auszuwählen, die sehr wahrscheinlich still sitzen werden. Eine Begründung für eine solche Entscheidung wäre, dass Kinder, die zu ungestümem Verhalten neigen, die »braven« nur stören und das gesamte Vorhaben für alle Beteiligten erschweren, natürlich auch für Sie. Die Entscheidung bleibt letztlich Ihnen überlassen, aber Sie sollten auch bedenken, dass gerade rastlosere Kinder sowohl von den Meditationsübungen als auch von der intensiveren Förderung in einer kleinen Gruppe wahrscheinlich am meisten profitieren.

Der Raum

Im Idealfall sollten die Kinder immer im gleichen Raum meditieren und möglichst auch immer zur gleichen Tageszeit. Kleine Kinder bevorzugen eine Routine und eine voraussehbare Situation. Der Raum, in dem die Gruppe zusammenkommt, sollte möglichst nicht zu hell, aber auch nicht zu dunkel sein, und er sollte so temperiert sein, dass den Kindern weder zu warm noch zu kalt ist. Entfernen Sie alles Ablenkende (beispielsweise »interessante Spielsachen«, die in Reichweite sind!). Falls der Raum zufällig an einen Spielplatz grenzt, kann man durch Vorhänge oder Rollos die Ablenkung minimieren, und außerdem wird so verhindert, dass neugierige Blicke die Kinder in der Gruppe befangen machen.

Auch das Abspielen sanfter Musik bei der Ankunft der Kinder trägt zu einer entspannten Atmosphäre bei. Manchmal ist es sogar nützlich, wenn während der ganzen Sitzung Musik erklingt. Es sollte sich um sehr leise Musik in einem langsamen und gleichmäßigen Tempo handeln. Wenn möglich, sollte der Raum unmöbliert sein, oder zumindest sollte es in der Mitte eine große freie Fläche geben, auf der sich die Kinder bequem in einem Kreis hinsetzen können. Wenn der Boden mit einem Teppich bedeckt ist, umso besser. Ist er hingegen hart und kalt, empfiehlt es sich, Stühle zu benutzen, wobei sich diese allerdings leicht wegräumen lassen sollten, um den Kindern im weiteren Verlauf der Sitzung die Möglichkeit zu geben, sich frei im Raum zu bewegen.

Der Beginn der Sitzung

Die Sitzung beginnt, sobald die Kinder aus ihrer Klasse eingetroffen sind. Sie betreten den Meditationsraum still, ziehen dann schweigend ihre Schuhe aus und setzen sich im

Kreis hin. Dies erreichen Sie am besten, wenn Sie sich so bald wie möglich selbst in den Kreis setzen, sodass sich die Kinder zu Ihnen gesellen können. Seien Sie mit den Kindern in den ersten Sitzungen besonders geduldig, und vermeiden Sie es, mit lauter Stimme zu sprechen. Reden Sie klar und bestimmt mit ihnen. Am Anfang ist es für einige sehr lebhafte Kinder zu schwierig, sich in einem einladend großen Raum still hinzusetzen; sie stürmen hinein, werfen ihre Schuhe irgendwohin und laufen umher, bevor sie sich in den Kreis setzen. Lassen Sie sich dadurch nicht aus der Ruhe bringen; dieses Verhalten ist meist ein Zeichen für gute Laune, eine Reaktion auf die Neuartigkeit der Situation und den freien Raum, in dem die Kinder sich so richtig austoben können. Außerdem versuchen solche lebhafteren Kinder manchmal herauszufinden, welche Regeln in der neuen Situation gelten. Nachdem sie sich ein wenig an die Situation gewöhnt haben, verändert sich ihr Verhalten meist. Wir haben festgestellt, dass Kinder nach einigen gemeinsamen Sitzungen in der Regel ruhiger werden, ihre Schuhe unaufgefordert in einer Reihe abstellen und sich ohne viel Aufhebens auf ihre Plätze begeben.

Wenn die Kinder im Kreis sitzen, werden vielleicht einige versuchen, entweder Ihre Aufmerksamkeit oder die anderer Kinder auf sich zu lenken; sie machen sich entweder durch Geräusche bemerkbar oder indem sie ein anderes Kind absichtlich ärgern. Sie müssen den Betreffenden dann freundlich, aber bestimmt, die für die Meditationssitzungen geltenden Regeln erklären. Die Kinder müssen lernen, die Rechte und Wünsche der übrigen Teilnehmer zu respektieren. Erklären Sie den Kindern die Strategie des »selbstbestimmten Ausscheidens«, die im Folgenden beschrieben wird und die im Interesse aller Mitglieder der Gruppe ist. »Selbstbestimmtes Ausscheiden« ist eine wirksame Strategie für den Umgang mit störendem Verhalten in jeder Gruppensituation, die es dem störenden Kind ermöglicht, selbst darüber zu entscheiden, ob es an einer Sitzung teilnehmen will oder nicht.

Selbstbestimmtes Ausscheiden

Wenn ein zum Stören neigendes Kind auf Ihre bestimmten, aber freundlichen Aufforderungen stillzusitzen nicht reagiert, können Sie die äußerst effektive Strategie des selbstbestimmten Ausscheidens anwenden. Das Kind wird dann aufgefordert, den Kreis zu verlassen. Erklären Sie ihm, dass es andere Kinder stört, die gern mit der gemeinsamen Arbeit fortfahren und dabei nicht unterbrochen werden möchten. Fordern Sie es auf, sich so lange mit dem Gesicht zur Wand hinzusetzen, bis es sich wieder in der Lage fühlt, an den Gruppenaktivitäten teilzunehmen, ohne andere zu stören. Sitzt das Kind außerhalb des Kreises, aber der Gruppe zugewandt, versucht es gewöhnlich noch beharrlicher, die Aufmerksamkeit anderer auf sich zu lenken, indem es sich auf dem Boden wälzt, Fratzen schneidet usw. Auch mit dem Rücken zur Gruppe erzeugen manche Kinder weiter provozierende Geräusche. Hört ein Kind damit nicht von selbst auf, sollte man es verwarnen und ihm mitteilen, dass es in die Klasse zurück muss, wenn es so weitermacht. Bleibt auch dieser Appell erfolglos, müssen Sie Ihre Ankündigung wahrmachen und das Kind in seine Klasse zurückschicken. Das ist für die betreffenden Kinder oft sehr unangenehm und für Sie selbst natürlich auch; aber nach unseren Erfahrungen passiert so etwas in einer Gruppe nur einmal. Wenn die Kinder merken, dass Sie meinen, was Sie sagen, und dass Ihnen wirklich an ihrem Verbleib in der Gruppe gelegen ist, werden sie meist ruhiger. Wichtig ist, dass die Entfernung eines Kindes aus der Gruppe nicht als Bestrafung verstanden wird. Vielmehr sollte klar werden, dass dadurch die Interessen der gesamten Gruppe geschützt werden und dass ein bestimmtes Verhalten, nicht aber das Kind, abgelehnt wird.

Natürlich hat das Kind in solch einem Fall trotzdem zunächst das Gefühl, bestraft worden zu sein. Wenn Sie ihm jedoch den Grund für Ihr Verhalten genau erklärt und ihm klargemacht haben, dass es völlig ihm überlassen bleibt, ob es weiter an den Gruppenaktivitäten teilnehmen will oder nicht, wird es schließlich ein Gefühl der Verantwortung für sein eigenes Verhalten und für die übrigen Gruppenmitglieder entwickeln. Zeigen Sie stets, dass Sie sich freuen, wenn solche Kinder später aus eigenem Antrieb in die Gruppe zurückkommen. Verhalten Sie sich ihnen gegenüber dann wieder völlig vorurteilslos, und erwarten Sie das Beste von ihnen. Wenn Sie dies beherzigen, haben die betreffenden Kinder in geringerem Maße das Gefühl, Ihrem Urteil ausgeliefert zu sein. Das ist deshalb sehr wichtig, weil Sie ihnen dadurch ermöglichen, ihre Autonomie zu wahren und Verantwortung für sich zu übernehmen. Sie selbst entscheiden, ob sie in der Gruppe sitzen oder die Wand anschauen wollen. Dies verhindert, dass sie sich abgelehnt fühlen, und es hilft ihnen, Verantwortungsgefühl gegenüber anderen zu entwickeln. Werden Kinder so behandelt, können sie die Folgen ihrer Handlungen erkennen und sich über ihre eigene Macht klar werden. Die meisten Kinder nehmen gern an interessanten Vorgängen teil, und deshalb dauert es meist nicht lange, bis sie sich wieder beruhigen und in die Gruppe zurückkehren.

Häufig lernen störende Kinder schnell, den Kreis zu verlassen und in ihn zurückzukehren, wenn ihnen danach ist – vielleicht aus Respekt der Gruppe gegenüber oder um weiter ihre Autonomie zu testen. Ein Beispiel, das ich [*Ingrid*] selbst miterlebt habe, veranschaulicht die Nutzung des »selbstbestimmten Ausscheidens«.

Darren

Als ich noch eine junge Lehrerin war, hatte ein sechsjähriger Junge in meiner Klasse viele persönliche Probleme, die dazu führten, dass er sich besonders störend verhielt, indem er häufig Wutanfälle bekam, Möbel umherwarf und brüllte. Seine schulischen Leistungen waren sehr schwach, und er wirkte ständig wütend und aufgebracht. Ich wandte bei ihm die obige Methode an (in Verbindung mit anderen, die im Folgenden beschrieben werden), indem ich ihn aufforderte, sich hinter die Tafel zu setzen, bis er sich wieder in der Lage sähe, in die Klasse zurückzukommen. Anfangs fiel es mir sehr schwer, ihm nicht nachzugeben. Als ich dies das erste Mal ausprobierte, wurde es hinter der Tafel still, woraufhin ich über die Tafel schaute und sah, dass der Junge zusammengekrümmt auf dem Stuhl saß und Schaukelbewegungen ausführte. Ich musste mich sehr zusammenreißen, um nicht zu ihm zu gehen und ihn in meine Arme zu nehmen, aber es gelang mir. Nach einer Weile tauchte sein kleiner Kopf an der Seite der Tafel auf, und er schlich sich zu seinem Platz zurück. Er nahm sein Lesebuch, obwohl er noch nicht lesen konnte, und hielt es falsch herum vor sein Gesicht, das nun rosa war. Ich vermied es, viel Aufhebens um ihn zu machen, bezog ihn aber bald wieder in unsere »Plauderstunde« ein, einen Teil des üblichen Tagesablaufs. Da er sehr gut darauf reagierte, hatte ich Gelegenheit, ihn zu loben und ihm zu zeigen, dass ich mich über seine Rückkehr in die Klasse sehr freute. Wichtig war auch, dass sich die anderen Kinder ihm gegenüber ebenso verhielten. Es dauerte nicht lange, bis seine Aufenthalte hinter der Tafel wesentlich seltener wurden und ich ihn schließlich gar nicht mehr aufzufordern brauchte, dorthin zu gehen. Seine Leistungen wurden deutlich besser. Mir fiel auf, dass Darren, wenn er sich einmal wieder unruhig fühlte, aus eigenem Antrieb hinter die Tafel ging, jedoch sofort auf der anderen Seite wieder auftauchte, zu seinem Platz zurückkehrte und mit seiner Arbeit fortfuhr. Dies in Verbindung damit, dass ich ihn weiterhin forderte, seine Bemühungen anerkannte und ihn für Dinge, die er gut machte, lobte, sodass er sich respektiert und geliebt fühlte. Dies führte dazu, dass er bald in den meisten Fächern zu den Klassenbesten zählte. Er hatte die Möglichkeit erhalten, sein Licht zu zeigen.

Vielleicht werden einige Kinder in Ihren ersten Meditationssitzungen mehrmals außerhalb des Kreises sitzen, doch führt diese Praxis in der Regel sehr schnell zu positiven Resultaten. Ein Grund für ihre Effektivität könnte sein, dass die anderen Kinder die Regelung begrüßen. Sie halten sie für fair, weil die Verantwortung beim Kind bleibt. Deshalb ist diese Verfahrensweise nicht nur für das zum Stören neigende Kind, sondern auch für die übrigen Gruppenmitglieder von Vorteil. Sie lernen dadurch nicht nur, Verantwortung für sich selbst zu übernehmen, sondern auch, dass aus Zorn resultierendes Strafen nicht die konstruktivste Art ist, mit Menschen umzugehen, deren Verhalten nicht immer unseren allgemein akzeptierten Maßstäben entspricht.

Überschüssige Energie abbauen

Wenn die Kinder vor der Meditationssitzung lange still gesessen haben und deshalb unruhig wirken, ist es nützlich, zunächst ein wenig ihren Körper auszulasten. Dazu kann man sie beispielsweise auffordern, sich auf die Zehenspitzen zu stellen und die Arme so hoch zu strecken, wie sie können, als ob sie mit den Händen die Decke erreichen wollten; dann breitbeinig, mit seitlich ausgebreiteten Armen und gestreckten Fingern zu versuchen, die Wände zu beiden Seiten des Raumes zu erreichen. Gewöhnlich geben sich die Kinder bei solchen Übungen sehr große Mühe, und manchmal sind sie danach außer Atem. Darauf kann ein systematisches Ausschütteln folgen, zunächst einer Hand und eines Armes, dann der anderen Hand und des anderen Armes, gefolgt von Beinen und Füßen, bis zuletzt der ganze Körper geschüttelt wird, damit die Kinder sich wieder locker und entspannt fühlen. Anschließend bilden sie still einen Kreis, und sind nun bereit für den nächsten Teil der Sitzung.

Kommunikation (»Plaudern«)

Vor Beginn der ersten Meditationsübung können Sie jedem Kind die Möglichkeit geben zu sagen, wie es sich im Moment fühlt. Die Kinder können dann über ihre Sorgen, Hoffnungen und Ängste reden und so in der neuartigen Situation ein Gefühl der Sicherheit und Zugehörigkeit entwickeln, sodass sie sich akzeptiert und ruhiger fühlen. Zu Beginn werden Kinder dieser Altersstufe als Emotionen wahrscheinlich nur »froh« und »traurig« und vielleicht gelegentlich »aufgeregt« nennen. Das ist in Ordnung. Das Spektrum der Emotionen wird ganz von selbst allmählich größer werden, wenn die Kinder die Fähigkeit zur Selbstwahrnehmung entwickeln und ihre Emotionen verstehen lernen. Das »Plaudern« zu Beginn der Arbeit hat die Funktion, ihr emotionales Gewahrsein zu verbessern und anderen Teilnehmern gegenüber Empathie zu entwickeln. Nehmen Sie sich ein wenig Zeit, um sich mit den Kindern vorsichtig an Konflikte heranzutasten; lassen Sie sie jedoch gewähren, wenn sie nicht näher darauf eingehen wollen. So lernen die Kinder, zuzuhören, zweckmäßig zu reagieren und auszudrücken, was sie bewegt. Sie lernen sehr schnell, einander nicht ins Wort zu fallen, und oft wird auf diese Weise ein einfühlsamer Aspekt ihres Wesens erkennbar, der bisher unbemerkt geblieben oder falsch gedeutet worden war. Ein Beispiel hierfür ist der Fall Michaels.

Michael

Der acht Jahre alte Michael geriet ständig in Schwierigkeiten. Er stritt mit anderen Kindern, was oft mit irgendeiner Form von körperlicher Aggression verbunden war; andererseits hatte er etwas sehr Liebenswertes. Während unseres Gesprächs vor der eigentlichen Meditationsübung sagte eines der Kinder aus der Gruppe, Sharon, sie sei traurig, weil sie ihre Tante nicht besuchen könne. Michael erwiderte scharf: »Was ist denn daran so schlimm?« Sharon fühlte sich durch diese Bemerkung verletzt, und sie und die übrigen Gruppenmitglieder waren verärgert über Michael. Sie sagten ihm ihre Meinung, worauf er aufgebracht reagierte, weil er nicht verstand, was er falsch gemacht hatte. Normalerweise wäre diese Situation zu einer ausgewachsenen Konfrontation eskaliert. Ich [Ingrid] konnte jedoch eingreifen und Michael fragen, was ihn dazu gebracht habe, dies zu sagen. Er antwortete: »Ich wollte sie nicht verärgern; ich fand das nur wirklich nicht wichtig.« Daraufhin erklärte ich ihm, dass jeder Mensch andere Dinge als ärgerlich empfindet und dass es selbst dann, wenn wir in einer Situation nicht das Gleiche empfinden, nützlicher ist, wenn wir die andere Seite zu verstehen versuchen oder wenn wir zumindest akzeptieren, dass sie aufgebracht ist. Mit dieser Erklärung war Michael offenbar zufrieden, und er entschuldigte sich unaufgefordert bei Sharon. Danach verhielt er sich im »Plauder«-Teil unserer Sitzungen völlig anders und erwies sich als sensibles und einfühlsames Kind. Er hatte eine Situation missverstanden und war auch selbst missverstanden worden. Man hatte ihn angegriffen, seine Verteidigung bestand in einem Gegenangriff, und ein »Krieg« drohte auszubrechen. Die Sitzung hatte allen Beteiligten die Möglichkeit gegeben, mehr Verständnis und folglich auch Toleranz füreinander zu entwickeln.

Sie werden feststellen, dass Kinder an diesem Teil der Sitzung generell Gefallen finden und Sie, falls Sie ihn einmal vergessen, prompt daran erinnern. Das Plaudern wirkt offenbar beruhigend auf sie und bewirkt, dass sie sich akzeptiert und verstanden fühlen. Wenn Sie wollen, können Sie diesen Teil der Sitzung zu einer anderen, verwandten Aktivität außerhalb der Meditationsgruppe entwickeln.

Bewegungsmeditation

Auf das »Plaudern« oder Sich-Mitteilen kann eine Bewegungsübung folgen, besonders wenn Sie am Anfang keine Lockerungsübung durchgeführt haben. Fordern Sie die Kinder auf, langsam und schweigend durch den Raum zu gehen, ohne einander anzustoßen, und auf Ihre Anweisung hin die Richtung zu wechseln (eine sehr vereinfachte Version der *Kinhin*-Meditation aus Kapitel 7). Dies ist ein guter Anfang. Sobald sie darin eine gewisse Fertigkeit entwickelt haben, können sie das Gehen beschleunigen. Die Kinder sollten aber weiterhin schweigend gehen und es vermeiden, einander zu berühren. Wenn sie damit gut zurechtkommen, können Sie die Teilnehmer auffordern, rückwärts zu gehen und sich dabei über die Schulter zu schauen, zuerst langsam und dann ein wenig schneller. Diese Übung fördert Konzentration, Wachheit, Koordination und Selbstdisziplin.

Das wachsende Samenkorn

Eine andere wirksame Vorbereitungsübung, die Konzentration, Imagination, Koordination und Anmut stärkt, ist das »wachsende Samenkorn«. Fordern Sie die Kinder auf, sich einen Platz im Raum zu suchen, wo sie sich zu einer Kugel zusammenrollen können. Tun Sie selbst dies auch, und sagen Sie dann ungefähr Folgendes:

> Ihr seid ein winziges Samenkorn im Boden, bedeckt mit Erde. Es ist angenehm warm dort, und ihr spürt die weiche Erde, die euch umgibt. Ihr habt den sanften Regen gespürt, und jetzt spürt ihr die warme Sonne, die auf die Erde scheint. Ihr fangt an zu wachsen ... sehr langsam, bis ihr aus dem Boden schaut. Ihr wachst immer weiter, und eure Blätter fangen an, sich zu entrollen, und vielleicht öffnet sich eines vor den anderen, und ihr wachst empor, empor und immer weiter empor, und ihr seht, wie die Sonne euch zulächelt; ihr spürt ihre Wärme, und ihr streckt euch so weit hoch, wie ihr könnt. Ihr spürt die Wärme auf eurem Gesicht ... der Tag vergeht, und die Sonne verschwindet allmählich, und dann fangt ihr plötzlich wieder an, euch zusammenzurollen, bis ihr wieder eine winzige kleine Kugel seid.

Kinder freuen sich, wenn ihr Lehrer das Gleiche tut wie sie – sofern er sie trotzdem weiter ständig beobachtet. Vergessen Sie nicht, am Ende die Kinder als Gruppe zu loben. Gewöhnlich geben sie sich bei dieser Übung große Mühe, und meist finden sie Gefallen daran. Es folgt ein Beispiel für die Art von Wirkung, die diese Übung auf kleine Kinder haben kann.

Julie

*Nach der soeben beschriebenen Übung sagte Julie, ein fünfjähriges Mädchen: »Das war schön! Können wir es noch einmal mit geschlossenen Augen machen?« Die anderen Kinder hielten das auch für eine gute Idee und gaben sich große Mühe. Es auszuprobieren machte ihnen ungeheure Freude, und sie konzentrierten sich sehr darauf, sich langsam und anmutig zu bewegen, als ob sie sich zu einer stattlichen Pflanze entwickelten. Einige wollten Sonnenblumen und andere Tulpen sein, während wieder andere es vorzogen, zu einem Baum zu werden. Dann stellte Julie noch eine weitere Frage: »Können wir das noch einmal mit Liebe in unserem Herzen tun?« Von diesem Moment an schien die Arbeit bei einigen Kindern etwas sehr Tiefes anzurühren. Die übrigen Kinder nahmen diese Idee sehr offen auf – mit Ausnahme eines kleinen Jungen, der verblüfft fragte: »Wie kann man es denn mit Liebe im Herzen tun?« Ich [**Ingrid**] empfahl: »Denkt an die Person, die ihr in der Welt am meisten liebt, und stellt euch vor, dass diese Person lächelnd auf euch zukommt. Denkt daran, wie ihr euch dieser Person gegenüber fühlt, daran, wie glücklich ihr seid, wenn sie in eurer Nähe ist, und was es euch ausmacht, ob sie glücklich oder traurig ist. Wahrscheinlich ist dies das Gefühl der Liebe in eurem Herzen.« Diese Erklärung schien den Jungen zufriedenzustellen.*

Vorbereitung auf die Sitzmeditation

Fordern Sie die Kinder zunächst auf, sich aufrecht hinzusetzen, ohne sich dabei zu verspannen. Das Sitzen mit übereinandergeschlagenen Beinen auf dem Boden ist in der Regel die bequemste Sitzhaltung. Kindern, die dies nicht als angenehm empfinden, können Sie gestatten, selbst zu entscheiden, was ihnen am liebsten ist. Sagen Sie ihnen aber, dass eine aufrechte Haltung des Körpers in jedem Fall wichtig ist, damit Atmung und Energiefluss nicht behindert werden.

Um dies zu demonstrieren, können Sie die Kinder auffordern, in sich zusammenzusinken, sodass ihr Körper nach vorn geneigt ist. Fordern Sie sie dann auf, in dieser Haltung ihre Atmung zu beobachten und zu spüren, wie sich die Empfindung des Atmens verändert, wenn sie aufrecht sitzen (ohne es zu forcieren). Falls die Kinder auf Stühlen sitzen, sollten ihre Füße bequem den Boden erreichen können. Auch hierbei sollten sie mit geradem, aber entspanntem Rücken sitzen, die Arme und Hände locker, den Kopf gerade und den Nacken ebenfalls entspannt. Dabei können sie die Augen schließen. Falls es Kinder gibt, denen dies schwerfällt, können Sie diese auffordern, ihre Augen auf ein Objekt zu richten, beispielsweise auf Muster auf dem Boden oder dem Teppich vor ihnen. Dabei sollten sie ihren Blick gesenkt halten und etwa zwei Meter vor sich auf den Boden schauen.

Atmen

Den Atem beobachten

Wenn alle aufrecht und still im Kreis sitzen, beginnen Sie mit der Meditation, indem Sie auf den Atem fokussieren (siehe Kapitel 4). Fünfjährigen könnte dies schwerer fallen, als Sie vermuten mögen. Älteren Kindern fällt es leichter. Doch selbst für die Kleinen eignet sich die bewährte Methode, auf den Luftstrom zu achten, der beim Eintritt in die Nase kühl und beim Ausatmen wärmer ist. Bei ihrem ersten Versuch werden Sie wahrscheinlich den Eindruck haben, dass sie das Atmen übertreiben. Viele Kinder atmen lautstark ein, fast rot vor Anstrengung; das Ausatmen kann ähnlich spektakulär ausfallen, wenn sie erlöst und mit großem Nachdruck die Luft aus der Lunge stoßen. Ermahnen Sie die Kinder vorsichtig, normal zu atmen. Sie können ihnen dies vorführen, indem Sie sie auffordern, Sie zu beobachten, während Sie den Vorgang folgendermaßen kommentieren:

> Beobachtet, wie ich normal einatme. [*Demonstrieren Sie dies.*] Ich spüre, wie die kühle Luft in meine Nase strömt. [*Deuten Sie auf Ihre Nase, wenn Sie mit sehr kleinen Kindern arbeiten.*] Und nun atme ich normal aus. [*Atmen Sie normal aus und deuten Sie weiterhin auf Ihre Nase.*] Nun werde ich euch das Ganze noch einmal ohne zu sprechen vorführen. [*Atmen Sie nun einfach normal ein und aus.*] Und nun probiert selbst einmal aus, ob ihr das könnt.

Das führt normalerweise schon beim ersten Versuch zum Erfolg, wobei es allerdings sein kann, dass ein oder zwei Kinder zunächst sehr großen Gefallen daran finden, das Atmen zu übertreiben, was sich nach einer Weile von selbst gibt. Fordern Sie die Kinder auf, etwa fünfmal auf diese Weise zu atmen. Bei sanfter Ermutigung und mehrmaligem Üben können sie dies schon bald ganz natürlich.

Anfangs sind die Kinder höchstens in der Lage, drei vollständige Atemzüge (also Ein- und Ausatmen) auszuführen. Die Übung fördert Konzentration, Fokus und Gewahrsein. Außerdem hilft sie den Kindern, sich ihres Atems bewusster zu werden, was sich wiederum positiv auf ihre Gesundheit auswirkt. Eine Fallstudie im nächsten Kapitel (S. 235) veranschaulicht dies.

Fordern Sie die Kinder nun auf, sehr still mit geschlossenen Augen dazusitzen und innerlich bis fünf zu zählen. Nachdem auch Sie selbst dies getan haben, sagen Sie: »Wenn ihr bereit seid, könnt ihr die Augen wieder öffnen.« Dies sind die ersten Schritte auf dem Weg zur Sitzmeditation. Wenn noch

Zeit übrig ist, können Sie einige Kinder auffordern, zu schildern, wie sie die Übung empfunden haben. Andernfalls sollten Sie darauf achten, dass Ihre Stimme leise bleibt, während Sie die Kinder zu ihrer nächsten Übung anleiten.

Die Atemzüge zählen

Hierbei werden die Kinder aufgefordert, langsam einzuatmen und dabei bis drei zu zählen, den Atem dann drei Zählzeiten lang anzuhalten und schließlich drei Zählzeiten lang auszuatmen. Diese Übung ist gut für die Entwicklung der Atemkontrolle, für die Konzentration und für das Selbstgewahrsein. Da diese Übung vermutlich nicht allen Kindern von Anfang an gefallen wird, müssen wir auch sie wieder etwas interessanter gestalten. Beispielsweise können Sie die Kinder auffordern, abwechselnd für andere zu zählen. Dazu bietet sich an, drei Kinder zum Zählen einzuteilen, von denen das erste zählt: »*Eins*, zwei, drei«; daraufhin fährt das zweite fort: »*Halten*, zwei, drei«, und schließlich zählt das dritte: »*Aus*, zwei, drei.« Dieses Verfahren erfordert ein wenig Übung, da vor allem kleine Kinder so aufgeregt und nervös werden, wenn sie mit dem Zählen an der Reihe sind, dass sie vergessen, was sie sagen sollen; oder sie sind plötzlich zu schüchtern, um es zu sagen. In solchen Fällen ist sanfte Beharrlichkeit gefordert. Mit ein wenig Übung werden sie lernen, ihre Aufgabe auszuführen. Weil ihnen dies so große Freude macht, müssen Sie dafür sorgen, dass alle einmal zählen können. Das Zählen sollte rhythmisch erfolgen, nicht zu schnell und nicht zu langsam, und schon allein das ist eine beachtliche Leistung. Natürlich müssen Sie die gesamte Anleitung auch selbst sehr gleichmäßig und rhythmisch vorsprechen, damit die Kinder hören, wie es klingen soll. Drei vollständige Atemzyklen auf diese Weise zu begleiten reicht am Anfang meist. Bei einer Gruppe von neun Kindern hat dann jedes Kind Gelegenheit, sowohl das Atmen als auch das Zählen zu üben, was insgesamt eine hervorragende Übung in Konzentration und Selbstkontrolle ist.

Jede der beiden im Folgenden beschriebenen Visualisationsübungen oder beide zusammen lassen sich gut an die Atemübungen anschließen.

Die Übungen

Visualisieren und Zeichnen

Wie wir bereits in Kapitel 9 erwähnt haben, fördert das Visualisieren Konzentration, Kreativität und Selbstkenntnis. Für die im Folgenden beschriebene Übung müssen Sie den Kindern Papier, Stifte und Malkreide zur Verfügung stellen. Kinder können recht gut zeichnen, wenn ihr Papier auf dem glatten Boden liegt. Falls dieser mit einem Teppich bedeckt ist, brauchen sie zum Zeichnen eine feste Unterlage. Achten Sie darauf, dass die Kinder ihren Namen und das aktuelle Datum auf ihr Papier schreiben; dies hilft Ihnen, Veränderungen zu erkennen, die im Laufe der Zeit auf den Zeichnungen sichtbar werden.

Die Kinder bleiben weiter in entspannter, aber aufrechter Sitzhaltung und halten die Augen geschlossen. Sprechen Sie leise wie folgt zu ihnen.

> Haltet die Augen geschlossen, und stellt euch einen Ort in eurem Kopf vor, direkt über eurer Nase und zwischen den Augen. Stellt euch vor, dort befindet sich eine weiße Leinwand. Verfolgt auf dieser Leinwand die Bilder, die in eurem Geist auftauchen.

Beenden Sie die Übung nach dreißig bis vierzig Sekunden. Geben Sie jedem Kind die Möglichkeit, über das Erlebte zu sprechen und von dem, was es gesehen hat, ein Bild zu zeichnen. Obwohl Lob grundsätzlich bei jedem Unterricht und bei allen Interaktionen mit Kindern eine wichtige Rolle spielt, gilt für alle Aktivitäten, bei denen Kinder über ihre Eindrücke oder Erlebnisse berichten: *Loben Sie die Kinder nicht wegen des Inhalts ihrer Erlebnisse*, denn das wirkt sich unvermeidlich auf ihre zukünftigen Resultate aus. Möglicherweise »liefern« sie Ihnen dann nämlich genau das, wovon sie glauben, dass Sie es hören oder sehen wollen. Zeigen Sie sich einfach normal interessiert, und hören Sie zu; außerdem können Sie ein paar Fragen zum Erlebten stellen, wenn Sie das Gefühl haben, dies könnte den Kindern nützlich sein. Erfahrungen mit dieser Übung haben gezeigt, dass sich der Inhalt der Bilder, über die berichtet wird, innerhalb weniger Wochen stark verändert. Jungen berichten oft zuerst, sie hätten Superman oder Szenen aus Abenteuerfilmen oder Ähnliches gesehen, also stereotyp maskuline Vorstellungen, wohingegen Mädchen ihre Freundinnen beim Seilhüpfen oder ihre Puppen sehen, also ziemlich stereotype weibliche Reaktionen. Nach einigen Sitzungen berichten die Kinder manchmal über Dinge wie: »Ich habe meine Omi gesehen, die vor langer Zeit gestorben ist. Sie hat mich angelächelt.« Oder: »Meine Tante, die tot ist, hat uns besucht, und es war schön mit ihr.« Manchmal berichten sie auch, sie hätten lebende Verwandte getroffen, mit denen sie in der Realität nur selten zusammentreffen. Aus solchen Bildern scheinen Kinder Trost und Freude zu schöpfen. Mit der Zeit tauchen andere, phantasiebetontere Bilder auf. Beispielsweise sagte ein kleiner Junge: »Ich habe Elefanten gesehen, die sich wuschen.«

Ein anderer sagte: »Ich habe Nilpferde gesehen, die im Schlamm spielten.« Und ein kleines Mädchen berichtete: »Ich habe mich auf einem weißen Vogel durch die Luft fliegen sehen.« Ohne diese Erlebnisse mit Werturteilen zu verknüpfen, darf man sagen, dass sie eine interessante und positive Entwicklung anzeigen.

Das Rad

Fordern Sie die Gruppe auf, sich im Kreis auf den Boden zu legen. Die Füße weisen dabei zum Mittelpunkt des Kreises, sodass ein Rad entsteht. Sie selbst bleiben außerhalb des Kreises sitzen, weil Sie die Kinder möglicherweise auffordern müssen, andere Teilnehmer nicht durch übermütige »Beinarbeit« zu stören. Wenn Kinder etwas tun sollen, was sie noch nie getan haben, und insbesondere wenn die Aufgabe sie verlegen macht, kaschieren sie dies, indem sie Witze machen oder jemand anderen stören und dadurch die Aufmerksamkeit von sich selbst oder dem Geschehen ablenken. Das ist natürlich, und wenn sie sich an die Aktivität gewöhnt haben, verschwindet dieses Problem allmählich, und das zunehmende Selbstgewahrsein und Selbstvertrauen überträgt sich auch auf andere Situationen. Sobald sich die Kinder in der gewünschten Position befinden, fordern Sie sie mit sanfter Stimme auf, sich zu entspannen. Es ist besser, wenn sie auf dem Rücken liegen. Allerdings fühlen sich einige in dieser Haltung zu wenig geschützt und ziehen es deshalb vor, auf der Seite zu liegen. Auch das ist in Ordnung, und vielleicht verändert sich ihre Einstellung dazu später, wenn sie die anderen Teilnehmer auf dem Rücken liegen sehen und ihnen klar wird, dass sie nichts zu befürchten haben. Auch hier gibt es wieder Anlass zu Gekicher und ein wenig Gerangel. Meist reicht es, wenn man die Kinder sanft auffordert, derartige Störungen zu unterlassen.

Leiten Sie die Kinder an, ihres Körpers gewahr zu sein, den Boden unter sich zu spüren, ihre Füße und Beine zu entspannen und diese Entspannung auf den Rücken, die Arme, auf Schultern und Nacken und schließlich das Gesicht auszuweiten. (Weitere Einzelheiten zu dieser Übungsform finden Sie in Kapitel 7.) Fordern Sie die Kinder auf, sich vorzustellen, dass sie alle zusammen ein Rad bilden, das sich langsam links herum dreht. Beschreiben Sie dabei mit Ihren Armen einen Linkskreis, für den Fall, dass einige von ihnen noch nicht links und rechts unterscheiden können. Fordern Sie die Kinder nach etwa fünfzehn Sekunden auf, sich vorzustellen, dass sich das Rad nun in die andere Richtung dreht, wobei sie die Augen weiter geschlossen halten. Nach weiteren fünfzehn Sekunden beenden Sie die Übung. Die Übung verhilft den Kindern zu einem Gefühl der Zusammengehörigkeit, da jedes von ihnen einen wesentlichen Teil des Rades bildet.

Fahren Sie mit dieser Übung fort, indem Sie die Kinder auffordern, sich vorzustellen, dass sie sich an ihrem Lieblingsort befinden – beispielsweise in ihrem Schlafzimmer, im Garten, an einem Bach oder am Strand. Während die Kinder ihre Augen geschlossen halten, sprechen Sie sanft und langsam die folgenden Sätze zu ihnen. Achten Sie darauf, nach jeder Suggestion eine ausreichend lange Pause zu lassen, damit sie genügend Zeit haben, um die verschiedenen Eindrücke zu erleben.

Bleibt weiter liegen. Haltet die Augen geschlossen, und schaut euch im Geiste nach all den Dingen um, die euch umgeben. Vielleicht hört ihr auch Geräusche. Oder ihr könnt Dinge berühren; achtet darauf, wie sie sich anfühlen. Ihr liegt an eurem Lieblingsort und fühlt euch sehr glücklich und ruhig. Nun seht ihr, dass ein Mensch, den ihr besonders gern habt, oder euer Lieblingstier zu euch kommt. Die Person oder das Tier setzt sich neben euch; vielleicht redet ihr auch miteinander. Hört euch an, was ihr zueinander sagt, und fragt euch, wie ihr euch fühlt. Nun muss sich euer Freund oder euer Lieblingstier wieder von euch verabschieden. Ihr seid wieder allein und fühlt euch immer noch sehr friedlich, weil ihr wisst, dass ihr euren Freund wiedertreffen werdet. [*Pause*] Nun seid ihr wieder in diesem Raum in der Schule, und eure Freunde sind in eurer Nähe. Wenn ihr bereit seid, könnt ihr die Augen öffnen und euch aufrecht hinsetzen.

Geben Sie jedem Kind Gelegenheit, in der Gruppe über seine Erlebnisse zu berichten. Gewöhnlich ist dies für alle Kinder ein angenehmes Erlebnis, sagen Sie ihnen also, dass sie jederzeit an diesen besonderen Ort zurückkehren, wenn sie dies wollen.

Musik

Eine andere Aktivität, die der Meditation zugutekommt, ist das Musizieren. Wir haben schon den Wert des Abspielens leiser Musik beim Eintritt der Kinder in den Meditationsraum erwähnt. Sie können aber auch selbst musizieren. Falls Sie Schlaginstrumente zur Verfügung haben, umso besser; wenn nicht, können Sie mit einfachen Mitteln und Erfindungsgabe beispielsweise aus Plastikflaschen, die dekorativ mit getrockneten Erbsen oder Linsen gefüllt sind, vollwertigen Ersatz schaffen. Falls Sie Schlaginstrumente zur Verfügung haben, benutzen Sie am besten zunächst nur solche, die keine besonders lauten Geräusche erzeugen. Wenn die Kinder dann im Laufe der Zeit mehr Selbstkontrolle und Konzentration entwickeln, können Sie alle Instrumente einsetzen. Kleine Kinder spielen sehr gern auf Schlaginstrumenten und möchten wahrscheinlich gern mehrere dieser Instrumente ausprobieren. Außerdem testen sie gern die Grenzen solcher Instrumente – was bedeutet, dass sie so laut spielen, wie sie können, und generell mit ihnen experimentieren. Wenn Sie die Kinder daher zunächst ein wenig »bestechen«, ist das sicher verzeihlich. Beispielsweise können Sie ihnen sagen, dass sie am Ende der Sitzung spielen dürften, was sie wollen, wenn sie jetzt mitmachen und zeigen, wie gut sie spielen können. Das wirkt gewöhnlich, bis sie gelernt haben, das kontrollierte Spielen zu genießen, und anfangen, ganz selbstverständlich konzentriert und kreativ zu spielen. Lassen Sie sie zunächst leise experimentieren, und wählen Sie dann ein ruhiges Lied zum Singen aus, zum Beispiel ein Wiegenlied. Leiten Sie die Kinder dazu an, genau hinzuschauen, während Sie auf verschiedene Instrumente deuten, um die Einsätze und Pausen anzuzeigen. Dies stärkt Konzentration, Koordination und Kooperationsfähigkeit im Team. Wiederholen Sie dies einige Male. Wenn Sie das Gefühl haben, dass die Kinder genügend Selbstkontrolle entwickelt haben, können Sie das Lied wiederholen und sie auffordern, genau zuzuhören und selbst zu entscheiden, wie sie den Gesang begleiten wollen. Zum Schluss müssen Sie Ihr Versprechen erfüllen, das heißt die Kinder die Instrumente tauschen lassen, falls sie dies wollen, und sich ein paar Minuten lang nach Herzenslust darauf austoben lassen. Achten Sie darauf, dass sie die Instrumente an ihren ursprünglichen Platz stellen, bevor sie sich wieder in den Kreis setzen.

Wenn die Kinder durch die Meditation zentrierter und ruhiger werden, sind sie schließlich in der Lage, ihr Instrument sanfter und harmonischer zu spielen, ohne dass ein Lehrer sie dazu anleitet, einfach indem sie den Instrumenten aller anderen Kinder sehr genau zuhören. Dies kann eine sehr intensive und beglückende Form des Meditierens sein.

Wenn Sie die Instrumente bis zum Ende der Sitzung griffbereit halten, ist das für die Kinder ein Anreiz, während der ganzen Sitzung bei der Sache zu bleiben. Wenn sie glauben, es bestehe auch nur entfernt die Gefahr, um dieses Vergnügen gebracht zu werden, verhalten sie sich wahrscheinlich während der gesamten Arbeit vorbildlich.

Der Abschluss der Sitzung

Es ist immer gut, zum Schluss der Sitzung in den Kreis zurückzukehren, dann dreimal die Atemübung auszuführen und anschließend weitere zwanzig Sekunden schweigend zu sitzen, wobei diese Zeitspanne allmählich auf eine Minute verlängert werden kann. Dies ist für einige Kinder viel schwerer als man vermutet, und eine erstaunlich wirkungsvolle Strategie ist, zunächst zu sagen »Wir wollen einmal sehen, wer ruhig sitzen bleiben kann, während ich im Stillen bis zwanzig zähle«. Wenn Sie die Zeitspanne dann allmählich auf eine Minute ausdehnen, sind die Kinder bald in der Lage, auch ohne einen derartigen Anreiz sitzen zu bleiben. Es gibt Kinder von fünf Jahren, denen diese Art von Übung von Natur aus liegt und die relativ lange still sitzen können, ohne sich durch Vorgänge in der Umgebung stören zu lassen. Es ist kaum verwunderlich, dass sie gewöhnlich auch alle anderen Aktivitäten im Rahmen des Meditationsunterrichts relativ leicht finden. Aber auch die sehr lebhaften Kinder können schließlich an allen Übungen teilnehmen.

Am Ende der Sitzung verlassen die Kinder den Kreis und ziehen sich schweigend ihre Schuhe an. Wenn der Weg zu ihrer Klasse nicht weit ist, können sie den Raum verlassen, sobald sie dazu bereit sind. Müssen sie abwarten, bis sie von Ihnen zurückgebracht werden, sollten sie sich in eine Reihe stellen und ruhig und in geordneter Form in ihre Klasse zurückkehren. Lehrer haben uns oft ihre Überraschung darüber mitgeteilt, wie verändert, ruhig und konzentriert die Kinder noch längere Zeit nach ihrer Rückkehr von den Meditationssitzungen gewesen seien. Ein Kommentar wie der folgende ist nach einer Meditationssitzung nicht ungewöhnlich: »Ich konnte es nicht glauben. Sie kamen sehr ruhig zurück, setzten sich sofort wieder an ihre Arbeit und waren den ganzen weiteren Tag einfach wunderbar. Sie arbeiteten gut mit, und sogar die Lebhafteren hatten während des ganzen Unterrichts keine Probleme.«

Aussteigen

Nachdem Sie allen Kindern die Möglichkeit gegeben haben, einige Sitzungen mitzuerleben, sollten Sie diejenigen, die nicht mit der Arbeit fortfahren wollen, »aussteigen« lassen. Vielleicht sind sie noch nicht bereit für die Meditation. Zumindest ist bei ihnen der Same gesät, und sie können, wenn sie es sich später anders überlegen, mit einer anderen Gruppe neu anfangen.

Wie bereits erwähnt, ist der Unterricht in einer vollständigen Klasse eine gute Möglichkeit, alle Kinder mit der Meditation bekannt zu machen. Wir gehen nun einen Schritt weiter und geben Empfehlungen für die Einbeziehung der Meditationsübung in die Arbeit mit einer ganzen Klasse. Man kann dieses gemeinsame Üben beispielsweise regelmäßig zu bestimmten Tageszeiten zur Beruhigung und Fokussierung einsetzen und gelegentlich auch ›Visualisieren und Zeichnen‹ sowie ›Kommunikation‹ und das Zuhören einbeziehen. Falls Ihre Klasse auch die weiter oben beschriebene Gruppenmeditation praktiziert, ist das umso besser. Die Länge der Meditationsübungen mit einer ganzen Klasse hängt sowohl von den Vorgaben des Stundenplans ab als auch davon, wie die Kinder zu einem bestimmten Zeitpunkt auf diese Arbeit ansprechen. Eine weitere positive Folge der Meditationssitzungen ist, dass sie nicht nur zentrierend auf die Kinder wirken, sondern auch Sie selbst zentrieren und Ihnen zur Entspannung verhelfen können.

Regelmäßige kurze Meditationen

Eine kurze Meditation ist eine sehr gute Möglichkeit, einen Tag zu beginnen. Wahrscheinlich beginnt ein Schultag im Augenblick damit, dass die Kinder still auf ihren Plätzen sitzen und der Lehrer die Anwesenheit überprüft. Es ist völlig richtig, dass dies zuerst geschieht, weil es Zuspätkommenden die Möglichkeit gibt, sich in Ruhe hinzusetzen, ohne etwas vom Unterricht zu verpassen. Deshalb ist ein guter Zeitpunkt für die erste Meditation an einem Tag die Zeit nach der Anwesenheitskontrolle. Oft folgt die Klassenbesprechung, doch meist ist es möglich, davor eine kurze Meditation einzuflechten. Bei der Anwesenheitskontrolle sitzen wahrscheinlich alle Kinder um Sie herum oder auf Stühlen an ihren Pulten. Im letzteren Fall können Sie sie auffordern, ihre Stühle so hinzustellen, dass sie in Ihre Richtung schauen. Sie können aber auch den Boden benutzen; die Kinder brauchen dann allerdings viel Platz, damit sie einander nicht berühren. Achten Sie auch darauf, dass sie nichts in ihren Händen halten.

Über Meditation reden

Bevor Sie mit den eigentlichen Übungen beginnen, sollten Sie mit den Kindern über Meditation reden. Falls Sie den Begriff »Meditation« nicht benutzen wollen, können Sie mit ihnen auch über die Übungen sprechen, die Sie ihnen beibringen wollen. Sie sollten ihnen erklären, warum Sie ihnen die Meditation nahebringen wollen. Kinder wollen wissen, wozu eine Aktivität dienen soll, insbesondere wenn ihr konkreter Nutzen nicht unmittelbar ersichtlich ist. Erklären Sie ihnen, dass das Meditieren ihnen bei ihrer Arbeit von Nutzen sein und ihnen helfen wird, besser mit ihren Freunden auszukommen. (In Kapitel 1 werden weitere positive Auswirkungen der Meditation aufgeführt.) Ermöglichen Sie den Kindern auch, Fragen zu stellen, denn das tun alle Kinder gern. Wenn Sie dieses Buch vollständig gelesen haben, können Sie alle Fragen, die Kinder Ihnen stellen, befriedigend beantworten. Es folgen einige der häufig gestellten Fragen samt einigen Vorschlägen für ihre Beantwortung.

F.: Wie wird die Meditation uns bei unserer Arbeit helfen?

A.: Manchmal habt ihr bei der Arbeit Schwierigkeiten, euch zu konzentrieren, weil andere Kinder Lärm machen oder etwas tun, das ihr auch gern tun würdet. Vielleicht hört ihr dann mit eurer Arbeit auf und macht bei den anderen Kindern mit – und dann bekommt ihr Probleme. Manchmal habt ihr auch nur einfach keine Lust mehr auf eure Arbeit, und ihr wollt deshalb damit aufhören. Dann arbeitet ihr bestimmt nicht so gut, wie ihr eigentlich könntet. Die Meditation hilft euch, die Arbeit nicht so schnell aufzugeben und euch ruhiger zu fühlen.

F.: Und wie hilft die Meditation uns, besser mit unseren Freunden auszukommen?

A.: Sie kann euch helfen, überlegter zu handeln und nachzudenken, bevor ihr etwas tut, worüber jemand anders sich ärgert. Sie kann euch auch helfen, nicht wütend zu werden und andere besser zu verstehen. Dann mögen andere Menschen euch mehr, und es gibt nicht mehr soviel Grund für Streit.

Obwohl es nicht notwendig ist, sich vor jeder Meditationssitzung nach Fragen zu erkundigen, ist es sinnvoll, dies hin und wieder zu tun, um die Kinder und auch Sie selbst an die positiven Wirkungen des Meditierens zu erinnern.

Dies ist eine gute Gelegenheit, um mit den Kindern darüber zu sprechen, wie wichtig es ist, Rechte und Wünsche anderer Menschen zu respektieren, sodass ihnen klar wird, dass »verlockende« Aktivitäten wie Stupsen und Haareziehen schlechtes Benehmen sind. Zu Beginn eines kurzen Gesprächs über gutes Benehmen im Allgemeinen könnten Sie die Kinder auffordern, sich einmal Gedanken darüber zu machen, wie sie selbst gern behandelt werden möchten. Bitten Sie sie, darüber nachzudenken, welche Verhaltensweisen sie selbst als freundlich und zuvorkommend ansehen und welche ihnen missfallen. Vielleicht fällt ihnen auch eine Person ein, die sie besonders mögen oder bewundern, und sie können beschreiben, was ihnen an diesem Menschen besonders gut gefällt. Dies führt dann wie von selbst zu der Idee, dass wir andere so behandeln sollten, wie wir selbst gern behandelt werden möchten, und es stärkt das Gewahrsein des Kindes und hilft ihm, sich klarzumachen, welche Wirkung es auf andere Menschen hat. Wird dies häufig geübt, entfaltet es eine langfristige Wirkung, weil es kontrollierteres und bedachteres Verhalten fördert, bis dieses schließlich zur zweiten Natur geworden ist.

Richtiges Sitzen

Nachdem Sie bei den Kindern das Bewusstsein gestärkt haben, dass es wichtig ist, auf andere Menschen Rücksicht zu nehmen, können Sie sie in eine bequeme Sitzhaltung wechseln lassen, wobei ihre Hände auf den Oberschenkeln ruhen und die Finger entspannt sind. Sie sollten mit aufrechtem Rücken sitzen, jedoch ohne sich dabei anzustrengen. Wichtig ist, dass sie sich wohlfühlen und dass sie entspannt sind. Zwar ist keine besondere Haltung der Hände erforderlich, aber wahrscheinlich werden Sie feststellen, dass einige Kinder ihre Hände in die Position bringen, die im Buddhismus traditionell üblich ist – vielleicht weil sie es so auf Abbildungen oder im Fernsehen gesehen haben. Andere ahmen Ihre Handhaltung genau nach, weil sie meinen, diese sei die »richtige«. Wieder andere werden eine individuelle Lösung finden. In diesem Stadium der Arbeit spielt die genaue Haltung keine Rolle, solange die Kinder entspannt und konzentriert sind. Wenn sie auf dem Boden üben, ist es für sie wahrscheinlich am leichtesten, mit übereinandergeschlagenen Beinen zu sitzen. Falls sie auf Stühlen sitzen, sollten ihre Beine parallel nebeneinander stehen und beide Füße ganz den Boden berühren.

Wenn die Kinder wollen, können sie folgende Übung mit offenen Augen ausführen, denn manche Kinder fühlen sich nicht wohl, wenn sie tagsüber im Beisein anderer Menschen die Augen schließen sollen. Bedenken Sie stets, dass Meditation eine Aktivität ist, die nichts von alldem, was die Kinder vorher getan haben, ähnelt. Gebete zu sprechen ist wahrscheinlich unter den Dingen, die sie kennen, das, was dem Meditieren am nächsten kommt; aber beim Gebet werden Worte gesprochen, wohingegen es beim Meditieren darum geht, nichts zu tun. Sie werden vermutlich feststellen, dass die meisten Kinder sofort ihre Augen schließen und dass die übrigen dies nach einigen gemeinsamen Sitzungen ebenfalls tun.

Falls ein Kind nicht an den Übungen teilnehmen will, fordern Sie es am besten auf, ruhig dazusitzen und zuzuschauen oder in einem Buch zu lesen. Unbedingt verhindern sollten Sie, dass die Betreffenden aufstehen und umhergehen, weil dadurch die übrigen gestört werden, zumindest zu Anfang der Meditationsarbeit.

Atmen

Den Atem beobachten

Diese Übung wurde im Abschnitt über die Meditation mit kleinen Gruppen ausführlich beschrieben, und sie nimmt nur dreißig Sekunden oder eine Minute in Anspruch. Die Kinder sollten dabei aufrecht und mit geschlossenen Augen sitzen, niemanden berühren, nichts in Händen halten, die

Füße auf den Boden aufstellen, falls sie auf Stühlen sitzen, und sie sollten Ihnen zugewandt sein. Falls sie auf dem Boden sitzen, sollten Sie sich zu ihnen gesellen. Falls sie auf Stühlen sitzen, setzen auch Sie sich auf einen Stuhl. Fordern Sie die Kinder dann auf, sich ihres Atems bewusst zu werden, so wie es in Kapitel 4 beschrieben wird.

Diese kurze Meditation können Sie so oft wiederholen lassen, wie Sie wollen. Dies ist eine gute und konstruktive Art, eine zum Lärmen neigende Klasse zu beruhigen oder den Wechsel von einem Übungsabschnitt zum nächsten zu markieren. In jedem Fall ist es ein guter Anfang und ein gutes Ende für den morgendlichen Unterricht, und für den Nachmittag gilt das Gleiche. Nach einer Weile wird es den Kindern so zur Gewohnheit werden, dass sie es vermissen, wenn Sie nicht daran denken.

Vergessen Sie nicht, dass diese meditativen Ruhepausen sogar im Rahmen des hektischen Schulbetriebs dazu beitragen können, *Sie* zu beruhigen und zu zentrieren; und je zentrierter Sie sind, umso zentrierter sind auch die Kinder. Ein Lehrer sagte einmal nach einer Meditationssitzung mit Sechs- bis Siebenjährigen: »Das war wunderbar. Ich fühle mich sehr ruhig und entspannt. Das hat für mich den Tag völlig verändert.«

Die Atemzüge auszählen

Nachdem Sie mehrere Sitzungen kurzen Meditationsübungen gewidmet haben, können Sie sich dem nächsten Schritt zuwenden, der die Übungszeit nur um weitere dreißig bis sechzig Sekunden verlängert. Es geht hier um die Zähl- und Atemübung, die bereits im Zusammenhang mit den Übungen für kleine Gruppen auf Seite 206 beschrieben wurde.

Diese Übung lässt sich gut an die Erfordernisse der Arbeit mit einer ganzen Schulklasse anpassen. Achten Sie unbedingt darauf, dass alle Kinder im Laufe von mehreren Tagen die Möglichkeit erhalten, während der Übung laut zu zählen. Nachdem alle an der Reihe waren, können Sie das Zählen selbst übernehmen und auf diese Weise bis zu fünf vollständige Atemzüge begleiten, wobei »*Eins*, zwei, drei … *halten*, zwei, drei … *aus*, zwei, drei« einem Atemzug entspricht.

Längere Meditationen

Beginnen Sie mit der üblichen kurzen Meditation, der Beobachtung des Atems, gefolgt vom Auszählen der Atemzüge. Leiten Sie die Kinder anschließend zu einer Visualisation an, und lassen Sie sie danach beschreiben oder zeichnen, was in ihrer Vorstellung aufgetaucht ist. Die zu Beginn dieses Kapitels beschriebenen Ideen lassen sich leicht an die Arbeit mit einer ganzen Klasse anpassen. Weitere Übungen, die in diesem Fall nützlich sein könnten, beispielsweise das Zeichnen eines Alltagsgegenstandes aus dem Gedächtnis, werden in Kapitel 3 beschrieben.

Meditieren zu Hause

Einführung in die Meditation zu Hause

Stellen Sie die Meditation zu Hause als etwas vor, das den Kindern bei ihrer Arbeit in der Schule helfen wird und das außerdem Spaß machen kann. Sie können auch erklären, dass das Meditieren ihnen bei ihren Freundschaften und bei allem, was sie tun, zugutekommen könnte. Die Erläuterungen zum Meditieren mit einer ganzen Schulklasse im vorigen

Abschnitt liefern Ihnen weitere Anregungen für den Einstieg. Außerdem müssen Sie sichtbar machen, dass Sie selbst aus den gleichen Gründen meditieren, und Sie müssen die Übungen natürlich zusammen mit Ihren Kindern ausführen.

Einer der großen Vorzüge, die Meditationssitzungen zu Hause für Kinder haben, besteht darin, dass sie nicht nur von der Meditationserfahrung selbst profitieren, sondern gleichzeitig Ihre ungeteilte Aufmerksamkeit genießen; allein schon dies kommt Ihrer Beziehung zu Ihren Kindern zugute, weil Sie auf angenehme und entspannende Weise Zeit miteinander verbringen.

Der Zeitpunkt der Sitzung

Mit Kindern, die nicht älter als fünf bis sieben Jahre sind, dauern die Meditationssitzungen zu Hause wahrscheinlich zwischen fünf und zehn Minuten. Gut eignet sich die Zeit unmittelbar vor dem Zubettgehen. Wenn die Kinder sehen, dass sie wegen der Meditation ein paar Minuten länger aufbleiben können, sind sie sofort von dem Vorhaben angetan. Außerdem bewirkt das Meditieren unmittelbar vor dem Zubettgehen, dass die Meditation nicht zum Spielen mit Freunden oder zu ihrer Lieblingssendung im Fernsehen in Konkurrenz tritt und dass sie nicht in Eile sind, mit der Meditation »fertig zu werden«, weil sie anschließend noch etwas vorhaben.

Die häuslichen Voraussetzungen

Sie benötigen einen relativ ruhigen Raum, in dem Sie nicht so schnell abgelenkt werden. Vielleicht eignet sich das Schlafzimmer Ihres Kindes oder Ihrer Kinder, falls dort genug Platz für alle Beteiligten ist. Der Raum sollte weder zu hell noch zu dunkel sein; ein schwacher seitlicher Lichteinfall ist oft genau das Richtige. Bitten Sie die Familienmitglieder, die nicht mitmachen wollen, für kurze Zeit ein wenig leiser zu sein. Sie können auch an der Tür des Raumes den freundlichen Hinweis »Meditation, bitte nicht stören« oder etwas Ähnliches befestigen, damit die übrigen Familienmitglieder Ihren Rückzug für die entsprechende Zeit respektieren.

Sie selbst und Ihre Kinder sollten möglichst lockere Kleidung tragen, und entweder barfuß sein oder nur Strümpfe anhaben. Alle Beteiligten sollten sich frei und entspannt fühlen. Besondere Kleidung für das Meditieren ist in jedem Fall nützlich, beispielsweise ein leichter Trainingsanzug oder ein Pyjama, den Sie besonders gern tragen und der Ihnen hilft, sich mental einzustimmen.

Die Übungen

Bewegung

Führen Sie vor der ersten Meditationssitzung gemeinsam mit Ihren Kindern sanfte Dehn- und Entspannungsübungen aus, beispielsweise seitliches Dehnen und anschließendes Entspannen sowie vertikales Dehnen und anschließendes Entspannen. Es gibt mehrere Möglichkeiten, den weiteren Verlauf der ersten Sitzung zu gestalten, und wenn Sie dieses Buch bis hier gelesen haben, haben Sie möglicherweise schon einige eigene Vorstellungen entwickelt. Es folgt eine Empfehlung, die sich für ein besonders lebhaftes Kind eignet.

Still sitzen

Setzen Sie sich auf dem Boden einander gegenüber, und sagen Sie zu Ihrem Kind: »Lass uns etwas zusammen spielen.«

Wahrscheinlich stellt sich Ihr Kind dann etwas Lebhaftes und Ausgelassenes vor; deshalb müssen Sie darauf hinweisen, dass es um neue Spiele geht, die sich von allen, die Sie bisher zusammen gespielt haben, unterscheiden.

Sagen Sie: »Zuerst wollen wir einmal sehen, ob wir beide ganz still sitzen können, während ich bis fünf zähle.« Welche Zahl Sie wählen, hängt davon ab, was Sie Ihrem Kind nach Ihrer Einschätzung ohne Weiteres zumuten können. Verlangen Sie nichts von ihm, wozu es nicht in der Lage ist, denn das kann nur zu Frustration und Enttäuschung führen – für Sie und für das Kind. Bei zunehmender Übung können Sie jederzeit zu einem etwas höher gesteckten Ziel wechseln. Wir können gar nicht nachdrücklich genug darauf hinweisen, dass Sie bei jeder Aktivität mit Ihrem Kind *stets ein Ziel wählen sollten, das für das Kind erreichbar ist.* Das Ziel muss nicht immer leicht erreichbar sein, weil Anstrengung notwendig ist, wenn man Fortschritte erzielen will, aber es muss zumindest im Bereich des Möglichen liegen.

Sitzen Sie sehr ruhig zusammen, während Sie bis fünf zählen. Denken Sie daran, jedes Bemühen Ihres Kindes zu loben. Fordern Sie es dann auf, die Augen zu schließen. Falls es dies nicht will, können Sie ihm helfen, indem Sie ihm ein »Nachmachspiel« vorschlagen: »Ich werde jetzt still sitzen und meine Augen schließen, während du bist fünf zählst, und danach sitzt du still und schließt die Augen, während ich bis fünf zähle.« Weil Sie mit dem Kind die Rollen tauschen, wird es sich wohler fühlen und das Geschehen eher wie ein Spiel unter Gleichen empfinden. Schon hierbei übernimmt das Kind, wenn auch nur für fünf Sekunden, die Kontrolle über sich selbst und erlebt Augenblicke der Stille.

Die folgenden Übungen können für Kinder im Alter von

drei bis vier Jahren schwierig sein. Es bleibt Ihnen überlassen zu entscheiden, was davon für Ihr Kind am besten geeignet ist. Oft müssen Sie dies durch Versuch und Irrtum herausfinden.

Beobachten und Auszählen des Atems

Eine ausführliche Anleitung zu diesen Atemübungen und ihrer Anwendung im Rahmen der Arbeit mit kleineren Schulkindern wurde bereits auf Seite 206 gegeben. Um den Atem zu beobachten, müssen wir nur auf das Einströmen kühler Luft in die Nasenöffnungen beim Einatmen und das Ausströmen warmer Luft beim Ausatmen achten. Das Auszählen von Atemzügen erfordert mehr Kontrolle über die Atmung, da wir dabei jeweils drei Zählzeiten lang einatmen, den Atem anhalten und ausatmen.

Musik

Nach den Atemübungen können Sie mit Schlaginstrumenten arbeiten. Im Idealfall haben Sie jeweils ein Instrument der gleichen Art für sich selbst und das Kind, damit Sie das »Nachmachspiel« spielen können. Spielen Sie zunächst einen kurzen Rhythmus, der maximal drei oder vier Schläge umfasst, und fordern Sie das Kind auf, diesen nachzuahmen. Wiederholen Sie dies einige Male. Anschließend können Sie dem Kind vorschlagen, selbst einen Rhythmus vorzuspielen, den Sie dann nachahmen.

Visualisieren und Zeichnen

Diese Übung sollte unmittelbar auf die Atemübungen folgen. Sie brauchen dazu Papier, Stifte und Malkreide. Fordern Sie Ihr Kind auf, die Augen geschlossen zu halten und sich über seiner Nase und zwischen den Augen eine weiße Leinwand vorzustellen. Fragen Sie es, ob es auf der Leinwand irgendwelche Bilder sieht. Lassen Sie es über das, was es gesehen hat, sprechen oder (bzw. und) es in Bildern darstellen.

Rosie

Rosie war sechs Jahre alt. Ihre Eltern durchlebten gerade eine besonders schwierige Ehekrise, und obwohl beide ihr gegenüber liebevoll waren und ebenso gut für sie sorgten wie vorher, fühlte sich Rosie zwischen ihnen hin- und hergerissen. Manchmal hatte sie ihnen gegenüber äußerst zwiespältige Gefühle und war sehr zornig. Die Atemübungen fielen Rosie sehr leicht, und ihr gefiel auch die »Tunnel und Licht«-Visualisation (siehe S. 247). Als sie nach der Visualisation über ihre Erlebnisse sprach, berichtete sie, die Menschen im Licht seien diejenigen gewesen, die ihr auf der Welt am liebsten seien. Sie habe »Mami, Papi und meine Schwester« gesehen, und diese hätten ihr zugelächelt. Das habe sich sehr schön angefühlt, und es hat Rosie offenbar geholfen, wieder zu sich selbst zurückzufinden.

Außerdem hatte Rosie berichtet, zunächst sei es ihr schwergefallen, die weiße Leinwand zu visualisieren – etwas, das Kinder in sehr unterschiedlichem Maße können.

Sie können auch selbst ein Bild von etwas zeichnen, das Sie Ihrerseits visualisiert haben. Wenn Sie und Ihr Kind mit dem Zeichnen fertig sind, können Sie eine oder zwei Minuten lang über die beiden Bilder reden. Wenn Sie die Bemühungen Ihres Kindes loben, müssen Sie vorsichtig sein. Wie bereits erwähnt, sollten Sie zwar die Bemühungen loben, aber nicht den Inhalt der Bilder, weil das Loben von Inhalten oft Einfluss auf die Inhalte zukünftiger Bilder hat. Wenn Kinder beispielsweise meinen, Sie fänden ihre Zeichnung eines Hauses besonders schön, zeichnen sie danach möglicherweise ständig Häuser, um Ihnen zu gefallen. Wenn Sie trotz aller Bemühungen, keine inhaltlichen Urteile über Zeichnungen zu fällen, feststellen, dass Ihre Kinder zweimal das Gleiche zeichnen, dann widerstehen Sie der Versuchung zu sagen: »Das ist sehr schön, aber das hast du schon letztes Mal gezeichnet; versuche doch einmal, dir etwas anderes auszudenken.« Solche Bemerkungen erwecken den Eindruck, dass es Sie entweder langweilt, Ihre Kinder Häuser zeichnen zu sehen, und dass Sie sich mehr Vielfalt wünschen oder dass Sie es für wichtig halten, dass die Kinder etwas anderes zeichnen. Wenn die Kinder zeichnen, was sie gesehen haben, dann haben sie getan, wozu Sie sie aufgefordert haben. Manchmal gibt es einen für andere Menschen nicht unbedingt erkennbaren Grund dafür, dass Kinder, ob aus Neigung oder aus innerem Drang, immer wieder Puppen, Häuser oder Flugzeuge zeichnen. Ermuntern Sie Ihr Kind, mit Ihnen über seine schöpferischen Produkte zu reden.

Je älter die Kinder sind, umso mehr Zeit können Sie auf derartige Aktivitäten verwenden. Denken Sie daran, ihnen erreichbare Ziele zu stecken und ihre Bemühungen stets zu loben. Wenn sie nach kurzer Zeit die Lust verlieren und vorsichtige Ermutigung nicht mehr wirkt, dann beenden Sie die betreffende Übung und versuchen Sie es später noch einmal damit. Erzwingen Sie niemals die Fortsetzung einer Sitzung, und denken Sie stets daran, dass sanfte Beharrlichkeit oft die effektivste Art ist, bei der Arbeit mit Kindern etwas zu erreichen.

Die Arbeit mit einer größeren Familiengruppe

Es ist relativ leicht, die oben beschriebenen Übungen für die Arbeit mit größeren Familiengruppen abzuwandeln, indem Sie dafür sorgen, dass alle Beteiligten abwechselnd sämtliche Rollen übernehmen. Beispielsweise sollten bei musikalischen Aktivitäten alle Beteiligten die Möglichkeit haben, einen Rhythmus vorzuspielen, den die übrigen nachahmen. Bedenken Sie aber auch, dass die jüngsten Familienmitglieder kurze, für sie interessante und abwechslungsreiche Aktivitäten brauchen. Hat der jüngste Teilnehmer von der Arbeit genug, können Sie die Sitzung vorläufig beenden, damit das Kind zu Bett gehen kann. Der Rest der Familie kann anschließend mit der Arbeit in einem Tempo und über eine Zeitspanne fortfahren, die für diesen Teil der Gruppe angemessen ist. Es ist wichtig, dass Sie genügend Vertrauen in den Prozess haben, um diese Aktivitäten so lange zu verändern, bis Sie gefunden haben, was für Ihr Kind oder für Ihre Familie am besten ist. Solange die Übungen mit Liebe und Freude ausgeführt werden, können Sie nicht allzu viel falsch machen.

14

Meditieren mit Neun- bis Zwölfjährigen

Bei der Arbeit mit der Gruppe der kleineren Kinder, um die es im vorigen Kapitel ging, war die Zeitspanne der Konzentrationsfähigkeit einer der wichtigsten zu berücksichtigenden Faktoren. Obwohl die Kinder, um die es in diesem Kapitel geht, älter sind und man erwarten könnte, dass ihnen das Meditieren leichter fällt, kommen bei dieser Altersgruppe andere Hemmfaktoren ins Spiel. Grundsätzlich lassen sich ältere Kinder weniger leicht zu Übungen überreden, die ihnen nicht auf Anhieb gefallen; außerdem sind sie oft sehr befangen und imagebewusst und brauchen einen überzeugenden Grund, um etwas Neu- und Andersartiges zu tun, insbesondere wenn ihre Freunde daran keinen Anteil haben.

Hinführung zum Thema Meditation

Mit älteren Kindern über die positiven Auswirkungen der Meditation zu sprechen sowie darüber, was sie für die Kinder persönlich zu bewirken vermag, fördert die Bereitschaft, sich damit zu befassen. Sie brauchen nicht einmal von Meditation zu reden, sondern können von Übungen und Techniken sprechen, die es den Kindern ermöglichen werden, ihren Einfluss auf Geist und Körper zu stärken. Für sportbegeisterte Kinder ist sicher ein attraktiver Aspekt, dass diese Übungen die Konzentrationsfähigkeit sowie die Geist-Körper-Koordination verbessern, was generell der Leistungsfähigkeit zugute kommt (siehe hierzu Kapitel 1). Kinder mit theoretisch-wissenschaftlichen Interessen wird die Stärkung der Konzentrationsfähigkeit gleichfalls interessieren (siehe Kapitel 4), und kreative Kinder wird ansprechen, dass Meditation die Fluidität und Flexibilität des Denkens verbessern kann (siehe Kapitel 8). Natürlich schließen die genannten Effekte einander nicht aus. Alle Kinder profitieren davon, dass die Übungen darüber hinaus die soziale Kompetenz verbessern können, was ihnen ermöglicht, bessere Beziehungen zu anderen Kindern aufzubauen sowie mehr innere Sicherheit und mehr Selbstvertrauen zu entwickeln, was wiederum ihrem Ansehen unter den Kindern zugutekommt. Wenn Sie diese Aspekte erklären, werden wahrscheinlich auch diejenigen unter den Kindern, die desinteressiert wirken, ein gewisses Interesse erkennen lassen.

Wenn die beliebteren Kinder in der Klasse das Meditieren gutheißen, schließen sich ihnen wahrscheinlich viele andere an, denn die »Stars« fungieren oft als Vorbilder. Deshalb schadet es sicher nicht, sich dezent um das Interesse dieser Kinder zu bemühen.

Ein Dilemma bei der Arbeit mit älteren Kindern ist, wie man ihnen das Konzept der Meditation erklärt. Einige empfinden Begriffe wie »Meditation« und »Spiritualität« als befremdlich, entweder weil sie diese Dinge für Spinnerei halten oder weil sie sich genieren, sich mit etwas so »Abgedrehtem« zu befassen. Andere begrüßen sicherlich den gesamten Bereich von Spiritualität, Meditation und esoterischer Praxis. Bei ihnen rufen solche Vorhaben entweder Begeisterung beim Gedanken an das »Unbekannte« und »Mystische« hervor, oder sie erzeugen Sehnsucht nach der eigenen spirituellen Entwicklung. Wir kennen keine simple Lösung, was den besten Umgang mit diesen gegensätzlichen Reaktionsweisen angeht. Verlassen Sie sich dabei auf Ihre Intuition und auf Ihre Kenntnis der Kinder, mit denen Sie arbeiten. Vielleicht entscheiden Sie sich dafür, das Meditieren als Übung zur Entwicklung des körperlichen und geistigen Potenzials zu bezeichnen; oder Sie organisieren zwei getrennte Kurse mit jeweils anderem Namen und Schwerpunkt, sodass die Kinder selbst entscheiden können, welchen der beiden sie vorziehen. Beispielsweise könnten Sie einen dieser Kurse »Übungen und Techniken für eine bewusstere Lebensführung« nennen und den anderen »Meditation zur Förderung der kreativen und spirituellen Entwicklung«. Obwohl sich die beiden Veranstaltungen in Wahrheit inhaltlich sehr stark ähneln, könnten Sie diese Inhalte auf unterschiedliche Weisen darstellen, wobei jeweils andere Übungen im Vordergrund stehen. Außerdem können Sie so auf die unterschiedlichen Stimmungslagen und Bedürfnisse innerhalb der Gruppen eingehen sowie auf den jeweils bevorzugten Schwierigkeitsgrad, die Aufmerksamkeitsspanne und das unterschiedliche Verlangen nach Abwechslung.

Meditation mit kleinen Gruppen

Vorbereitung des Übungsraums

Für die Arbeit mit kleinen Gruppen von fünfzehn oder weniger Personen gilt vieles von dem, was in Kapitel 13 über die Arbeit mit kleineren Kindern gesagt wurde. Es ist nützlich, immer im selben Raum zu arbeiten, der möglichst wenig Ablenkung bieten sollte. Die Kinder sollten es sich zur Gewohnheit machen, beim Betreten des Raumes ihre Schuhe auszuziehen und sie ordentlich in eine Reihe zu stellen. Ziehen

Sie selbst sich ebenfalls die Schuhe aus. Der Raum sollte beim Eintreffen der Kinder für die Arbeit vorbereitet sein. Falls sie beim Üben auf Stühlen sitzen, sollten diese bereits in einem Kreis angeordnet sein, sodass die Kinder sich sofort hinsetzen können, ohne Stühle rücken zu müssen. Falls sie auf einem harten Boden sitzen, sollten sie entweder Sitzkissen mitbringen und sich still auf diese setzen, oder es sollten vor ihrem Eintreffen Kissen in einem Kreis ausgelegt werden. Falls in dem Raum ein Teppich oder Teppichboden liegt, ist es eventuell möglich, ohne Kissen auf dem Boden zu sitzen, und sie sollten sich nach dem Ausziehen der Schuhe sofort im Kreis niederlassen. Wie bei der Arbeit mit kleineren Kindern sollten Sie auch in diesem Fall Ihren Platz im Kreis möglichst als Erster einnehmen, damit sich die Kinder zu Ihnen setzen können. Dies hat eine augenblicklich beruhigende Wirkung auf sie. Leise Musik, die bei ihrer Ankunft und eventuell auch während der Sitzung ertönt, kann zu einer friedlichen Atmosphäre beitragen, insbesondere in Verbindung mit dem Abbrennen eines Räucherstäbchens – wobei Letzteres nicht immer möglich ist.

Rücksicht auf andere

Zu Beginn der ersten Sitzung müssen Sie einige Grundregeln akzeptablen Verhaltens erläutern. Tun Sie dies sensibel und bestimmt, aber ohne dogmatisch aufzutreten. Weisen Sie die Kinder darauf hin, wie wichtig es ist, die Wünsche anderer Menschen zu respektieren, und erklären Sie ihnen, dass andere es zu schätzen wissen, wenn sie bei einer Aktivität nicht unterbrochen werden. Geben Sie den Kindern einige Minuten Zeit, um darüber zu sprechen. Beispielsweise können Sie das Gespräch über dieses Thema einleiten, indem Sie die Kinder fragen, welche Eigenschaften sie an anderen mögen und wie sie selbst gern behandelt werden möchten. Rücksicht auf andere zu nehmen und sich der positiven Auswirkungen solchen Verhaltens, nicht zuletzt auf sie selbst, bewusst zu sein kommt ihnen stets zugute.

Vertraulichkeit

Vereinbaren Sie mit der Gruppe, dass nichts von dem, was während der Gruppensitzungen mitgeteilt wird, nach außen getragen wird. Versichern Sie den Kindern auch, dass sie der Gruppe ihre Erlebnisse nicht mitzuteilen brauchen, wenn sie dies nicht wollen. Die Vorstellung, dass sie sich über ihre Erlebnisse vor der Gruppe äußern sollen, kann ihnen bei der Übung hinderlich sein.

Der Beginn der Sitzung

Entspannung

Beginnen Sie jede Sitzung mit einer kurzen Entspannungsübung. Doch erklären Sie zunächst die Vorteile der Entspannung und des Körpergewahrseins, und weisen Sie die Kinder auf die unauflösbare Verbindung zwischen Körper und Geist hin, insbesondere auf die Macht des Geistes über den Körper, sowie auf unsere Verantwortung, für beide zu sorgen. Dabei können Sie sogar einige grundlegende Untersuchungsberichte erwähnen, in denen beschrieben wird, wie einige Menschen, deren Ärzte jede Hoffnung auf die Genesung der Betreffenden aufgegeben hatten, aufgrund ihrer positiven Einstellung gesund wurden, wohingegen andere, die sich der Verzweiflung überließen, krank blieben. Eine ausführlichere Darstellung dieser Zusammenhänge finden Sie in Kapitel 1.

Achten Sie darauf, dass die Kinder in entspannter Haltung sitzen, in der Regel entweder mit überkreuzten Beinen auf dem Boden oder auf Stühlen mit aufrechten Lehnen. Sie sollten ihren Rücken gerade, aber nicht steif halten, und ihren Kopf weder vor noch zurück neigen, sondern ebenfalls gerade halten. Wenn Sie wollen, können Sie erklären, dass sich ihre Energie in dieser Haltung frei durch ihren Körper bewegen kann. Überprüfen Sie kurz die Haltung aller Teilnehmer, und empfehlen Sie nötigenfalls Veränderungen. Sie können den Kindern auch sagen, dass die Übung für sie leichter wird, wenn sie die Augen schließen, dass sie aber, wenn sie damit Schwierigkeiten haben, ihren Blick auch mit halb geschlossenen Augenlidern auf einen Punkt etwa zwei Meter vor ihrem Körper richten können. Geleiten Sie die Teilnehmer dann ruhig durch die Entspannungsübung, empfehlen Sie ihnen, auf ihren Körper zu achten und dafür zu sorgen, dass sie von den Zehen, Füßen und Beinen aufwärts bis zu Schultern, Hals und Gesicht entspannt sind. Sie sollen bewusst spüren, wie sich ihr ganzer Körper entspannt. Lassen Sie ihnen genügend Zeit, um auf jeden einzelnen Körperteil zu fokussieren.

Beobachten des Atems und Auszählen der Atemzüge

Erläutern Sie die Techniken der Atembeobachtung und des Auszählens der Atemzüge, so wie sie auf den Seiten 204 bis 207 dieses Buches beschrieben werden. Erklären Sie ihnen, dass das Auftauchen von Gedanken in ihrem Geist (was mit ziemlicher Sicherheit eintreten wird) völlig natürlich ist und dass sie die auftauchenden Gedanken loslassen und davontreiben lassen sollen. Empfehlen Sie ihnen, dabei keine besondere Mühe aufzuwenden, sondern die Gedanken behutsam loszulassen. Dabei können ihnen bildliche Vorstellungen helfen, beispielsweise dass ihre Gedanken auf einer Wolke oder in einem Ballon davontreiben. Wie viel Zeit Sie auf diese Übung verwenden, hängt vom Alter und von der Konzentrationsfähigkeit der Kinder ab, doch ein Anhaltspunkt für den Anfang ist, bei Neunjährigen dreißig Sekunden und bei Elfjährigen bis zu einer Minute zu veranschlagen. Diese Zeitspanne kann mit zunehmender Übung allmählich ausgedehnt werden.

Nach der Übungssitzung können die Kinder diese Atemübungen ohne Hilfe ausführen, also ohne dass jemand anders für sie zählt. Allerdings sollten Sie die Teilnehmer von Zeit zu Zeit vorsichtig daran erinnern, dass sie alle auftauchenden Gedanken loslassen. Diese beiden Übungen, das Beobachten des Atems und das Auszählen der Atemzüge, nehmen zusammen etwa drei Minuten in Anspruch. Es folgt eine Fallbeschreibung, die veranschaulicht, wie diese Atemübungen einem unter Asthma leidenden Jungen halfen, seine Atemprobleme zu überwinden.

Paul

Brenda, eine Mutter, die mit uns über ihre Erfahrungen sprach, berichtete, wie diese Atemübungen ihrem neunjährigen Sohn Paul geholfen hatten, der unter Asthma litt. Nach mehrmaliger Ausführung der Atemübungen während der Meditationssitzungen brauchte Paul sein Inhalationsgerät immer seltener, und zwei Jahre später benötigte er das Gerät überhaupt nicht mehr. Seine Mutter war auf diese Übungen zu sprechen gekommen, weil sie sich günstig auf Pauls Atembeschwerden ausgewirkt und ihm durch ihren positiven Einfluss auf seine Konzentrationsfähigkeit außerdem ermöglicht hatten, seine schulischen Aufgaben schneller zu erledigen. Sie hatte ihrem Sohn die Beziehungen zwischen Geist und Körper erklärt und dass er die Pflicht habe, sich so gut wie möglich um seinen Körper zu kümmern. Paul gefiel insbesondere, dass die Übungen ihm zu einer besseren Körperbeherrschung verhelfen würden. Paul war ein begeisterter Sportler und wollte seine sportlichen Leistungen verbessern. Außerdem war es ihm sehr unangenehm gewesen, sein Inhalationsgerät vor den Augen seiner Freunde benutzen zu müssen, weil er dies für einen Ausdruck von Schwäche hielt.

Nach der ersten Atemübung, also der Beobachtung des Atems mit behutsamer Auflösung ablenkender Gedanken, stellte Pauls Mutter fest, dass die Aufforderung, während dieser Übung auf ein Objekt zu fokussieren, besonders nützlich war. Sie wählte für diesen Zweck eine Orange, die Paul aufmerksam betrachtete, während er mit seiner Mutter zusammen schweigend dasaß. Im Anschluss an die Übung sprachen sie über das Erlebte, und Paul berichtete Brenda, was er in der Orange gesehen und was er erlebt hatte. Brenda berichtete uns auch, dass Paul die Idee der Meditation oder irgendeiner besonderen Bedeutung, die sich damit vage verknüpft, immer noch nicht akzeptiert. Mit seinen mittlerweile siebzehn Jahren braucht er aber weiterhin kein Inhalationsgerät und meditiert nach wie vor (obwohl er dies niemals so nennen würde), insbesondere wenn er sich unter Stress fühlt oder Angst vor etwas hat, beispielsweise während der Vorbereitung auf Prüfungen.

Pauls Geschichte liefert uns auch noch andere nützliche Erkenntnisse. Er hätte sich nicht auf die Übungen eingelassen, wenn man sie ihm als Meditation oder als irgendetwas vage »Esoterisches« vorgestellt hätte, und im Alter von siebzehn Jahren hat er immer noch dieselbe Einstellung. Deshalb ist es ungeheuer wichtig, wie Sie die Übungen den Kindern präsentieren. Wir wollen damit nicht sagen, dass Sie einem Kind, das unter Asthma leidet, empfehlen sollten, seine Medikamente nicht mehr einzunehmen und es stattdessen mit Atemübungen zu versuchen. Es kann jedoch sein, dass das

Kind selbst, so wie Paul, irgendwann feststellt, dass es das Inhalationsgerät immer weniger braucht – und wenn sein Arzt damit einverstanden ist, kann es dann darauf verzichten. Niemals sollten Sie behaupten, dass Meditation Kindern bei konkreten körperlichen Problemen helfen wird. Sie kann aber ganz sicher die Atmung und die Konzentrationsfähigkeit verbessern, und sie kann Stress verringern, was sich generell positiv auf den Gesundheitszustand eines Menschen auswirkt.

Wenn Sie wollen, können Sie mit Ihren Kindern eine erweiterte Version von Pauls Konzentrationsübung mit einer Orange ausprobieren. Dazu brauchen Sie entweder eine Orange pro Kind oder eine Orange für jeweils zwei Kinder oder eine Orange für die ganze Gruppe. In diesem Fall platzieren Sie die Orange in die Mitte des Kreises, sodass alle sie deutlich sehen können. Die Übung sollte nach den beiden grundlegenden Atemübungen (Beobachten und Auszählen) ausgeführt werden. Fordern Sie die Kinder auf, still zu sitzen und sich für die Visualisationsübung bereit zu machen.

Die Übungen

Visualisieren zur Stärkung von Konzentration und Fokus

Fordern Sie die Kinder auf, die vor ihnen liegende Orange anzuschauen. Sagen Sie ihnen, dass sie alles erleben werden, was man mit einer Orange erleben kann, ohne sie zu berühren. Erinnern Sie sie daran, in ihrer Meditationshaltung zu sitzen, aufrecht, aber nicht starr, den Fokus auf die Orange gerichtet. Fordern Sie sie schließlich auf, die im Folgenden beschriebene Visualisation mit zu vollziehen.

Schaut euch die Orange genau an, und achtet auf ihre Form. Ist sie völlig rund? Oder ist sie oval? Wie würdet ***ihr*** die Form der Orange beschreiben? Nun schaut ihre Farbe an. Ist es ein dunkles oder ein helles Orange? Ist die Farbe überall gleich, oder seht ihr Stellen mit unterschiedlichen Farben oder Farbschattierungen? Wie sieht die Haut der Frucht aus? Ist sie weich? Könnt ihr unebene Stellen und die Poren darauf erkennen? Seht ihr ihren Glanz? Erhaltet dieses Bild im Geiste aufrecht, denn ihr könnt nun die Augen schließen und euch das Weitere vorstellen; ihr könnt die Augen aber auch offen lassen. Tut, wobei ihr euch am wohlsten fühlt. Stellt euch vor, ohne euch zu bewegen, wie es wäre, die Orange zu berühren, sie vorsichtig zu drücken. Nehmt sie im Geiste in die Hand, spürt ihr Gewicht und spürt ihre weiche porige Haut. Stellt euch auch ihren Duft vor. Und nun stellt euch vor, dass ihr die Orange schält. Achtet auf den feinen, duftenden Nebel, der die Luft erfüllt, wenn ihr die Schale aufbrecht und anfangt, sie vom Fruchtfleisch zu entfernen. Schaut euch auch das weiche Innere der Schale an, und spürt seine Weichheit. Entfernt die weiche weiße Schicht allmählich, und legt so die eigentliche Frucht frei, deren Stücke perfekt zusammengefügt sind. Stellt euch vor, wie es wäre, eines davon herauszulösen; spürt das feste Fruchtfleisch zwischen euren Fingern und riecht den saftigen Orangenduft. Nun legt euch das Stück der Frucht in den Mund, spürt seine Kühle auf der Zunge und kostet es.

Ich werde euch jetzt bitten, den gesamten Vorgang in umgekehrter Reihenfolge zu wiederholen, so wie man ein Videoband zurückspult. Schaut euch jede Phase in umgekehrter Reihenfolge genau an, bis ihr die ganze Orange wieder auf dem Tisch liegen seht.

Sie können den Kindern für diese Visualisation in umgekehrter Reihenfolge soviel Zeit geben, wie sie brauchen, Sie können sie aber auch dabei begleiten; ändern Sie den obigen Text nötigenfalls entsprechend ab. Die ganze Übung einschließlich der vorbereitenden Atemübungen dauert wahrscheinlich etwa fünf Minuten; aber denken Sie daran, die Anweisungen so langsam zu geben, dass die Kinder wirklich durch die Imagination geführt werden.

Bei Kindern in diesem Alter kann man normalerweise davon ausgehen, dass sie schon einmal eine Orange gegessen haben; allerdings ist das nicht immer so. Falls Sie diese Übung benutzen wollen, sollten Sie vielleicht vorher alle Kinder bitten, zu einer Sitzung Orangen mitzubringen (wobei sie am besten einige in Reserve halten für Teilnehmer, die trotz der Aufforderung keine Orange mitbringen) und dann mit ihnen das achtsame Essen einer Orange üben.

Wahrscheinlich werden Sie während der Übung sowie beim tatsächlichen Essen der Frucht feststellen, dass einigen Kindern diese Aktion nicht gefällt und dass sie Gesichter schneiden und Würgegeräusche produzieren, um ihre Freunde zum Lachen zu bringen. Das ist normal, und nachdem die Betreffenden noch einige andere »merkwürdige« Übungen kennengelernt haben, werden solche Reaktionen bald ausbleiben. Wenn Kinder Orangen überhaupt nicht mögen, kann man ihnen stattdessen andere Früchte geben und die Anleitung entsprechend abändern.

Nachdem die Kinder die echte Orange wie oben beschrieben erlebt haben, können Sie mit einer Variante der obigen Übung arbeiten, bei der das visualisierte Objekt (Früchte, Stifte, Tiere usw.) nur in der Vorstellung existiert. Natürlich müssen die Übungsanweisungen dann an das betreffende

Objekt oder die Aktion angepasst werden. Kinder können sich vorstellen, etwas zu zeichnen, zu schreiben, zu bauen oder auch, sich in einer Fertigkeit zu üben. Die Zahl der Möglichkeiten ist unbegrenzt.

Übungen wie diese erfordern einen ziemlich starken Fokus und entsprechende Konzentration. Sie können Kinder in viele fremdartige und interessante Welten führen. Auch hier werden Ihnen und den Kindern noch viele andere Dinge einfallen, die sich für diese Übung eignen.

Geführtes Visualisieren

Stellen Sie für diese Visualisation Papier, Stifte und Malkreide bereit, denn es könnte sein, dass die Kinder nach der Übung zeichnen oder etwas über ihre Erlebnisse aufschreiben möchten.

Sprechen Sie, ohne den Fluss der Sitzung zu unterbrechen, leise und langsam zu den Kindern.

> Schließt die Augen und stellt euch vor, ihr steht vor einer Tür. Vielleicht erkennt ihr, was es für eine Tür ist, aber vielleicht habt ihr sie auch noch nie gesehen. Schaut sie euch genau an, und achtet darauf, wie sie aussieht und was ihr bei ihrem Anblick empfindet. Nun öffnet ihr diese Tür, geht durch sie hindurch und gelangt so an einen Ort, wo ihr euch glücklich und sicher fühlt. Das kann ein Ort sein, den ihr schon kennt, es kann aber auch einer sein, den ihr euch selbst ausdenkt. Schaut euch genau um, und betrachtet alles, was ihr dort findet. Während ihr umhergeht, haltet ihr nach einem Platz Ausschau, der euch besonders gefällt, um euch dort niederzulassen. Achtet darauf, wie ihr euch fühlt. Wenn ihr euren Lieblingsplatz gefunden habt, dann setzt oder legt euch dort nieder und fühlt euch völlig sicher und entspannt.

Geben Sie den Kindern möglichst nicht zu viele Anregungen, denn ihr Erleben soll ihrer eigenen Imagination entspringen. Lassen Sie ihnen ein wenig Zeit, sich an ihrem Lieblingsort zu erholen und die Empfindungen, die sich bei ihnen einstellen, zu genießen, bevor Sie sie sanft in das Hier und Jetzt zurückrufen.

> Wenn ihr euch bereit fühlt, dann steht langsam auf, und geht zurück zu der Tür. Schaut euch alles an, was euch umgibt, und achtet darauf, wie ihr euch fühlt. Wenn ihr zu der Tür kommt, dann öffnet sie, falls sie geschlossen ist, und geht durch sie hindurch. Fragt euch, wie ihr euch jetzt fühlt. Wenn ihr auf der anderen Seite der Tür angekommen seid, dann schließt sie vorsichtig. Ihr könnt jederzeit zu eurem Lieblingsplatz zurückkehren. Er wird immer für euch reserviert sein.

Versichern Sie den Kindern, dass sie diesen Ort der Sicherheit und des Friedens jederzeit aufsuchen können, wenn sie wollen, dass es ihr ganz besonderer Ort ist. Wenn Sie die Visualisation lieber vorlesen wollen, statt sie aus dem Gedächtnis frei zu formulieren, dann schreiben Sie sich den obigen Text auf, und erweitern Sie ihn, falls Sie das für sinnvoll halten.

Wenn Sie die Kinder zu etwas aufgefordert haben – wie sich umzuschauen oder darauf zu achten, wie sie sich fühlen –, müssen Sie eine Pause einfügen, die so lang ist, dass sie ihre Eindrücke wirklich aufnehmen können, bevor Sie sie zum nächsten Teil der Visualisation weiterführen.

Da die Kinder nach dieser Visualisation möglicherweise über ihre Erlebnisse reden wollen, sollten Sie dafür Zeit einplanen. Es könnte aber auch sein, dass sie lieber ein Bild von ihren Erlebnissen zeichnen oder etwas darüber schreiben, um es sich später noch einmal anschauen zu können. Achten Sie darauf, dass die Kinder alles, was sie zeichnen oder aufschreiben, mit Datum versehen, sodass man Entwicklungen nachvollziehen kann. Am Ende der Sitzung sollten alle wieder im Kreis sitzen und sich zentrieren, bevor sie still in ihre Klasse zurückkehren.

Freies Visualisieren

Auch vor dieser Visualisation sollten die weiter oben beschriebenen Atemübungen ausgeführt werden. Nachdem die Kinder die Atemübungen beendet haben, fordern Sie sie auf, auf einen Punkt oberhalb des Nasenrückens und zwischen den Augen zu fokussieren. Sie sollen ihre Gedanken ebenso loslassen, wie sie es während der Atemübungen getan haben, und darauf achten, welche Bilder auf der inneren Leinwand auftauchen. Lassen Sie ihnen für diese Übung soviel Zeit, wie sie es sich wünschen, und führen Sie sie dann sanft zurück in den Raum, in dem sich die Gruppe befindet. Auch hier ist es wichtig, den Kindern Zeit zu lassen, um über ihre Erlebnisse zu berichten oder etwas darüber zu zeichnen oder zu schreiben. Ihre Zeichnungen oder Berichte können sie dann anderen zeigen oder für sich behalten.

Meditation mit der ganzen Klasse

Der Zeitpunkt

Ebenso wie bei kleineren Kindern ist es auch bei dieser Altersgruppe ideal, die grundlegende Meditationstechnik der Atembeobachtung mehrmals am Tag zu üben. Das dauert nur eine oder zwei Minuten, wirkt sich aber auf alle übrigen Aktivitäten aus, sowohl für Sie selbst als auch für die Kinder, insbesondere wenn Sie zusammen mit den Kindern meditieren und dadurch unmittelbar in den Genuss der positiven Auswirkungen der Meditation kommen. Wie bei jüngeren Kindern sind auch bei dieser Altersgruppe die besten Zeiten für die Meditation: morgens nach der Anwesenheitskontrolle, vor der Mittagspause, vor Unterrichtsbeginn am Nachmittag und schließlich unmittelbar vor Unterrichtsende. Außerdem können Sie ein bis zwei Minuten vor und nach der Pause am Morgen und Situationen, in denen die Klasse unruhig wird, für die Meditation nutzen. Unterbrechen Sie dann die laufende Arbeit, fordern Sie die Kinder auf, sich hinzusetzen, ihren Körper zu entspannen, und geleiten Sie sie durch die erste Atemübung.

Wie wir schon in früheren Kapiteln ausgeführt haben, gibt es eine Anzahl von Aktivitäten, die mit Meditationstechniken verwandt sind, diese unterstützen und die Sie in den normalen Stundenplan einbeziehen können. Wir werden uns nun damit befassen, wie dies vonstatten gehen kann.

Einbeziehung der Meditation in den Stundenplan

Kunstunterricht

Der Kunstunterricht kann mit einer kurzen Meditation beginnen, gefolgt von einer der weiter oben oder der in Kapitel 9 beschriebenen Visualisationen (z. B. Visualisieren abstrakter Formen). Danach können Sie die Kinder auffordern, unter verschiedenen künstlerischen Darstellungsmitteln eines zu wählen und mit seiner Hilfe die Visualisation zu interpretieren. Vielleicht wollen einige Kinder an einer dreidimensionalen Darstellung arbeiten, andere hingegen lieber eine Collage anfertigen, malen oder zeichnen. Diese Kreationen sind Produkte des ganz persönlichen Ausdrucks der Kinder; loben Sie deshalb nicht den Inhalt des Resultats, sondern die Mühe, die das Kind darauf verwandt und wie es das betreffende Material genutzt hat. Wie bei kleineren Kindern kann auch bei dieser Altersgruppe das Loben des Inhalts dazu führen, dass die Kinder daraufhin bestimmte Dinge produzieren, weil sie es ihrem Lehrer recht machen wollen, statt frei auszudrücken, was sie erleben. Wenn Kinder nicht bereit sind, etwas zu gestalten, das ihre meditativen Erlebnisse zum Ausdruck bringt, dann akzeptieren Sie das. Besonders zu Beginn der Meditationspraxis ist es wichtig, nichts zu erzwingen und zu vermeiden, dass die Übungen mit negativen Erlebnissen assoziiert werden. In anderen Stunden des Kunstunterrichts kann man die in Kapitel 3 beschriebenen Übungen einsetzen, beispielsweise das Zeichnen von Gegenständen aus ungewöhnlichen Blickwinkeln oder das Zeichnen der Räume zwischen den Objekten statt der Objekte selbst.

Wenn die Kinder die Räume zwischen den dargestellten Objekten zeichnen, sollte man die Objekte zumindest anfangs vor einen einfarbigen und möglichst kontrastierenden Hintergrund stellen und sie mit einem Rahmen umgeben. Beispielsweise können Sie auf einen Bogen schwarzes Papier mit weißer Kreide ein Quadrat zeichnen, das so groß ist, dass die gewählten Objekte ausreichend umrandet werden. Beginnen Sie mit höchstens zwei Objekten, weil mehr die Kinder verwirren könnten.

Dass solche Übungen die Konzentration und die Beobachtungsfähigkeit schulen, werden die Kinder schnell selbst merken.

Sport- oder Gymnastikunterricht

Die in Kapitel 7 beschriebenen Übungen zur Schulung des Körpergewahrseins lassen sich gut in den Sport- oder Gymnastikunterricht integrieren. Fordern Sie die Kinder zunächst auf, langsam im Raum umherzugehen, möglichst mit gesenktem Blick, wobei sie darauf achten sollen, dass sie niemanden anstoßen. Geben Sie ihnen dann folgende Anleitung.

Während ihr umhergeht, möchte ich, dass ihr an euren Körper denkt. Konzentriert euch sehr stark, und versucht festzustellen, welche Bereiche eures Körpers am Gehen beteiligt sind. Bei welchen Körperteilen spürt ihr, dass sie sich beim Gehen bewegen? Wie fühlen sie sich an?

Hier können Sie eine Pause einfügen, während die Kinder Ihnen mitteilen, was sie entdeckt haben. Lassen Sie ihnen dafür einige Minuten Zeit, und leiten Sie sie dann zum Beobachten einiger Körperregionen an, die ganz offensichtlich am Gehen beteiligt sind. (Sie können beispielsweise sagen: »Geht sehr langsam, im Zeitlupentempo.«) Seien Sie darauf gefasst, dass einige dies mit übertriebenen und theatralischen Gesten ausprobieren werden; die Betreffenden werden sich aber sicherlich bald wieder beruhigen.

Achtet darauf, welcher Teil eures Fußes den Boden zuerst berührt und was danach geschieht. Seid euch eurer Füße bewusst. Spürt, wie eure Ferse den Boden berührt, wie euer Fuß abrollt und wie es sich anfühlt, wenn euer Gewicht zuerst auf den Fußballen und dann auf eure Zehen verlagert wird. Achtet darauf, wie sich euer Knie anfühlt, wenn es sich beugt und streckt, wie es sich anfühlt, wenn das Körpergewicht darauf lastet, und wie es sich anfühlt, wenn ihr den Fuß wieder emporhebt. Spürt die Bewegung eurer Hüften, Arme und Schultern…

Wenn die Kinder mit der Ausführung dieser Übung mehr Erfahrung gesammelt haben, können sie sich auf subtilere Bewegungsabfolgen anderer Körperteile konzentrieren, bis hin zu Veränderungen der Atmung. Sie können auch das Gehtempo variieren, indem sie es bis zu einem Traben beschleunigen. Außerdem können Sie die Kinder auch andere Körperbewegungen analysieren lassen, etwa Hüpfen, Springen oder Gehen mit verschieden langen Schritten, von winzigen bis zu sehr langen, die sie noch einigermaßen bequem ausführen können.

Hin und wieder kann man auch Bälle benutzen. Fordern Sie die Kinder auf, sich einen Partner zu suchen und sich diesem im Abstand von ungefähr sechs Schritten gegenüberzustellen. Erklären Sie ihnen dann, dass sie sich auf das Werfen des Balls konzentrieren und ihn dem Partner so präzise wie möglich zuwerfen sollen. Zunächst sollen sie sich genau das Ziel anschauen, sich dann der Empfindungen bewusst werden, die sie haben, wenn der Ball sich von ihren Händen löst, und ihn schließlich auf seinem Weg durch die Luft beobachten, wie er in einer Kurve fliegt und schließlich in den Händen ihres Partners landet. Sicherlich fallen Ihnen selbst noch viele andere Möglichkeiten ein, diese Art von Gewahrsein zu fördern, bevor Sie zu den in Kapitel 7 beschriebenen spezifischeren Übungen übergehen. Die hier erläuterten Vorbereitungsübungen fördern ein konzentrierteres Gewahrsein und den meditativen Umgang mit allen Körperbewegungen, und man kann in ihnen einen unverzichtbaren

Bestandteil der Körpererziehung sehen, statt sie als einen »esoterischen« Zusatz zur normalen schulischen Arbeit zu verstehen. Wird diese Art von Gewahrsein oft genug geübt, so wird es ebenso wie die Fähigkeit zu fokussieren zu einer natürlichen, wertvollen Bereicherung bei jeder körperlichen Aktivität.

Kreatives Schreiben

Man kann Kindern die Möglichkeit geben, über ihre Erlebnisse beim Visualisieren Prosatexte, Gedichte oder Dialoge zu schreiben.

Eine Visualisation, mit der man in diesem Zusammenhang beginnen kann, wird weiter unten beschrieben. Bedenken Sie aber, dass vor jeder Visualisation möglichst die bereits früher beschriebenen Entspannungs- und Atemübungen ausgeführt werden sollten.

Fordern Sie die Kinder auf, nach den Atemübungen still zu bleiben und die Augen geschlossen zu halten. Geleiten Sie sie dann mit leiser Stimme und in langsamem Tempo durch die Visualisation, sodass sie genügend Zeit haben, die während des Visualisierens aufkommenden Eindrücke zu erleben. Fordern Sie die Kinder zunächst auf, sich eine Türöffnung vorzustellen.

> Schaut euch die Tür genau an, und öffnet sie; ihr wisst, dass das nicht gefährlich ist. Dann geht ihr durch die Tür und kommt in einen Tunnel. Am Ende des Tunnels seht ihr ein helles Licht. Schaut euch um. Wie fühlt ihr euch? Ihr seid in Sicherheit, aber wenn ihr wollt, könnt ihr jederzeit umkehren. Schaut euch den Tunnel selbst einmal genauer an. Wie sieht er aus? Dann erreicht ihr das Ende des Tunnels, werdet in ein helles Licht eingehüllt und

seht vor euch Menschen. Ihr steht vor ihnen und fühlt euch sehr wohl; ihr seid in Sicherheit und werdet geliebt. Nun geht einer von diesen Menschen auf euch zu und lächelt. Ihr schaut einander aufmerksam an, und einer von euch beginnt zu sprechen. Vielleicht stellt ihr dem Fremden eine Frage, oder dieser spricht zuerst. Oder ihr kommuniziert telepathisch miteinander, also von Geist zu Geist.

Lassen Sie den Kindern eine oder zwei Minuten Zeit, um diese Visualisation selbständig weiterzuentwickeln. Geben Sie ihnen die Zeit, die sie brauchen, um jede Einzelheit auf sich wirken zu lassen.

Dann lächelt der Fremde und zieht sich allmählich wieder von euch zurück. Nun macht ihr euch selbst auf den Rückweg durch den Tunnel. Ihr wisst aber, dass ihr jederzeit hierher zurückkehren könnt und dass der Mensch, den ihr gerade kennengelernt habt, immer für euch da sein wird. Öffnet nun die Tür, falls sie geschlossen ist, und geht durch sie auf die andere Seite. Schaut euch die Tür noch einmal an, und achtet darauf, wie ihr euch fühlt. Nun seid ihr wieder hier, in diesem Raum, zusammen mit all euren Freunden. Ihr fühlt euch sicher und entspannt.

Wenn die Kinder etwas über dieses Erlebnis schreiben wollen, sollten sie das unmittelbar nach der Visualisation tun. Sie können sowohl in Prosa als auch in Gedichtform schreiben. Vielleicht haben sie auch Lust, das Gespräch, das sie geführt haben oder gern geführt hätten, aufzuschreiben, oder sie möchten darüber spekulieren, wie das Gespräch weiter verlaufen wäre, wenn sie es hätten fortsetzen können. Vielleicht lässt sich aus einem der Dialoge sogar ein kurzes Theaterstück entwickeln, das die Kinder gemeinsam aufführen können.

Manchmal wollen Kinder über solch ein Erlebnis auch einfach nur reden oder sie möchten den Dialog nochmals durchgehen; auch darauf kann man die erforderliche Zeit verwenden.

Eine weitere Aktivität, die Beobachtung, Konzentration und Imagination fördert, könnte wie folgt aussehen: Sammeln Sie eine Anzahl interessanter und nicht zu vertrauter Objekte, die Sie zunächst vor den Kindern verbergen. Nach den Entspannungs- und Atemübungen fordern Sie die Kinder auf, die Augen zu schließen, geben allen je ein Objekt und erklären ihnen, dass sie nicht heimlich gucken sollen, weil das die Übung verdirbt. Lassen Sie ihnen ein bis zwei Minuten Zeit, um das Objekt zu halten und mit ihren Sinnen zu erforschen. Während die Kinder ihre Augen weiter geschlossen halten, sammeln Sie die Objekte wieder ein und stellen sie wieder außer Sicht. Dann fordern Sie die Kinder auf, in beliebiger Form etwas über ihre Eindrücke zu schreiben – ohne dass sie das betreffende Objekt gesehen haben.

Dies sind nur einige wenige Vorschläge für Übungen, die sich für das kreative Schreiben nutzen lassen. Sicher werden Ihnen noch andere einfallen. Fordern Sie die Kinder auf, sich selbst ähnliche Aktivitäten auszudenken.

Musik

Wahrscheinlich sagt nur Lehrern, die selbst musikalisch sind, der Gedanke zu, im Rahmen der Meditationsübung Musik zu nutzen. Allerdings brauchen Sie nicht unbedingt ein Musikinstrument zu spielen, um musikalische Übungen sinnvoll einsetzen zu können. Natürlich ist dabei ein einigermaßen gutes Rhythmusgefühl und ein gewisses Verständnis von Harmonien von Nutzen.

Einführende Meditationsübungen mit Musik können im sorgsamen Zuhören oder achtsamen Spielen eines Instruments bestehen. Das Zuhören und das Beachten verschiedener Aspekte eines Musikstückes können Konzentration und Fokus eines Kindes auf verschiedene Weisen fördern. Eine der einfachsten Übungen, die den meisten Lehrern bekannt sein dürfte, besteht darin, eine rhythmische Passage zu singen oder zu spielen und die Kinder dann zur Nachahmung aufzufordern. Diese Übung kann man wie alle anderen Übungen je nach Fähigkeit, Disziplin und Interesse der Kinder verlängern oder anspruchsvoller gestalten.

Eine weitere Aktivität, die sorgsames Zuhören erfordert, besteht im Abspielen einer Instrumentalmusikaufnahme (Gesang wirkt ablenkend), wobei die Kinder aufgefordert werden, während der ganzen Aufnahme den Part eines bestimmten Instruments zu verfolgen. Für diese Übung eignet sich sowohl klassische Musik als auch Pop-Musik, und am besten ist es, mit beiden Musikrichtungen zu arbeiten. Leiten Sie die Kinder dazu an, sich auf eines der Instrumente zu konzentrieren und es durch das ganze Stück hindurch zu verfolgen. Nach und nach können die Musikstücke länger und komplizierter werden. Diese Übung fördert auf entspannte und spielerische Weise das Interesse an Musik und ihrer Vielschichtigkeit.

Auch das Spielen von Musikinstrumenten kann Kindern helfen, ihre Konzentration und Koordination sowie ihre Sensibilität, Kreativität und Kooperationsfähigkeit weiterzuentwickeln. Schlaginstrumente sind grundsätzlich vorzuziehen, weil es nicht besonders viel Kunstfertigkeit erfordert, sie gut genug zu spielen, um dabei eine gewisse Befriedigung und einen ästhetischen Genuss zu erleben.

Lassen Sie die Kinder vor Beginn der eigentlichen Arbeit ein wenig mit den Instrumenten experimentieren. Wählen Sie anschließend ein Lied, das ihnen gefällt und das sie kennen, und fordern Sie sie auf, dieses Lied mit Ihnen zusammen zu singen und zu spielen. Je nachdem, wie viele Kinder sich in der Klasse befinden, können einige singen, während die anderen unter Ihrer Anleitung Instrumente spielen. Dabei müssen die Kinder Sie genau beobachten und ein ziemlich hohes Maß an Konzentration und Selbstkontrolle entwickeln. Wenn sie eine gewisse Fertigkeit und Disziplin erreicht haben, können sie selbst entscheiden, wann und wie sie ihr Instrument einsetzen.

Achtsamkeit während des ganzen Tages

Das Konzept der Achtsamkeit spielt bei allen Übungen, die wir in diesem Buch beschreiben, eine Rolle, und es wird ausführlicher in Kapitel 3 erläutert. Bei allen Aktivitäten Achtsamkeit zu üben ist zunächst nicht leicht, aber es gibt eine wertvolle einleitende Übung, die Sie sogar schon benutzen können, bevor Sie den Kindern erklärt haben, worum es sich dabei handelt. Sie besteht darin, dass Sie die Kinder auffordern, im Laufe des Tages hin und wieder zu geeigneten Zeitpunkten innezuhalten und anschließend ihre vorherige Tätigkeit mit absolut fokussiertem Gewahrsein fortzusetzen. Sind die Kinder beispielsweise auf dem Weg von einer Stelle im Raum zu einer anderen, können sie sich ihrer Körperbewegungen sowie ihrer wechselnden Position im Raum und unter den anderen Kindern bewusst werden. Sie können die Kinder auch auffordern, innerlich alles zu kommentieren, was sie gerade tun (z. B.: »Ich gehe von meinem Schreibtisch zum Bücherregal.«). Beim Zeichnen können sie ihr Gewahrsein auf die Bewegung des Stifts auf dem Papier richten sowie auf die Empfindung, die der Stift zwischen ihren Fingern erzeugt. Vielleicht hören sie sogar das Geräusch, das der Stift bei seinen Bewegungen über das Papier erzeugt. Außerdem können sie die Lage der Zeichnung auf dem Blatt Papier beachten und dergleichen mehr. Fast alles, was Kinder tun, lässt sich unterschiedlichen Stufen des Wahrnehmens und Empfindens zuordnen. Kapitel 3 veranschaulicht diese verschiedenen Arten von Aktivitäten detaillierter.

Eine eingeschobene Achtsamkeitsübung braucht nur zwanzig Sekunden zu dauern, und gewöhnlich fehlt für längeres Üben auch die Zeit. Außerdem sollte die Aktivität nicht so lange dauern, dass sie die Arbeit der Kinder unterbricht. Zwanzig Sekunden täglich reichen völlig aus; zusätzlich können die Kinder diese Stopp-Übung hin und wieder selbständig ausführen. Es kann ausgesprochen amüsant sein, plötzlich innezuhalten und sich bewusst zu machen, welche Unmenge an Information ständig in unsere Sinne dringt. Falls die Kinder über die Übung sprechen wollen, kann man ihnen berichten, dass einige Menschen diese Art von Gewahrsein tagelang aufrechterhalten können, dass es aber ein guter Anfang ist, dies hin und wieder ein paar Minuten lang zu versuchen. Erklären Sie ihnen auch, dass die Übung des laufenden inneren Kommentierens nicht gleichbedeutend mit ständigen Selbstgesprächen ist, dass es vielmehr darum gehe, jeder einzelnen Aktivität gewahr zu sein. Wird die Übung von Kindern ausgeführt, könnte der laufende Kommentar beispielsweise lauten: »Ich hänge meinen Mantel auf. Jetzt gehe ich zu meinem Stuhl. Ich setze mich, und der Lehrer prüft, ob alle da sind. Jetzt nehme ich mein Lesebuch aus der Tasche. Jetzt stecke ich das Buch wieder ein, und jetzt hole ich mein Tagebuch hervor, um etwas hineinzuschreiben.« Natürlich geschieht auch zwischen diesen inneren Kommentaren sehr viel, doch reichen sie für die Kinder aus, um ihnen ihr Tun bewusst zu machen, statt sich von den Ereignissen mitreißen zu lassen.

Meditation zu Hause

Vor Beginn

Was im vorigen Kapitel über den Beginn der Meditationsarbeit zu Hause gesagt wurde, gilt auch für Kinder dieser Altersgruppe. Deshalb sollten Sie sich die entsprechenden Seiten noch einmal anschauen (S. 221 und 228). Dort war davon die Rede, dass Sie selbst sich bei der betreffenden Übung wohlfühlen sollten, dass Ihre Beziehung zu Ihrem Kind eine wichtige Rolle spielt und dass Ort und Zeit wichtig sind.

Ebenso wie in der Schule beeinflusst auch zu Hause der Rahmen, in den Sie die Übungen stellen, wie Ihr Kind die ihm neuen Ideen aufnimmt. Natürlich hängt auch bei dieser Altersgruppe von Ihrem Wissen über die Interessen und das Temperament des Kindes oder der Kinder ab, wie Sie an die Meditationsübung herangehen. Bedenken Sie, dass manche Kinder besser auf eine praktisch-bodenständige Vorgehensweise ansprechen und dass sie für Dinge, die sie als »abgedreht« ansehen, kaum Verständnis haben, wohingegen andere Kinder sich eher vom Ungewöhnlichen und Mystischen angezogen fühlen. Dass Meditation die eigene Entwicklung fördert und sich positiv auf die schulische und soziale Situation auswirkt, wird wahrscheinlich beiden Gruppen gefallen.

Nachdem Sie die möglichen positiven Auswirkungen des Meditierens erklärt und einen Bereich im Haus gefunden haben, in dem Sie bei der Meditationsübung relativ ungestört bleiben werden, sollten Sie Ihrem Kind oder Ihren Kindern ermöglichen, Ihnen Fragen zu stellen. Beispiele für häufig auftauchende Fragen finden Sie auf Seite 217.

Sorgen Sie vor Beginn der Arbeit dafür, dass alle Teilnehmer bequem sitzen. Kindern dieses Alters fällt es oft schwerer als jüngeren, mit übereinandergeschlagenen Beinen zu sitzen. Empfehlen Sie ihnen deshalb, falls sie auf dem Boden sitzen, sich auf den vorderen Teil eines harten Kissens zu setzen, damit ihr Becken leicht nach vorn gekippt ist. Dadurch wird der Rücken automatisch in eine aufrechte Haltung gebracht. Falls die Kinder Stühle benutzen, sollten Sie ihnen empfehlen, beim Sitzen ihre Beine parallel und die Füße flach auf den Boden zu stellen. Außerdem können Sie ihnen raten, sich ein Kissen in den Rücken zu legen. In jedem Fall sollte der Rücken sich in aufrechter Haltung befinden, aber nicht steif gehalten werden, und der Kopf sollte gerade auf einem entspannten, aber aufrechten Hals sitzen. Diese Haltung wird in Kapitel 6 ausführlicher beschrieben.

Wenn die Kinder sich in der gewünschten Position befinden, können Sie mit der Beobachtung des Atems und mit dem Auszählen der Atemzüge beginnen, so wie es in Kapitel 3 und an anderen Stellen in diesem Buch beschrieben wird. Anschließend können Sie andere, früher in diesem Kapitel beschriebene Techniken benutzen, die Sie an die Erfordernisse Ihrer speziellen Situation angepasst haben.

Meditation mit der ganzen Familie

Alle diese Übungen können auch mit einigen oder allen übrigen Familienmitgliedern durchgeführt werden. Dadurch lernen sie, einander in einem geschützten Raum Gefühle mitzuteilen und einander mit mehr Toleranz zu begegnen. Und natürlich verbringt die Familie so auch mehr Zeit auf sinnvolle Weise miteinander. Dem Leser sei verziehen, wenn er bezweifelt, dass dies mit einer ganzen Familie möglich ist, doch lässt sich nach unseren Erfahrungen mit Optimismus und einer gewissen Beharrlichkeit Erstaunliches erreichen. Zunächst sollten ein paar Grundregeln für alle Beteiligten, also auch für die Eltern, festgelegt werden. Diese müssen sehr präzise formuliert werden, damit die Kinder sich gleichwertig behandelt fühlen können. Manche Familien formulieren einige Regeln dieser Art gemeinsam und hängen sie irgendwo im Haus an einer Wand auf, sodass sie bei einer Meinungsverschiedenheit schnell zur Hand sind. Alle Teilnehmer sollten sich für die Einhaltung dieser Regeln verantwortlich fühlen.

15

Meditieren mit Dreizehn- bis Achtzehnjährigen

Meditation in der Schule

Kinder dieses Alters befinden sich in einer völlig anderen schulischen Situation als die Jüngeren. Die ganzheitliche Entwicklung der Kinder tritt nun häufig noch mehr in den Hintergrund. Wichtige Prüfungen, die für den zukünftigen Beruf ausschlaggebend sein können, dominieren auf der schulischen Wertskala. Die Arbeit ist themen- und aufgabenorientiert. Und doch durchlaufen diese Kinder eine der schwierigsten Perioden ihres Lebens – die Adoleszenz, jene oft schmerzhafte und verwirrende Zeit zwischen Kindheit und Erwachsenenalter. Ihr Leben ist von hormonellen Veränderungen geprägt, Identitäts- und Zugehörigkeitsfragen erlangen große Bedeutung, und als ob dies noch nicht genug wäre, müssen sie sich außerdem auf wichtige Prüfungen vorbereiten. Außerdem schrauben Eltern und Lehrer ihre Erwartungen gerade an diese Altersstufe höher – und mit der Zunahme der für Eltern und Lehrer in dieser Zeit typischen Sorgen kommen auch die Jugendlichen immer stärker unter Leistungsdruck.

Oft haben die Kinder in dieser Zeit das Gefühl, keinen Menschen zu haben, mit dem sie über ihre ständig neu auftauchenden Probleme reden können. Sie fühlen sich ihren Eltern entfremdet, da sie sich nun sowohl der Kluft zwischen den Generationen als auch der Unterschiede zwischen der Kultur der Eltern und ihrer eigenen bewusster sind – was sich in ihren andersartigen musikalischen und modischen

Vorlieben wie auch in ihren Vergnügungen spiegelt. Eltern werden für die Jugendlichen oft zu hemmenden Autoritätspersonen, und sie würden sich mit Problemen zuallerletzt an sie wenden. Mit Gleichaltrigen zu reden ist auch nicht immer möglich (wobei dies für Mädchen im Allgemeinen weniger problematisch zu sein scheint), weil die Jugendlichen soviel Mühe darauf verwenden, sich in die Gruppe »einzupassen« und von ihr akzeptiert und respektiert zu werden. Eine Selbstoffenbarung könnte sie bloßstellen und sie als schwach und der Mitgliedschaft in der Clique nicht würdig hinstellen.

Aufgrund des vielfältigen Drucks aus allen Richtungen ist es nicht überraschend, dass es Kindern in diesem Alter schwerfällt, sich zu entspannen, ihre Arbeit zu erledigen und sich mit sich selbst wohlzufühlen. Sie befinden sich auf einer Achterbahn der Emotionen, Ängste und Hoffnungen, und von ihnen werden in jeder Hinsicht gute Leistungen erwartet.

Meditation kann Kindern dieser Altersstufe sehr helfen, und sie sind aufgrund ihres Alters in der Lage, sie sehr gut für sich umzusetzen. Das Meditieren kann ihnen in allen Lebensbereichen zugute kommen, weil es Entspannung, Konzentration, emotionale und physische Ausgeglichenheit und Selbstvertrauen fördert.

Dieses Kapitel ist kürzer als die vorigen beiden, weil die Arbeit mit dieser Altersgruppe stärker der Arbeit mit Erwachsenen ähnelt, zumal die Ältesten bereits an der Schwelle zum Erwachsensein stehen. In den ersten Kapiteln dieses Buches wurden zahlreiche Meditationsübungen beschrieben, die ein Lehrer für die Arbeit mit Jüngeren nutzen kann. In den Kapiteln 13 und 14, die sich auf die Arbeit mit den jüngeren Altersgruppen beziehen, werden mehrere Übungen detailliert beschrieben, die auch für diese letzte Altersgruppe sinnvoll genutzt werden können. Die Kinder dieser Gruppe führen die gleichen Übungen wie die jüngeren aus, aber auf einem ihrem Entwicklungsstand entsprechenden höheren Niveau.

Deshalb befasst sich das vorliegende Kapitel hauptsächlich mit praktischen Fragen der Koordination mit dem Stundenplan, der bei dieser Gruppe weniger flexibel ist als bei jüngeren Kindern. Untersucht werden unter anderem verschiedene Möglichkeiten, auf das Thema Meditation einzugehen, sowohl in der Schule als auch zu Hause. In diesem Zusammenhang werden auch neue Übungen vorgestellt, die sich erst für diese Altersgruppe eignen, und es werden Fallberichte präsentiert, darunter einer, der zeigt, wie Meditation bei Schlaflosigkeit von Nutzen sein kann.

Hinführung zum Thema Meditation

Wie bei jüngeren Kindern muss auch bei dieser Altersgruppe Sorgfalt auf die Vorstellung des Themas Meditation verwendet werden. In der Adoleszenz werden viele Kinder sehr stark durch das Denken ihrer Altersgenossen beeinflusst, und oft lehnen sie etwas, das sie eigentlich sehr interessiert, ab, weil sie fürchten, ihre Freunde könnten sie deswegen für »komisch« halten. Oft sind sie sowohl befangen als auch imagebewusst, und man muss sie davon überzeugen, dass das, was sie tun, akzeptabel ist und für sie sehr vorteilhaft sein kann. Am Anfang ist es vermutlich schwierig, sie von den positiven Wirkungen der Meditation zu überzeugen, weil es dafür keine unmittelbar greifbaren Beweise gibt und weil unsere Kultur nun einmal sehr ergebnisorientiert ist. Doch Themen wie »Entwicklung des menschlichen Potenzials« oder direkter

»Entwickle dein Potenzial« mit einem Untertitel wie »Verbessere dein Erinnerungsvermögen«, »Schneide bei Prüfungen besser ab«, »Verbessere deine Konzentrationsfähigkeit«, »Kreativität und Selbstvertrauen« und dergleichen werden Jugendliche dieses Alters möglicherweise eher akzeptieren als schlicht »Meditation«. Sie können auch noch weitere potenziell positive Wirkungen einbeziehen, etwa: »Diese Übungen können euch helfen, im Sport bessere Leistungen zu erzielen und in euren Beziehungen besser zurechtzukommen.« Eine Möglichkeit, die Meditation für diese Altersgruppe akzeptabler zu machen, besteht darin, Bilder von Menschen zu zeigen, welche die Jugendlichen bewundern – beispielsweise berühmte Sportler, insbesondere Spezialisten für Kampfkünste wie Kung-fu, bei denen Geist und Körper in Verbindung mit den Sinnen in völliger Harmonie zusammenarbeiten. (In Kapitel 4 werden diese Dinge ausführlicher erläutert.) Natürlich sollten Sie in diesem Rahmen auf die Möglichkeit der nicht-aggressiven Nutzung der Kampfkünste hinweisen. Sie können auch Bilder von Schauspielern und anderen berühmten und erfolgreichen Menschen heranziehen, von denen bekannt ist, dass sie meditieren, weshalb sie in dieser Hinsicht für die Kinder als Vorbilder fungieren können. So ist zum Beispiel der Schauspieler Richard Gere Buddhist und meditiert regelmäßig, und der Sängerin Tina Turner ist es mit Hilfe der Mantra-Meditation (siehe Kapitel 4) gelungen, besonders schwierige Zeiten ihres Lebens durchzustehen. Um das Interesse der Jugendlichen zu wecken, könnten Sie beispielsweise eine Bildunterschrift verwenden wie: »Was haben diese Menschen gemeinsam?«

Beispiele für Fälle, in denen Meditationsübungen Kindern geholfen haben, können ermutigend wirken, und vielleicht erscheint es Ihnen sogar als sinnvoll zu beschreiben, wie Meditation Ihnen selbst geholfen hat. Es folgen einige Berichte von jungen Menschen, die sich zurzeit mit dem Meditieren auseinandersetzen.

Peter

Peter ist 18 Jahre alt und hat sich selbst einen Meditationskurs gesucht. Er hatte von seinem Kampfsportlehrer etwas über Meditation gehört, und da in seiner Schule keine Meditation angeboten wurde, beschloss er, selbst eine für ihn geeignete Meditationsklasse zu finden. Als wir ihn fragten, was die Meditation ihm nach seiner Auffassung gebe, antwortete er: »Ziemlich viel. Ganz sicher wird mein Denken durch sie klarer. Der Geist ist völlig ruhig, und Stress und Anspannung lösen sich auf. Außerdem habe ich festgestellt, dass sich mein Geist nicht mit dem Schmerz beschäftigt, den ich beispielsweise nach einer Sportverletzung in meinem Bein spüre, wenn der Körper entspannter ist; ich kann mich dann besser auf meine Arbeit konzentrieren, statt auf das Bein. Längerfristig ist Meditation für alles nützlich.

Die Entspannung, die durch die Meditation eintritt, löst seit Jahren bestehende muskuläre und emotionale Anspannungen auf. Störende Gedanken werden seltener. Es ist, als ob man einen Raum sauber macht und den Staub daraus entfernt. Man fühlt sich wohl und glücklich. Man ist einfach weniger hektisch und nicht ständig auf der Suche nach Ablenkung. Würde die ganze Klasse meditieren, wären wahrscheinlich alle viel weniger aufgedreht. Sie hätten dann gemeinsame Ziele.

Wenn ein Sportler zu laufen versucht, obwohl er völlig angespannt ist, ist das schwierig für ihn, und er läuft nicht gut; ist sein Körper jedoch entspannt, läuft er fließend, leicht und auch schneller. Genauso ist es mit dem Geist. Wenn er mit Hunderten unterschiedlicher Gedanken angefüllt ist, kann er nicht klar denken, um sich zu konzentrieren; ist er aber klar, gelingt einem alles besser.«

Peter erklärte seinem Vater die Idee hinter der Meditation, und mittlerweile besuchen beide die gleichen Meditationskurse und meditieren auch zu Hause, manchmal getrennt, manchmal gemeinsam.

Mark

Mark ist 15 Jahre alt und bereitet sich auf die Mittlere Reife vor. Wie Peter hatte auch er sich einen Abendkurs in Meditation gesucht, weil in seiner Schule nichts Entsprechendes angeboten wurde. Er meditiert seit etwas mehr als einem Monat regelmäßig. Er schreibt es seiner Meditationspraxis zu, dass er nun fokussierter ist. Bevor er an dem Kurs teilnahm, schweifte sein Geist ständig zu allen möglichen Dingen ab; nun erlebt er sich als aufmerksamer, entspannter und selbstsicherer. Über die Zeit vor Beginn der Meditationsübungen sagt er: »Früher haben mich schon Kleinigkeiten total gestresst; jetzt lassen sie mich kalt.« Außerdem berichtete er, dass sein Erinnerungsvermögen und sein Wohlbefinden sich erheblich gebessert hätten: »Ich kann mich jetzt an viele Dinge aus meiner Kindheit erinnern. Ich bin auch heiterer. Und ich fühle mich morgens wach und bereit, mich dem Tag zu stellen. Außerdem gelingt es mir jetzt, meine Hausaufgaben zu erledigen.« Bereitwillig erklärte er, wie die Meditation nach seiner Ansicht bei ihm wirkte: »Sie beruhigt den Körper, löst Anspannung auf und vertreibt Sorgen. Mit Hilfe von Meditation kann ich meine Batterien wieder aufladen.« Er resümierte: »Ich freue mich sehr darüber, wie die Meditation meine Lebensqualität verbessert hat.«

Die folgende Fallstudie veranschaulicht, wie insbesondere die Entspannungs- und Atemübungen einer Jugendlichen halfen, die unter Schlaflosigkeit litt.

Kelly

*Kelly war 18 Jahre alt. Sie suchte mich [**Ingrid**] auf, weil sie nicht gut schlief. Sie hatte Angst davor, sich zum Schlafen hinzulegen, weil sie oft Albträume bekam. Das war schon seit über einem Jahr so. Wir sprachen darüber, was sie wach hielt, und in dem Bemühen, ihr bei der Lösung ihrer Probleme zu helfen, erklärte ich ihr Funktionsweise und Wirkung von Entspannungs- und Meditationsübungen. Kelly gefiel die Idee von Anfang an. Wenn sie fortan im Bett lag und Angst bekam, versuchte sie, ihren Körper zu entspannen. Sie begann mit den Füßen, und zwar zunächst mit den Zehen, auf die sie sich nacheinander konzentrierte; dann folgten die Füße als Ganzes und anschließend Fußknöchel, Unterschenkel, Knie, Oberschenkel, Gesäß, Rücken, Arme, Hände, Finger und Schultern, Hals, Gesicht, Kopf usw. … Sie richtete ihr Gewahrsein auf jeden Körperteil, bis sie seine Lage im Bett und zugleich den Kontakt ihres Körpers zu Matratze und Decke spürte. Aus diesem Zustand körperlicher Entspannung heraus übte sie das »Beobachten ihres Atems«, wie in Kapitel 13 beschrieben, gefolgt vom »Auszählen der Atemzüge«. Von Gedanken, die in ihrem Geist auftauchten, löste sie sich und ließ sie davontreiben. Kelly gefiel die Vorstellung, dass ihre Gedanken auf einer Wolke davontrieben. Wenn sie bis zum Abschluss dieser Übung noch nicht eingeschlafen war, begann sie mit einer Visualisationsübung. Am besten gefiel ihr diejenige, bei der sie durch eine Tür in einen Tunnel eintrat, an dessen Ende ein helles Licht leuchtete (siehe Kapitel 14). Dort angekommen, wurde sie von einer liebenswürdigen und freundlichen Person begrüßt. Sie empfand die Liebe und den Frieden, die von dieser Begegnung ausgingen, und kehrte dann langsam zu der Tür und in ihr Bett zurück. Danach schlief sie schnell ein, und die Albträume verschwanden schließlich.*

Sie können den Kindern auch die Fallgeschichte von Paul erzählen, die in Kapitel 14 wiedergegeben wird – von dem

Schüler, der feststellte, dass die Meditationsübungen ihm halfen, sein Asthma zu überwinden, und der im Alter von 17 Jahren immer noch der Meinung ist, dass eine kurze Meditation (obwohl er es nie so nennen würde), die Entspannungs- und Atemübungen umfasst, vor einer Prüfung und vor jeder anderen beunruhigenden Situation sehr nützlich ist.

Zeit und Ort

Sobald Sie das Interesse der Kinder geweckt haben, erhebt sich die Frage, wann und wo die Meditationsübung stattfinden soll. Im Idealfall ist sie ein fester Bestandteil des Schulalltags. Jede Unterrichtsstunde sollte mit einem Moment der Entspannung und Meditation beginnen. Dies würde sich nachhaltig auf die dann folgende Arbeit auswirken. Außerdem könnten unterschiedliche Arten von Meditationssitzungen organisiert werden; allerdings ist dies nur bei Verfügbarkeit eines geeigneten Lehrers mit eigener Meditationserfahrung möglich. Meditation setzt eine Atmosphäre gegenseitigen Respekts zwischen den Schülern und ihrem Lehrer voraus.

Sitzmeditation am frühen Morgen

Dies ist eine sehr kurze Zeitspanne gemeinsamen Sitzens der Schüler in einer entspannend wirkenden Umgebung.

Sie brauchen dazu mindestens 15 Minuten vor Unterrichtsbeginn einen Raum, den die Schüler lautlos betreten können, um sich mit Ihnen zusammen in einen Kreis zu setzen. Sanfte Musik bei ihrem Eintreffen, eine brennende Kerze und ein Räucherstäbchen können eine sehr entspannende und angenehme Atmosphäre erzeugen. Es ist wichtig, dass Sie vor dem Eintreffen der Kinder, während ihrer Anwesenheit und bei ihrem Aufbruch präsent, ruhig und entspannt sind. In Kapitel 12 wird beschrieben, wie Sie sich selbst schnell und einfach auf eine Meditationssitzung vorbereiten können. Meditation sollte stets mit Ruhe und Freundlichkeit assoziiert werden.

Sie brauchen mit den Kindern nicht zu sprechen, wenn sie den Meditationsraum betreten, und ihnen wird schnell klar werden, dass dies eine Zeit der Stille ist, dass die Teilnahme an der Übung freiwillig ist und dass störendes Verhalten nicht geduldet wird. Unkooperative Kinder werden aufgefordert, den Raum sofort zu verlassen. Beschaffen Sie sich die erforderliche Genehmigung der Schulleitung, und sichern Sie sich deren Kooperation; es empfiehlt sich auch, die Eltern über die geplante Arbeit in Kenntnis zu setzen und ihr Einverständnis einzuholen.

Sie können den Kindern die frühmorgendliche Meditationssitzung im Rahmen einer Klassenbesprechung vorstellen, bei der alle anwesend sind. Erklären Sie genau, was Sie vorhaben, und weisen Sie ausdrücklich darauf hin, dass die Teilnahme an den Sitzungen freiwillig ist und dass die Kinder zu jeder beliebigen Zeit in die Gruppe kommen können, sofern sie dabei leise sind und niemanden stören, weil dies eine Zeit des Friedens und der Harmonie ist. Möglicherweise sind diese Sitzungen die einzige Zeit im Leben vieler teilnehmender Kinder, in der sie sich in einer entspannten und ruhigen Umgebung befinden. Die Sitzungen finden außerhalb des normalen Unterrichts statt, und alle Schüler können daran teilnehmen und sich dabei wohlfühlen, ohne über irgendwelche speziellen Fertigkeiten verfügen zu müssen.

Wenn sich nur ein halbes Dutzend Kinder für die Teilnahme entscheidet, ist das für alle Beteiligten, Sie selbst eingeschlossen, trotzdem sehr wertvoll, weil sie sich eine kurze

Ruhepause von dem ansonsten hektischen und anstrengenden Stundenplan gönnen.

Falls zu den Morgensitzungen eine bestimmte Gruppe von Schülern regelmäßig zusammenkommt, dann bringen Sie den Teilnehmern Entspannungs- und Atemtechniken (»Den Atem beobachten« und »Auszahlen der Atemzüge«) bei.

Der Raum

Im Idealfall sollten Meditationssitzungen in einem bequemen und einigermaßen großen Raum stattfinden, möglichst weit vom normalen Alltagslärm entfernt. Sitzen die Schüler auf Stühlen, sollten diese in einem Kreis aufgestellt sein, so dass die Teilnehmer sich gleich zusammensetzen können. Vielleicht gefällt ihnen sogar, eigene Kissen und besondere Accessoires mitzubringen, etwa Meditationstücher, mit denen sie sich während des Meditierens umhüllen. Hilfsmittel dieser Art tragen dazu bei, dass sich der Körper beim Sitzen behaglich und warm genug fühlt, und außerdem fördern sie das rasche Eintreten in den gewünschten Geisteszustand. Rituale wie das Ausziehen der Schuhe beim Betreten des »Meditationsraums« sind ebenfalls ein Zeichen der vorübergehenden Distanzierung von der Geschäftigkeit des Alltagslebens. Wie bereits weiter oben empfohlen, können Sie mit Hilfe von leiser Musik, Weihrauch (bzw. Räucherstäbchen) und einer Kerze den Raum so verwandeln, dass die mit ihm verbundenen Alltagsassoziationen in den Hintergrund treten.

Als einmal in einer Schule solche frühmorgendliche Meditationssitzungen durchgeführt wurden, berichtete die Klasse, die den Meditationsraum für die erste Unterrichtsstunde benutzte, der Raum fühle sich nach der Meditation immer ruhig und friedlich an.

Wann sollte meditiert werden?

Abgesehen von eingeschobenen Zeitspannen zu Beginn und am Ende jeder Unterrichtsperiode und von der 15-minütigen Meditationssitzung am frühen Morgen vor Unterrichtsbeginn bietet der enge und anspruchsvolle Stundenplan dieser älteren Schüler kaum Zeit für Meditation. Doch wird in Kapitel 14 erläutert, wie sich Meditationsübungen in viele Bereiche des schulischen Lehrplans einbeziehen lassen. Fächer wie Kunst, Deutsch, Musik und Schauspiel lassen sich besonders gut mit meditationsähnlichen Übungen verbinden.

Wenn Meditation an Ihrer Schule nicht offiziell unterstützt wird und Sie der einzige Lehrer sind, der Interesse daran hat, Meditation innerhalb eines Systems zu lehren, in dem die Kinder in jedem Fach von einem anderen Lehrer in einem anderen Raum unterrichtet werden, ist es für Sie wahrscheinlich anfangs schwierig, eine größere Zahl von Kindern zu erreichen. Sie können jedoch als Klassenlehrer Ihre eigene Klasse mit den Atemübungen bekannt machen, und Sie können den Unterricht jeden Tag mit Entspannungsübungen beginnen. Nach dem Unterricht oder während der Mittagspause können Sie auch längere zusätzliche Sitzungen anbieten, was Ihnen die Möglichkeit gibt, einige meditative Aktivitäten vorzustellen.

Erklären Sie den Kindern, mit denen Sie arbeiten, dass das Meditieren nicht an bestimmte Orte und Zeiten gebunden ist. Sie können überall meditieren, jederzeit und wann immer sie das Bedürfnis dazu verspüren – beispielsweise wenn sie Angst haben, aufgebracht sind oder sich Sorgen machen. Menschen meditieren in Zügen, auf Bahnhöfen, in Cafés … fast überall. Dies hilft ihnen, Stress zu verringern und sich zu zentrieren.

Diese können Visualisationen umfassen, wie sie in den vorangegangenen Kapiteln beschrieben wurden, insbesondere in Kapitel 13, woran sich ein Gespräch und/oder die Darstellung des Erlebten in zeichnerischer und schriftlicher Form anschließen kann. Schüler dieses Alters profitieren häufig sehr stark von Visualisationsübungen: Sie fördern unter anderem innere Ruhe, Spiritualität, Kreativität und Einsicht. Das folgende Beispiel zeigt, wie Claire, eine Siebzehnjährige, durch die Visualisationsübung zu einer spontanen Selbsterkenntnis gelangte.

Claire

Bei der »Tunnel und Licht«-Meditation stellte Claire fest, dass sie im Tunnel nicht weitergehen wollte. Sie sagte: »Ich hatte keine Angst davor, und es machte mir auch nichts aus, durch die Tür zu gehen. Aber ich wollte einfach lieber da bleiben, wo ich war. Ich hatte Mühe weiterzugehen.« Wir fragten sie, ob sie bis zum Ende des Tunnels gegangen und in das Licht eingetreten sei. Darauf antwortete sie: »Ja, das habe ich getan, und es war wunderbar in diesem Licht.« Sie fragte, warum die Person, die sie dort getroffen habe, habe zurückgehen müssen. Wir erklärten ihr, dies sei deshalb so, weil sie (Claire) in eine von ihr selbst geschaffene Welt eingetreten sei, in die sie jederzeit zurückkehren könne, doch normalerweise könne man diese Welt nicht mit ins Alltagsleben nehmen. [Darauf muss noch gründlicher eingegangen werden.] Wir fragten Claire, ob sie selbst oder die andere Person während der Begegnung irgendetwas gesagt habe. Claire antwortete: »Sie hat zwar mit mir gesprochen, aber ich habe nichts gehört. Das brauchte ich aber auch nicht. Ich wusste, dass sie etwas zu mir sagte, aber ich bin mir nicht sicher, was es aber. Jedenfalls war es gut.« Claire sagte, sie habe sich danach im Tunnel wohler gefühlt, und »es war leichter«.

Später am gleichen Tag, als Claire mit ganz anderen Dingen beschäftigt war, sagte sie plötzlich. »Ich weiß jetzt, warum ich im Tunnel bleiben wollte. Wenn irgendetwas Neues ansteht, zögere ich oft, mich damit auseinanderzusetzen. Ich bin immer so. Ich fühle mich wohl, wo ich bin. Wenn ich etwas will oder mich irgendwie um etwas bemühe – wenn ich von A nach B will –, setze ich nicht alles daran, dieses Ziel zu erreichen, sondern anstatt mich anzustrengen schaue ich mich um und mache es mir dort bequem, wo ich bin. Mir gefällt dann schlicht, wo ich bin, und ich will das, was ich vorher wollte, gar nicht mehr.« Während der Visualisation hatte sie sich bemüht, das Licht zu erreichen, weil wir sie dazu aufgefordert hatten. Sie gab zu: »Als Sie mich aufforderten, in das Licht zu gehen, spürte ich, dass ein Teil von mir noch immer im Tunnel war.« Was die Person, die sich von ihr entfernte, betraf, fügte sie noch hinzu: »Wenn ich mit Freunden zusammen bin, hasse ich es, wenn sie von mir weggehen.«

Sie können auch das Üben achtsamer Bewegung einbeziehen, beispielsweise die Gehmeditation (Kapitel 7) und andere Konzentrationsübungen wie »die Orange« (Kapitel 13). Ganz gleich, wie Sie die Übungssitzung gestalten, beginnen Sie immer mit den Entspannungs- und Atemübungen. Schüler dieser Altersstufe haben natürlich eine wesentlich längere Aufmerksamkeitsspanne als jüngere; deshalb können Sie auf jede einzelne Übung mehr Zeit verwenden.

Entspannungsübungen werden in Kapitel 6 beschrieben. Jede Mediation sollte mit Entspannungsübungen beginnen – mit dem Fokussieren auf den Körper, vom Kopf bis zu den Füßen, wobei geprüft wird, ob alle Körperbereiche entspannt sind. Dabei können Sie die Kinder entweder mit Hilfe verbaler Anleitung durch ihren ganzen Körper geleiten, oder Sie lassen sie selbständig ihren Körper durchgehen.

Die Atemübungen »Den Atem beobachten« und »Auszählen der Atemzüge« können der Entspannungsübung folgen. Nach Abschluss dieser Übungen sind die Kinder für die Fortsetzung der Arbeit bereit. Entweder können sie dann mehr Zeit auf die Atemübungen verwenden, so dass diese zu einer eigenständigen Meditation werden, oder die Schüler können still sitzen und »ihre Gedanken beobachten«, eine Technik, die im Folgenden (S. 270) kurz beschrieben wird. Allerdings kommt nicht jeder mit den Atemübungen ohne Weiteres zurecht. Die folgende Schilderung veranschaulicht einige der Schwierigkeiten, die dabei auftreten können.

Claire *(Fortsetzung)*

Die ersten Erlebnisse der 17-jährigen Claire mit Atemübungen verliefen nicht völlig problemlos. Anfangs empfand sie diese Übungen als schwierig und unangenehm, und es war nicht leicht für sie, sich auf ihren Atem zu konzentrieren. Da Claire unter Asthma leidet, ist das Atmen für sie ohnehin ein Problem. Uns wurde klar, dass es für sie wichtig war, zuerst die Entspannungsübung durchzuführen, um zu einem Gefühl des Friedens und der Ruhe zu kommen und dadurch ihre Angst zu verringern. Außerdem merkten wir, dass sie zu stark auf den Atemvorgang selbst fokussierte, statt weiter normal zu atmen und sich dabei auf die Wahrnehmung des kühlen und warmen Luftstroms beim Ein- und Ausatmen zu konzentrieren. Nachdem dies klar geworden war, konnte sie ihre Technik verbessern, was dazu führte, dass sie die Übung schon bald als wesentlich leichter empfand. Sie genoss das Erlebnis und das nachfolgende Gefühl der Ruhe sogar. Allerdings fühlte sie sich weiterhin nicht in der Lage, die Übung »Auszählen der Atemzüge« auszuführen, weil sie das dazu erforderliche Maß an Konzentration als zu einengend und deshalb als unangenehm empfand. Daraus könnte man schließen, dass Übungen dieser Art von Asthmatikern mehr Beharrlichkeit erfordern als von Menschen, die normalerweise keine Atemprobleme haben – allerdings reicht ein einziger Fall kaum für einen Beweis. Deshalb kamen wir überein, dass sie ihre Aufmerksamkeit so lange auf das »Beobachten des Atems« fokussieren sollte, bis sie sich zu einem erneuten Versuch mit dem »Auszählen der Atemzüge« bereit fühlte. Abgesehen davon, dass dieses Beispiel ein Beleg für die unterschiedlichen Reaktionen Meditierender ist, veranschaulicht es auch, dass wir unsere Vorgehensweise dem Einzelnen anpassen müssen, statt stur »nach Plan« vorzugehen, komme, was wolle.

Gedanken beobachten

Nach den Entspannungs- und Atemübungen können manche Kinder ziemlich lange still sitzen, sich dabei ihres Atems bewusst bleiben, ihre Gedanken beobachten und weiterziehen lassen. Oft aber ist es sehr schwierig, den Geist zu beruhigen, weil er sich an jede von außen kommende Information hängt und über diese nachdenkt. Das Problem der Beruhigung des Geistes können Sie Kindern eventuell mit folgendem Beispiel nahebringen. Wenn wir draußen ein Geräusch hören, beispielsweise Hundegebell, können wir, statt des Geräuschs einfach gewahr zu sein und uns wieder von ihm zu lösen, auch sehen, wie der Geist den Gedanken ergreift und mit ihm zu spielen beginnt (wenn Ihnen das Bild des »plappernden Affen« aus Kapitel 1 lieber ist, ist das auch in Ordnung). »Wessen Hund ist das? Warum bellt er? Ich frage mich, ob er eingesperrt ist … Menschen, die ihre Tiere ständig allein lassen, sollte man generell verbieten, Tiere zu halten. … Wenn ich ein Tier hätte…« und so weiter. Der »plappernde Affe« hält Gedanken und Sorgen fest und produziert dann immer neue Sorgen. Erklären Sie den Kindern, dass dies in unserem Leben ständig passiert. Der Geist dreht die ablenkenden Gedanken in diese und jene Richtung und lässt oft zu, dass sie starke Emotionen auslösen. So wird der Geistesfrieden zerstört, und der Geist tobt sich völlig unkontrolliert aus.

Kindern zu helfen, dieses Prozesses gewahr zu werden, ist ein wichtiger Schritt auf dem Weg zur Entwicklung einer stärkeren Kontrolle über den eigenen Geist. Betonen Sie – und das ist besonders wichtig bei Kindern dieses Alters, denen man jahrelang beigebracht hat, dass Erfolg nur durch Anstrengung zu erreichen ist –, dass sie unerwünschte Gedanken nicht wegdrängen sollen, weil das zu inneren Konflikten führt. Stattdessen sollten sie solche Gedanken behutsam loslassen, den nächsten Gedanken an ihre Stelle treten lassen und sich von ihm ebenso leicht wieder lösen. Manchmal ist dabei das früher erwähnte Bild des Davontreibens der Gedanken auf einer Wolke oder in einem Ballon von Nutzen. Wenn die Kinder wesentlich mehr Erfahrung mit dem Meditieren gesammelt haben, können sie ihre »Gedanken beobachten«, ohne sich in sie zu verstricken.

Nach den Atemübungen sind die Kinder wahrscheinlich in der Lage, mehrere Minuten lang still zu meditieren und Gedanken in ihren Geist eintreten und wieder heraustreten zu lassen, ohne sich an sie zu binden. Schließlich werden einige ältere Kinder auf diese Weise bis zu zwanzig Minuten oder noch länger sitzen und so Meditation in ihrer bekanntesten Form üben können.

Mantra-Meditation

Diese Art von Meditation wurde bereits in Kapitel 4 detaillierter beschrieben. Dabei wird ein einzelnes Wort oder eine Phrase wiederholt, was je nach Wahl des Mantras unterschiedliche Funktionen erfüllen kann. Es kann die Fokussierung eines ansonsten überaktiven Geistes erhalten, der Inhalt des Mantras kann als Affirmation dienen, und sein Klang kann bestimmte erwünschte mentale Zustände hervorrufen.

Eine Technik der Mantra-Meditation besteht darin, die Phrase beim Einatmen zu rezitieren und beim Ausatmen den durch die Phrase hinterlassenen Raum zu beobachten, beispielsweise beim Einatmen »Ich schaffe meine Welt« und beim Ausatmen das Beobachten des entstandenen Raums. Bei längeren Mantras können Sie die erste Hälfte beim Einatmen und die zweite beim Ausatmen sprechen, beispielsweise: »Ich bin gesund« beim Einatmen und »Ich bin stark« beim Ausatmen. (Eine weitere Möglichkeit wird auf Seite 97 beschrieben.) Ganz gleich, welche Art von Mantra Kinder wählen, sie sollten das betreffende Mantra während der gesamten Meditation beibehalten und wiederholen.

»Fünf Minuten des Lebens« beobachten

Eine Übung in Achtsamkeit und Konzentration, die älteren Kindern gewöhnlich Freude macht, ist das Beobachten von »fünf Minuten des Lebens«. Fordern Sie die Kinder auf, fünf Minuten lang jeder Aktivität, der sie sich widmen, völlig gewahr zu sein, dabei ihre Sinneseindrücke, Gefühle und Reaktionen auf alles, was sie wahrnehmen, zu registrieren, und das Beobachtete dann so genau wie möglich schriftlich festzuhalten. Das folgende Beispiel veranschaulicht, worum es geht.

Ich wache auf; es ist Morgen. Ich spüre die Weichheit der Laken auf meinem Körper. Ich sehe die Decke meines Schlafzimmers. Ich fühle mich schläfrig. Die Decke ist weiß und glatt; in der Ecke bemerke ich ein kleines Spinnennetz und frage mich, wo die Spinne sitzt. Ich schlage die Bettdecke zurück und spüre die kühlere Luft, und ein Schauer läuft durch meinen Körper. Der Teppich unter meinen Füßen ist weich; ich mag dieses Gefühl. Ich höre unten Geschirr klappern und rieche Kaffee, ein warmer, vertrauter Geruch. Ich stehe auf und fühle mich ein wenig steif. Ich strecke meinen ganzen Körper und empfinde das als sehr angenehm. Ich mache mich auf den Weg zum Badezimmer … usw.

Meditation zu Hause

An die Meditation heranführen

Vieles von dem, was über die häusliche Meditation mit jüngeren Kindern gesagt wurde, gilt auch für die Gruppe der Jugendlichen. Das Thema Meditation bringt man ihnen am besten nahe, indem man entweder irgendwo ein Buch über Meditation herumliegen lässt oder indem man in einem normalen Gespräch beiläufig darüber redet. Sicher können sich die meisten von uns an eine Periode in der Teenagerzeit erinnern, in der wir glaubten, wir seien nun erwachsen und wüssten alles, und in der wir alles, was unsere Eltern sagten, grundsätzlich vehement ablehnten. Vielleicht erinnern wir uns aber auch daran, dass wir in dieser Zeit manchmal Dinge, die unsere Eltern sagten, aufnahmen, obwohl wir so taten, als würden wir nicht zuhören. Später haben wir dann vielleicht das eine oder andere davon in die Tat umgesetzt, und uns selbst und anderen weisgemacht, es handle sich um unsere ureigenen Ideen. Dies ist ein völlig normales Stadium des Reifungsprozesses, in dem Kinder sich zwischen Kindheit und Erwachsenenalter befinden und in dem sie mit Fragen ihrer Identität und dem Problem von Abhängigkeit und Unabhängigkeit ringen. Sie möchten unabhängige Erwachsene sein, aber insgeheim ist ihnen klar, dass sie noch vieles lernen müssen und dass ihre Eltern ihnen durchaus noch das eine oder andere beibringen können. Lassen Sie sich also nicht entmutigen, wenn Sie beim Erwähnen des Themas Meditation in einem Gespräch den Eindruck gewinnen, es werde ignoriert. Wenn Ihr Kind wirklich nichts damit zu tun haben will, dann bedrängen Sie es nicht; wenn Sie jetzt nicht zu nachdrücklich darauf beharren, greift es Ihren Hinweis vielleicht später auf. Die Entscheidung liegt bei Ihrem Kind. Sie können ihm nur die Möglichkeit geben, das Meditieren kennenzulernen, und ihm Ihre Unterstützung anbieten.

Allerdings empfiehlt sich ein wenig vorausschauende Planung. Zumindest sollten Sie eine Vorstellung davon haben, woran Sie erkennen können, ob eine gewisse Chance besteht, dass Sie Interesse wecken. Vielleicht hat Ihr Kind Schwierigkeiten, sich auf seine Hausaufgaben zu konzentrieren, oder ihm fällt nicht ein, was es in einem Aufsatz schreiben könnte. Vielleicht leidet es auch so wie Paul (Kapitel 14) an Asthma. Vielleicht fühlt es sich durch bevorstehende Prüfungen sehr belastet, sorgt es sich wegen seiner Beziehungen zu Freunden oder fehlt es ihm generell an Selbstvertrauen. Alle diese Situationen eröffnen Ihnen die Möglichkeit, etwas zu sagen wie: »Ich habe von ein paar Übungen gehört, die Spaß machen und die bei solchen Problemen helfen sollen.« Falls Ihr Kind dann Interesse signalisiert, können Sie mehr dazu sagen. Wenn Sie Ihr Kind verstehen und Sie dieses Buch vollständig gelesen haben, wird Ihnen klar sein, wie Sie die Meditationsübungen auf eine ermutigende Weise erklären können, ohne Druck auszuüben. Druck erzeugt nur Widerstand. Kinder in der Adoleszenz brauchen das Gefühl, selbst Entscheidungen zu treffen. Falls Sie selbst schon meditieren oder sich nach der Lektüre dieses Buches entschlossen haben, damit zu beginnen, können Sie sagen: »Meditieren hat mir wirklich schon bei allen möglichen Dingen geholfen«, und dies auf Nachfrage näher erläutern.

Gemeinsam oder allein meditieren?

Wenn Ihr heranwachsendes Kind Interesse an der Meditation erkennen lässt, sollten Sie herausfinden, ob es lieber mit Ihnen zusammen oder allein meditieren will. Jugendlichen ist es manchmal lieber, wenn man ihnen ein Buch gibt, das sie selbständig lesen können, wohingegen jüngere sich vielleicht darüber freuen, Sie einmal ganz für sich allein zu haben. Vor Beginn der Arbeit können Sie über die zur Auswahl stehenden verschiedenen Möglichkeiten und Übungen berichten, und dann Ihrem Kind die Entscheidung überlassen, welche es zuerst ausprobieren will. Setzen Sie sich dann mit ihm auf die bereits beschriebene Weise zusammen und lassen Sie es zu Beginn der Sitzung über alles reden, was ihm durch den Kopf geht. Anschließend können Sie ihm zunächst die Entspannungstechnik beibringen und danach die Atemübungen. Falls Ihr Kind allein meditieren will, sollten Sie dafür sorgen, dass es dafür einen Raum zur Verfügung hat, in dem es nicht gestört wird. Das kann ein Schlafzimmer sein, an dessen Tür ein Schild mit der Aufschrift »Meditation, bitte nicht stören« hängt. Räucherwerk und leise Musik versetzen in eine angenehme Stimmung und unterstützen die Konzentration. Das Ablegen der Schuhe und lockere und bequeme Kleidung, beispielsweise ein Trainingsanzug, oder einfach das Umlegen eines besonderen Tuchs tragen dazu bei, die Meditation zu einem besonderen Anlass zu machen. Nach mehreren derartigen Sitzungen werden das Anzünden des Räucherstäbchens, das Einschalten der Musik und die »besondere« Kleidung selbst schon eine entspannende und beruhigende Wirkung haben.

Manchmal, so wie im Fall von Peter, bringt der Jugendliche selbst das Thema Meditation in seiner Familie zur Sprache. Dann sind Sie als Vater oder Mutter gefordert, Interesse zu zeigen und gemeinsam mit Ihrem Kind zu lernen. Peter beispielsweise erzählte seinem Vater von der Meditation, und nun besuchen beide zusammen Meditationskurse und meditieren zweimal täglich gemeinsam zu Hause.

Unvorhergesehene Reaktionen

In seltenen Fällen lösen Visualisationsübungen Reaktionen oder Gefühle aus, auf die Sie nicht vorbereitet waren und die Sie als Lehrer verunsichern können. Allerdings ist das eher bei älteren Kindern der Fall. Oft schlafen Meditierende während einer Entspannungsübung ein. Das ist nicht wichtig. Sie brauchen sie nicht aufzuwecken; normalerweise wachen sie von selbst auf, wenn die Sitzung zu Ende geht. Manchmal bringt eine Visualisation, die zu einem sicheren Ort führen soll, Übende zum Weinen. Cheryl, eine Sechzehnjährige, weinte, weil sie sich plötzlich daran erinnerte, wie wohl sie sich gefühlt hatte, als sie als kleines Mädchen auf dem Dachboden des Hauses ihrer Großmutter zwischen Kisten voller reifender Äpfel und großen Mengen von altem, verstaubtem Spielzeug gesessen hatte. Sie hatte sich dort sicher und geborgen gefühlt. Ihr Leben war jetzt nicht mehr ganz so behaglich wie damals, und sie weinte bei der Erinnerung an ihr einstiges Paradies. Viele Kinder und Erwachsene berichten, dass sie Abneigung verspürt hätten, von bestimmten Visualisationen zurückzukehren, insbesondere wenn es sich um den »sicheren Ort« und das »Licht am Ende des Tunnels« (siehe die Kapitel 12 und 13) handelte. Geduld, Wohlwollen und Verständnis helfen Ihnen, mit den meisten irritierenden Situationen, die im Laufe einer Sitzung auftreten können, fertig zu werden. Fordern Sie die Kinder auf, über die Situation zu reden, falls sie dies wollen, aber respektieren Sie ihr Bedürfnis nach einer Privatsphäre, wenn sie sich nicht mitteilen wollen. Erinnern Sie sie stets daran, dass sie an diese Orte der Schönheit und Sicherheit jederzeit zurückkehren können. Sie allein entscheiden, wann sie dies tun wollen. Die merkwürdigen Gefühle werden bald vergehen, und die Kinder lernen dabei jedesmal ein wenig mehr über sich selbst.

EINE BEMERKUNG ZUM SCHLUSS

Obwohl dieses Buch in erster Linie für die Arbeit mit Kindern geschrieben wurde, eignen sich alle darin erläuterten Übungen natürlich auch für Erwachsene. Wählen Sie aus, was immer Ihnen gefällt, und üben Sie es selbst.

Ganz gleich, wie alt Sie selbst sind oder die Kinder, mit denen Sie arbeiten, jede der beschriebenen Übungen ist auf die eine oder andere Weise von Nutzen. Nachdem Sie die grundlegenden Meditationstechniken sowie die Entspannungs- und Atemübungen erlernt haben, können Sie sie jederzeit und überall ausführen, sogar auf einem Bahnhof oder während sie auf einen Bus warten. Achtsamkeit sollte man im Idealfall ständig üben, doch selbst wenn man es nur hin und wieder tut, verstärkt es unser Gewahrsein der Dinge, die uns umgeben, und der Wirkung, die wir auf andere Menschen und unsere Umgebung haben.

Dass Sie dieses Buch gelesen haben, hat sicherlich einen konkreten Grund – sei es, dass es Sie persönlich interessiert hat oder, was wahrscheinlicher ist, dass Sie Kinder in Ihrer Obhut mit der Meditation bekannt machen wollen. Damit können Sie die verschiedensten Ziele verbinden: Vielleicht wollen Sie den Kindern helfen, ihre Konzentrationsfähigkeit, ihre Selbstachtung, ihr Gewahrsein oder ihre Spiritualität zu stärken oder ihre Kreativität, Phantasie oder soziale Kompetenz zu entwickeln. Vielleicht haben Sie auch nach einer Möglichkeit gesucht, ihnen zu helfen, sich zu entspannen und Stress abzubauen. Wir hoffen, dass die im Buch erläuterte Theorie und Praxis sowohl Ihnen selbst als auch den Kindern helfen, diese Bestrebungen in die Tat umzusetzen.

Wie wir an vielen Stellen im Laufe des Textes erwähnt haben, sind die in diesem Buch beschriebenen Übungen nicht nur in einem ganz bestimmten Zusammenhang nutzbar. Vielmehr erforschen wir einfach die Möglichkeiten, Geist, Körper und Seele zu integrieren und so einen körperlich und psychisch gesunden und ganzheitlichen Menschen entstehen zu lassen, der sich selbst, anderen Menschen und der Schöpfung in allen ihren Erscheinungsformen mit großem Respekt begegnet. Der Weg der Achtsamkeit und der Meditation ist nicht nur eine weitere Freizeitbeschäftigung, sondern eine Art zu leben.

Der Weg der Meditation ist nicht leicht, aber ungeheuer bereichernd und lohnend, und gewiss ist es der Mühe wert, ihm beharrlich zu folgen. Bestimmt wird es Situationen geben, in denen Sie das Gefühl bekommen, dass das Meditieren zu nichts führt, und Sie es deshalb aufgeben wollen. Das ist ein normaler Teil des Prozesses. Sogar Meditationsmeister berichten, dass es ihnen manchmal sehr schwergefallen sei, zu meditieren und achtsam zu bleiben. Versuchen Sie bei der Meditation grundsätzlich nichts zu erzwingen; und denken Sie daran, dass sanfte Beharrlichkeit und Ausdauer der Schlüssel zum Erfolg sind. Ihnen und den Kindern, mit denen Sie arbeiten, wird sich eine völlig neue Welt öffnen. Das vorliegende Buch zu lesen und die darin beschriebenen Übungen auszuführen sind die ersten Schritte einer langen und aufregenden Reise, auf die Sie sich zusammen mit den Ihnen anvertrauten Kindern begeben.

Eine alte Weisheit des chinesischen Taoismus lautet: Eine Reise von tausend Meilen beginnt mit einem einzigen Schritt.

LITERATUR

Es gibt viele gute Bücher über Meditation, die sich allerdings in der Regel eher an Erwachsene als an Kinder wenden und die oft aus der Sicht einer bestimmten spirituellen Tradition geschrieben sind. Die folgenden Buchempfehlungen vermitteln den Lesern unseres Buches zusätzliches Wissen über Meditationsübungen und ihre positiven psychischen und physischen Auswirkungen.

Cleary, J. C., *Meditating with Koans*, Asian Humanities Press, 1992.

Eine ausgezeichnete Anleitung für alle, die mehr über die verblüffende, faszinierende und paradoxe Meditation mit Zen-Koans erfahren wollen.

Ferrucci, P., *Werde, was du bist*, Basel 1984.

Dieses Buch ist aus der Sicht der Psychosynthese geschrieben (einer bewährten modernen psychologisch-spirituellen Methode), und es enthält viele Übungen, die sich auch für die Arbeit mit Kindern eignen.

Fontana, D., *Kursbuch Meditation*, Frankfurt a. M. 1996.

Dieses Buch beschreibt die Thematik ausführlicher und beschäftigt sich mit einem großen Spektrum von Techniken aus verschiedenen Traditionen, aber es verirrt sich nicht im Abstrakten und eignet sich deshalb für Leser mit unterschiedlichster Meditationserfahrung.

Fontana, D., *Einführung in die Zen-Meditation: der Weg durch das torlose Tor*, Berlin 2003.

Goleman, D., *The Meditative Mind*, Crucible, 1989.
Ein guter Überblick über die verschiedenen Arten der Meditation, die in den großen Weltreligionen gepflegt werden.

Kabat-Zinn, J. u. M., *Mit Kindern wachsen: die Praxis der Achtsamkeit in der Familie*, Freiamt 2008.

Kabat-Zinn, J., *Im Alltag Ruhe finden: Meditation für ein gelassenes Leben*, Frankfurt am Main 2007.

Kabat-Zinn, J., *Gesund durch Meditation: Das große Buch der Selbstheilung*, Frankfurt am Main 2006.

Keyes, K., *Das Handbuch zum höheren Bewusstsein*, München 1990.
Ein etwas übertrieben »esoterisches« Buch, das aber viele nützliche Visualisationen und andere Übungen, die sich für die Arbeit mit Kindern eignen, beschreibt.

Kornfield, J., & Breiter, P., *Ein stiller Waldteich: die Erkenntnismeditation*, Berlin 1996.
Eine der besten Einführungen in die buddhistische Meditation.

Kornfield, J., *Einsicht durch Meditation: die Achtsamkeit des Herzens*, Freiamt 2006.

Le Shan, L., *Meditation als Lebenshilfe*, Stuttgart 1977.
Eine nützliche praktische Anleitung mit interessanten Informationen über die Beziehung zwischen Meditation und Psychotherapie bzw. zwischen Meditation und dem Paranormalen.

Ram Dass, *Reise des Erwachens*, München 1985.
Etwas schrullig, aber von einem anerkannten Experten geschrieben.

Strand, C., *Einfach meditieren: Übungen für ein gelassenes Leben*, Frankfurt am Main 2000.

Wood, E., *Concentration: An Approach to Meditation*, Quest Books, 1949.
Zweifellos das beste kurze Buch, das jemals über die Entwicklung der Konzentrationsfähigkeit geschrieben wurde.

Diana Winston

Siddhartha wird erwachsen

Wie man mit Buddhismus die Pubertät überlebt

352 Seiten, HC Pappband
ISBN 978-3-502-61181-3

Jungen Erwachsenen geht es mit ihren Gefühlen oft wie bei einer Achterbahnfahrt: Geborgenheit und Sicherheit wechseln sich ab mit Unsicherheit, Ängsten und Problemen mit Eltern, Freunden und Schule. Und als ob das nicht schon genug wäre, muss ein junger Mensch gerade in dieser Phase viele wichtige und schwierige Entscheidungen für sich treffen.
»Siddharta wird erwachsen« ist ein zuverlässiger Kompass für genau diese Situation. Er bietet keine vorgefertigten Antworten, aber Hilfe dabei, die Antworten auf viele Fragen in sich selbst zu finden. Die Lehren und Meditationsanleitungen Buddhas bilden den Rahmen für diesen hellwachen aber unaufdringlichen Ratgeber.

Wie sehe ich klarer in einer Welt voller Fassaden und Hype?
Wie kann ich in diesem verrückten Leben Frieden finden?
Wie kann ich lernen, mich so zu akzeptieren wie ich bin?
Wie kann ich mit schwierigen Gefühlen umgehen?
Wie treffe ich die richtigen Entscheidungen in Sachen Sex und Drogen?
Was kann ich tun, um die Welt ein klein wenig besser zu machen?

O. W. Barth

Karen M. Miller

Zen oder die Kunst Mutter zu sein

288 Seiten, HC mit Schutzumschlag
ISBN 978-3-502-61188-2

Ein Buch, das aufräumt mit all den überzogenen Vorstellungen von perfekter Elternschaft und Erziehung.

Ein Buch, das Ihnen wirklich solidarisch zur Seite steht und Mut macht, die täglichen Herausforderungen zu bestehen.

Ein Buch, das Sie ermuntert, bei dem Abenteuer Kindererziehung der eigenen Intention zu folgen.

Ein Buch, das Ihnen hilft, die Lektionen des Lebens als Mutter oder Vater Stück für Stück in Leichtigkeit und Glück zu verwandeln.

O. W. Barth